劉虹，《奧林匹亞二》（1992, 34×86×7）。Bernice Steinbaum Gallery，史書美提供。

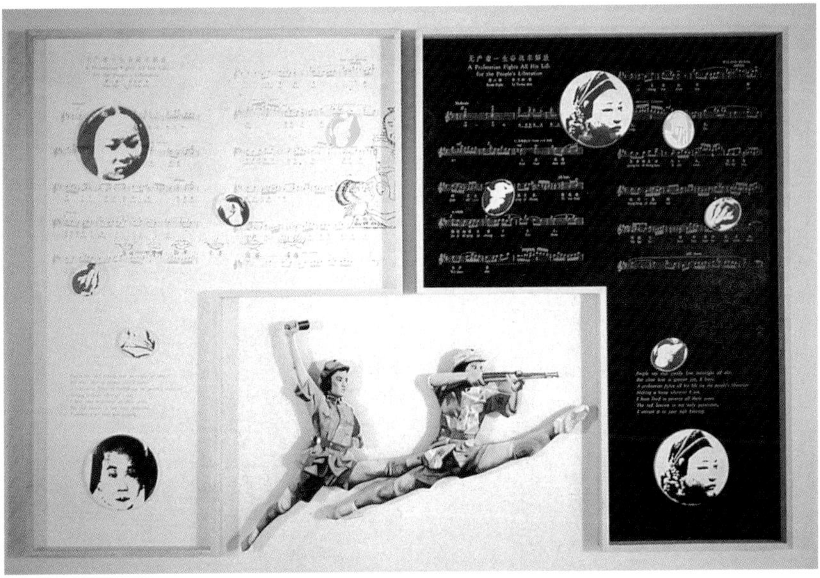

劉虹，《天鵝曲》。Bernice Steinbaum Gallery，史書美提供。

《表姐，你好嘢！》宣傳照，描述意識形態教條下的典型人物，左起：反共的國民黨老兵、中國女公安、香港皇家警察、導演張堅庭。張堅庭提供。

Yuk-yuen Lan著作《中國性的實踐》封面。史書美提供。

上海灘（Shanghai Tang）商店陳列，取自Yuk-yuen Lan，《中國性的實踐》。史書美提供。

吳瑪悧，《墓誌銘》。吳瑪悧授權，史書美提供。

吳瑪悧，《新莊女人的故事》。吳瑪悧授權，林宗興攝影，史書美提供。

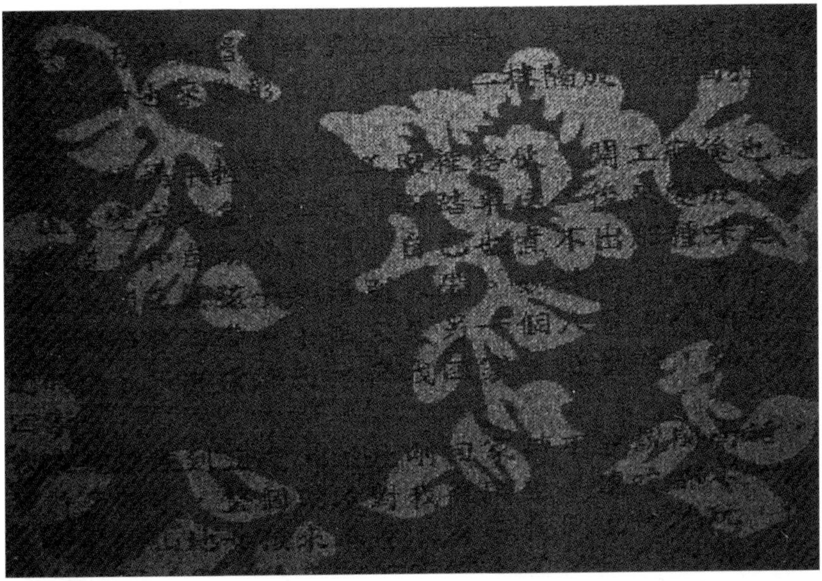

《新莊女人的故事》將文字織入布疋中。吳瑪悧授權，史書美提供。

吳瑪悧，《寶島賓館》（1998），室內空間設計；木板、粉紅沙發、霓虹燈。吳瑪悧授權，林宗興攝影，史書美提供。

吳瑪悧，《圖書館》，收藏於Palazzo Delle Prigiaoni, Biennale Venezia (1995)。吳瑪悧授權，林宗興攝影，史書美提供。

《圖書館》細部。《聖經》置放於室內正中央。吳瑪悧授權，史書美提供。

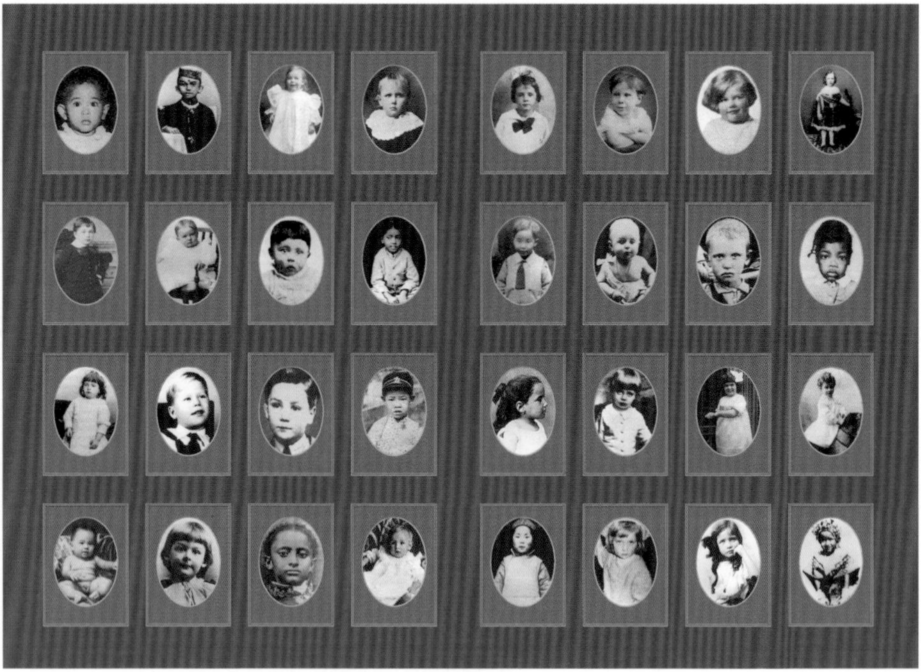

吳瑪悧，《世紀小甜心》。吳瑪悧授權，史書美提供。

視覺與認同

跨太平洋華語語系表述・呈現

VISUALITY and IDENTITY

Sinophone Articulations across the Pacific

史書美 Shu-mei Shih

楊華慶 翻譯 ・ 蔡建鑫 校訂

獻給雅堂、小田與小睿

再版序

我在此衷心感謝教育部玉山學者計畫和聯經出版公司的支持，這本書可以再版與讀者見面。這本二〇〇七年英文原著，在二〇一三年首次翻譯在台灣出版，那時還沒有同時製作電子版的習慣，所以翻譯版在聯經出了三刷之後就絕版了。這次得以再版，同時出電子版，非常欣慰。趁著這個機會，我以作者的身分，把翻譯版完整的看了一次，然後做了一些糾正。我並沒有修改任何原書的內容和觀點，只有把原來有些錯譯或不準確的部分，按照英文原文改了一下。

例如，英文裡local、native和assimilate三個字的意思很不一樣，第一個字的意思基本上是「在地」，第二是「本土」，第三是「同化」，但是譯文裡「在地」一詞有時被譯成「本土」或「同化」，而那是錯誤的。這三個詞的取向和立場非常不同，代表了完全不同的態度和策略。「同化」指一個人到了一個新的國家，放棄原來的文化，同化於當地主流的文化，通常因為這個主流的文化以同化的姿態吸收或施壓予移民者。在「同化」的領域裡，這位移民一般是相對弱勢的，如美國是一個很好的例子。「本土化」指一個人到了一個新的國家慢慢把自己當作本土人，而這位移民是相對強勢或有優勢的。在有原住民的國家，移民的本土化有時是為了或形同取代了原住民、自稱本土，如澳洲和美國的白人。我對「在地化」的理解就完全不一樣了。「在地化」不代表同化或本土化，而是對在地有所承擔，貢獻自己的文化為在地文化的一員，也不占據原住民的主人位置。如果移民者是相對弱勢的，「在地化」包涵對主流文化的批判可能，抵抗壓迫和收買，以及仍然可以承擔責任和義務的態度。如果移民者是相對強勢的，「在地化」代表對主流或其他文化的虛心學習和協商，並承擔應該有的義務和責任。本書主要以「在地」意識抵制「離散」意識，因為離散意識永遠放不下移居前的國度，即便它是一個幽靈式的存在，因此拒絕或逃避對在地的承擔。「在地化」因此對我來說是一個倫理實踐。以上解釋，是因為有人誤解我主張「同化」或「本土化」，希望可以在這裡澄清。

最後，我也想表達我對母校國立臺灣師範大學的感激，校長吳正己教授、高等教育深耕計畫特色領域中心主任林巾力教授，文學院的須文蔚院長和張瓊惠副院長，臺文系的林芳玫教授，以及各系的同事和朋友們在這些年來給予我的支持和照顧。

史書美二〇二四年於洛杉磯

謝誌

李歐旎（Françoise Lionnet）是我在ＵＣＬＡ的同事兼合作夥伴。她對法語語系研究（Francophone Studies）的投入和貢獻，啟發了我將「華語語系研究」（Sinophone studies）視為一個學術研究領域的可能。過去八年，我們合作從事少數族群文化（minority cultures）的跨國與比較研究，成果展示於共同編著的《弱勢族群的跨國主義》（*Minor Transnationalism*, 2005）以及其他的合作研究計畫。更重要的是，我們的合作促成了這本書的誕生。我誠摯感謝她所給予的學術啟發與深摯友誼。

在這本書的寫作過程中，我非常幸運能夠得到許多良師益友、同事與學生，陪伴參與這趟學思旅程。在不同階段裡，周蕾、阿里夫・德里克（Arif Dirlik）、賀蕭（Gail Hershatter）、李歐梵、羅勃・威爾森（Rob Wilson）與楊美惠慷慨閱讀、評論本書的部分章節或全書。感謝白露（Tani Barlow）、陳清僑、簡瑛瑛、邱貴芬、陳奕麟、克里斯多福・康奈利（Chris Connery）、杜贊奇（Prasenjit Duara）、藤谷崇史（Takashi Fujitani）、胡志德（Ted Huters）、黎明茵、廖炳惠、劉亮雅、劉禾、劉大衛、丸川哲史、孟悅、斯蒂芬妮・麥當勞（Stephanie McDonald）、中野敏男、翁愛華、蘇珊・佩里

（Susan Perry）、洪安瑞（Andrea Riemenschnitter）、羅麗莎（Lisa Rofel）、蘇源熙（Haun Saussy）、黃秀玲（Sau-ling Wong）、葉文心與麗莎・米山（Lisa Yoneyama）提供寶貴意見。由衷感謝我最棒的助理們：Erica Lee、Curtis Lin、Mirana May Szeto、Ghazal Tajmiri與Regina Wei。感謝美國學人基金會（American Council of Learned Societies）、美國哲學學會（American Philosophical Society）與蔣經國國際學術交流基金會提供校外研究獎助金，以及加州大學洛杉磯分校（UCLA）學術理事會（Academic Senate）、國際研究所（International Institute）、亞美研究（Asian American Studies）與美國文化研究所（the Institute of American Cultures）所提供的校內獎助金。加州大學校長室所提供的五年獎助，讓我得以執行跨校區小組的跨國與跨殖民研究，開拓了我的知識視野；在地的研究小組成員，包括Ali Behdad、Michael Bourdaghs、Michelle Clayton、Gil Hockberg、Efrain Kristal、Rachel Lee、Seiji Lippit、Elizabeth Marchant、Kathleen McHugh、Harriette Mullen、Thu-huong Nguyen-Vo、Rafael Pérez-Torres、Jenny Sharpe、Dominic Thomas與Henry Yu，我很幸運能在最優秀的學術社群中工作。衷心感謝我所任教的三個系所—亞洲語言與文化、比較文學、亞美研究的同仁與朋友，謝謝您們。感謝我的出版社加州大學出版社編輯Reed Malcolm與Mary Severance，以及我的文字編輯Mary Ray Worley，謝謝你們無與倫比的專業素養與支持。

最後，如果沒有小田與小睿的鼓舞與雅堂無盡的支持，我不可能寫出此書。僅把本書獻給我生命中最重要的三個男人。

第一章由〈全球化與少數化——李安與彈性政治〉（Globalization and Minoritization: Ang Lee and the Politics of Flexibility）改寫而成，原收入《新形態：文化／理論／政治期刊》（*New Formations: A Journal of Culture/Theory/Politics*）四〇期（二〇〇〇年春季），頁八六—一〇一。第三章是〈性別與新欲望地緣政治學——台灣與香港媒體中的大陸女子誘惑〉（Gender and a New Geopolitics of Desire: The Seduction of Mainland Women in Taiwan and Hong Kong Media）的修訂版，原發表於《符號：文化與社會中的女性期刊》（*Signs: Journal of Women in Culture and Society*）二三卷二期（一九九八年冬季），頁二八七—三二〇。第四章的部分內容以〈台灣媒體中的「中國大陸」隱喻〉（The Trope of “Mainland China” in Taiwan’s Media）為題發表於《位置：東亞文化評論》（*Positions: East Asia Cultures Critique*）三卷一期（一九九九年春季），頁一四九—八三。感謝各出版社同意重印以上各篇文章。

華譯本謝誌

本書的翻譯歷經多年，終於順利出版了。感謝王德威介紹我認識我的編輯胡金倫，感謝胡金倫監督本書出版的整個過程，感謝譯者楊華慶將我較為艱澀的文字不辭萬難辛苦的翻譯，更感謝蔡建鑫對本書譯文提供特棒的潤飾與校訂，使這本書成為可能。

【目次】

導論

我坐在小小的電影院裡和寥寥落落的十多個觀眾一起看著這部票價為二百五十元台幣的電影。電影院裡的座位只有八排，每一排約有十五個座位，可是許多座位卻仍然空空如也。當燈光暗下來，銀幕兩側門上的「出口」標誌燈閃爍著詭異的綠光。就像所有急著模仿台北市大都會腳步的市郊戲院一樣，這間戲院的音量調高到幾乎不能承受的程度。戲院外的街道上擠滿了商店與汽車，市面推銷著混合了求生與享樂的大都會中產生活：進口商品、鄉土小吃、路邊攤及廉價的享樂與服務。如果台北市的戲院為了強化電影的刺激效果，而把音量調到相當大的話，那麼中和戲院裡的音量便更為驚人。中和市的戲院不像台北市的戲院那樣生存得理直氣壯，只能焦急地誇大模仿首都城市的聲響，刺激觀影者的耳朵，以填補正當性的匱乏，同時還得與戲院外的熱鬧喧囂一拚高下。

惡劣的音響品質意外地讓這部電影中演員們所講的官話（Mandarin）的南腔北調顯得清晰無比，致使影像在建構幻象前，已被聲音徹底打破了。而台灣、香港、中國與馬來西亞的不同口音，則凸顯了地緣政治空間（geopolitical spaces）中的差異與張力，讓觀眾難以真正進入這個愛情故事。同時，高度美學化、視地心引力為無物的武打場景以及演員們仿古的念白詞彙與抑揚頓挫，更讓一切顯得格格不入。

所謂的「華語電影」（Chinese-language cinema），特別是武俠片，講述故事的聲音通常是字正腔圓的標準官話。[1]如果演員的官話腔調不夠標準，大多會加以配音，以形成並維持大一統的「中國」整體性幻象。早期的台語電影只能算是一個孤立的個案，而當香港電影進口至其他華語地區時，則必須以官話配音。在《臥虎藏龍》這部影片中，演員們的口音非但沒有統一，反而呈現了許多地方的腔調。觀眾不免猜想：導演李安是否弄錯了什麼，抑或是沒有足夠的資金來為這部片配標準北京話發音？更重要的是，這些南腔北調打破了大一統與整體性的表象。人物角色關係的發展和影片內情節的邏輯，都不能讓人信服。當飾演男主角的周潤發用他港式粵腔的官話喃喃說著情與義的偉大理想時，對說國語／普通話的觀眾來說，這些古典的抒情話語反而顯得彆扭，且不論那些貌似古典抒情的遣詞用字，根本是當代台灣連續劇與愛情小說中常見的語彙。

弔詭的是，不同口音的官話所產生的不和諧聲音，卻與街道中的雜音異響格外相稱。在聲音與噪音的喧譁之間，儘管充斥著不純正性與不一致性，生命卻更加蓬勃發展。中和市或許只是一個模仿，它或許永遠不會成為台北一般的大都會；對中和來說，這無所謂。此外，中和市大部分人口說的是台語，亦即閩南語，而非國語—官話。中和人與說國語為主的台北人不同，他們或許更傾向台灣獨立。

以不純正性與不一致性來描述這部電影與其背景再恰當不過，並且還能揭穿武俠片必定指向一個「永恆的中國」與「本質中國性」（essential Chineseness）的幻象。武俠電影源自於文學中的武俠小說，而武俠小說則多半運用古典的用字遣詞與語法敘述偽歷史。然而諷刺的是，不論是武俠小說還是

---

1 來自香港的廣東話電影是唯一非標準漢語並且能夠與來自中國或其他地方的北京官話電影相抗衡的產業。台灣的台語電影規模較小、影響力亦較弱。傅葆石（Poshek Fu）在《雙城故事：中國早期電影的文化政治》（*Between Shanghai and Hong Kong: The Politics of Chinese Cinemas* [Stanford, Calif.: Stanford University Press, 2003]）中分析了在一九二〇年代初期上海的中國電影的崛起與成長中，香港電影的關鍵性位置。

武俠電影，實際上皆是在中國以外的地方發展、乃至更臻完善。雖然武俠片起源於二十世紀初期的中國，但當一九六〇年代與一九七〇年代香港與台灣製作了許多武俠片經典的同時，中國仍是一個孤立的共產主義國家。弔詭的是，一九六〇年代與一九七〇年代台灣和香港對於所謂傳統中華文化的態度，與日後的數十年間比較，則抱有較少的矛盾情感。就台灣來說，「傳統中華文化」是國民黨用以合理化其在台灣統治的工具。中華民國在台灣（而非共產中國）保存並捍衛了純正的中華文化，也因此，外省人比起本地的台灣人——不論是閩南、客家還是原住民族群—更具有文化優越性。另一方面在香港，英國殖民統治讓香港人對中國產生了鄉愁。正由於中國安穩地鎖在「鐵幕」之後，香港和台灣因而能夠在大眾媒體中重塑傳統中華文化，以宣稱他們具有血統純正的中國性。即使對中國的鄉愁、重塑傳統中華文化與抵抗狹義上的大陸中國中心也許有些許矛盾之處（特別是在反共的議題上），但因政治考慮而被鞏固了的鄉愁論述模式，使武俠片成為傳統中華文化奇幻再現的重要形式。然而《臥虎藏龍》並不遵照再現純正中華文化奇幻的古法來製作電影，因此當電影在戲院播映時，華語地區的觀眾對其離經叛道的方式著實瞠目結舌。沒有任何一部武俠片甘冒得罪觀眾的風險，膽敢在電影中呈現不純正的南腔北調，因為觀眾對武俠片的認知與期待從未與時改變。可以預見的是，《臥虎藏龍》在各個華語地區放映時票房慘淡，直到贏得奧斯卡最佳外語片以後，電影才得以重新上映。好萊塢對《臥虎藏龍》的認可，正表明了中國、台灣與香港之間影像的交流與折衝，是在太平洋兩岸的文化政治領域中的政治經濟條件下進行。[2] 以下，我將討論「語言撞音」（linguistic dissonance）的重要意義。

《臥虎藏龍》上的語言撞音，正是華語語系中多種語言的異質性、以及華語人士分布地域多樣化的表徵。其所產生與認可的，正是我所謂的「華語語系」的眾聲喧譁（heteroglossia）。所謂「華語語系」指的是在中國之外、以及處於中國及中國性邊緣的文化生產網絡，數百年來改變並將中國大陸的文化在地化。《臥虎藏龍》所彰顯的是長久以來華語語系族群作為文化生產的重要場域，及其與「中國（China）」、「中華／中文（Chinese）」「中國性（Chineseness）」之間的盤根錯節的關係。

更精確來說，在《臥虎藏龍》中演員們所說的中文是北京官話，亦即普通話，也稱作標準漢語，是中國主要種族——漢族的語言。據官方說法，除漢族外，中國尚有五十五個族裔（ethnicities）存在（中國政府稱之為「民族[nationalities]」），但獨獨漢語被定為標準語言。在《臥虎藏龍》裡，我們聽到四位主要演員所講的漢語口音各有不同。一種標準語言而有多重口音，揭示了一個重要的訊息，那就是實際上在標準語言之外還有許多語言。《臥虎藏龍》直接地再現了現實生活的語言，拒絕掩蓋語言駁雜的真實，此足以推翻以標準語言達成統一的霸權想像。假使《臥虎藏龍》再現了一個時間上無法定義的「中國」以作為電影敘事與行動的舞台，那麼，就像中和市一樣，這部影片其實是由標準性及純正性的碎片所完成的仿擬之作。在此，中國性跨越了地理界線，影片帶領觀眾進入陌生的武俠世界，這個世界就像中和市戲院裡震天價響的音響一樣，喧噪且令人不適。華語語系也許是拙劣的仿冒品，也許青出於藍，但最重要的是，如此再現其實是很難被消費者接受的，因為成功的消費經驗必

2　我將在本書第一章、第二章深入討論這個面向。

須是毫無瑕疵地融接單語（monolingual）的普通話（以北京為標準）、一元的中國性、或是大一統的中國與中華文化。華語語系讓過度簡化的縫合作用失效，並且力倡困難、差異與異質性的價值。

此處的重點是，仿擬之作永遠不會成為原作，而是一種翻譯的形式。仿作也許希望成為原作、或者與原作一較長短，但是這樣的期望實際上早已指出仿作與原作之間是有距離的——仿作是獨立的、經過翻譯的個體。翻譯並非甲等於乙的等式，而是在許多仲介／能動者（agents）、多元的在地文化與霸權文化之間發生，翻譯顯示了不確定性與複雜性，有待在特定歷史時空中解讀。就在香港的英國殖民統治接近尾聲（現已完結）、台灣獨立意識抬頭與高漲、中國政經崛起、美國主導的跨太平洋文化交流日益頻繁，以及移民到美國的藝術家與電影人重新形塑他們的中國性的情況愈來愈明顯之際，文化間互通有無與折衝轉圜的空間變得更為不定，華語語系表述也愈來愈清晰可聞。

如果中和市是國際大都會的仿冒品，那麼《臥虎藏龍》則是模仿帝國的失敗之作，因為它正正打破了整體性與一致性的幻象。以仿擬作為再現——亦即過去的模仿理論（mimesis），正好是華語語系文化生產的字面形容。因此，或許更加強烈的後設再現（metarepresentational），更能夠在現今無疆界的世界裡，正視不純正性，這也能解釋為何《臥虎藏龍》在美國如此受歡迎。於是，最主要的張力就此出現：當華語語系的作品勾勒出語言的疆界（此部分我將在〈導論〉後半部分詳細探討），視覺上的華語語系電影與藝術則面向全世界，並且對何謂「中華文化」表達了不同的立場。如此華語語系的視覺實踐無可避免地被置於在地以及全球的脈絡下。

《臥虎藏龍》在美國的接受方式，清楚顯示了語言與視覺之間的張力。對完全不懂北京官話的美國觀眾來說，他們對影片的了解僅能透過好萊塢式華麗的電影風格與英文字幕；此二者各自投射了一個大一統的語言與文化主體。對美國觀眾來說，他們分不清什麼是華語語系對中國性的顛覆，什麼是具有異國情調、優美的中國文化。兩者之間的差異在理解影片與觀賞影片的層次上都消失不見。一旦除去了語言的因素，視覺被當作跨語言、跨社群消費的可能性便自然形成。因此視覺逐漸成為表述認同掙扎的場域與工具，而且是一個廣泛且具感染力的媒介。對李安來說，華語語系之於中國性，正如同其中國性之於其美國性（Americanness）：在不同的脈絡中，他的認同掙扎也有所分歧。在《臥虎藏龍》中，華語語系雜音（Sinophonic dissonance）可視作對大一統的中國性的抵抗；但是當面對大一統的美國性時，李安並不挑戰刻板印象中的中國性，反而是緊緊抓住它，這一舉動在《囍宴》等影片中得以呈現。當中，再現的跨國政治經濟減低了透過特定的權力邏輯才能彰顯的複雜性與多元性，並將一國的國民（台灣人）變為少數族裔（台裔美國人）。

在再現與翻譯的行為中（從一個媒介到另一個媒介、從中心到邊緣、從中國到華語語系等等），多種脈絡（contexts）均有顯著影響，然而這些脈絡卻在全球層次上輕易地被抹去。全球化的脈絡堅持自己才是最大與最重要的脈絡，因此簡單地抹去華語語系的地緣政治特殊性與區域內的互動性（dynamics）。解讀《臥虎藏龍》之前，我們必須了解其異質性（heterogeneity）與多元性（multiplicity），然而二者並不是分析與論證的終點（正如許多當代理論一樣）。像異質性這樣抽象的概念，很容易被普遍化而使論者忽略更深入的解析，因而成為全球多元文化（global multiculturalism）中無關緊要的邏輯。若要使用異質性與多元化的概念，我們就必須注意其歷史特性與位置，因為並非所有的異質性都具備相同的差異，也不是所有的多元性都一樣多元。此中的問題關乎內容與結構，而此二者經常隨著在地與全球的多重緣起（包括歷史、政治、文化與經濟等等）而改變。

在這裡採用佛洛依德式的「多元決定」（overdeterminatoin）概念，是為了凸顯像「原欲／力比多」（libido）與「無意識」（unconscious）是由許多不同原因造成的結果般，華語語系各地的文化也是由各種不同的因素形成。這些因素「可以組合成不同的意義序列，在特定的解讀中具有其一致性」。[3]正如阿里夫・德里克所言：「多元決定實際上不過是各種各樣的因素——是各種各樣、而非永無止盡的——進入了所有歷史事件發生的現場，而每一個歷史經驗的組成要素，都擁有各種——而非無窮無盡——的功能。」[4]

雷蒙・威廉斯（Raymond Williams）亦曾將多元決定定義為「由多重因素決定」，以抗衡問題重重的單一經濟主義決定論。如此，多元決定論有助於分析「歷史中的各種狀況以及實踐上的複雜性」。[5]西蒙・波娃（Simone de Beauvoir）在不同的脈絡中也認識到連續的與不連續的多元性，她以為「即使尚未提出歷史的理解與因果關係的問題，單單認識到時間當中可辨識的序列，也足以預知並採取行動」。[6]波娃連結了歷史的理解與主體性結合的可能性，從而使行動變為可能。因此，認識並創造出「華語語系」一詞就是一種實踐與行動，它能在時間與空間兩者之中留下「可辨識的序列」（intelligible sequences）。

在不同的脈絡中如何分析與理解華語語系的視覺作品，也是華語語系表述在全球化日趨熾烈的世界裡所面臨的挑戰。以視覺實踐作為認同實踐的確相當誘人，但正如李安電影所顯示，它亦有其危險之處。我們所處的現在這個時刻告訴我們：視覺作為認同的主要方式，已攀到前所未見的高峰，甚至可說贏得了最後的勝利。

全球資本主義下的視覺性

視覺文化研究必須重視歷史性，這裡所指的「歷史」包含各式各樣、大大小小的規模：全球、在地、區域、跨區域，以及所有這些規模之間各種可能的歷史。但是無論規模或大或小，當代的全球資本主義的特定表現形式構成了視覺文化的時空所在。這個階段的全球資本主義的時間特性，與文化的發展及其高峰──視覺性──吻合。史都華・霍爾（Stuart Hall）指出，影像主宰了全球大眾文化，它不費吹灰之力再三跨越語言的藩籬。[7]對詹明信（Fredric Jameson）來說，所謂的「文化轉向」正是轉

3 我採用阿里夫・德里克援引彼德・蓋（Peter Gay）在《歷史學家的佛洛依德》（*Freud for Historians*）中對「多元決定」一詞的定義。Arif Dirlik, *After the Revolution: Waking to Global Capitalism* (Hanover and London: Wesleyan University Press, 1994), p. 101。

4 Arif Dirlik, *After the Revolution*, pp. 102-103.

5 Raymond Williams, *Marxism and Literature* (Oxford and New York: Oxford University Press, 1977), pp. 82-89.

6 Simone de Beauvoir, *Ethics of Ambiguity*, trans. Bernard Frechman (New York: Citadel Press, 1976), p. 122.

7 Stuart Hall, "The Local and the Global: Globalization and Ethnicity," in Anthony King ed, *Culture, Globalizatoin, and the*

向影像；影像成為一種商品，而錄像則是當代藝術的代表。[8]米切爾（W. J. T. Mitchell）則創造了「圖像轉向」（pictorial turn）一詞，用以說明大眾媒體在當代社會的主導力量，強調這個轉向「不是回到原始的藝術模仿論、仿真的再現理論、或者是圖像『存在』（presence）哲學的復興，而是在後語言（postlinguistic）、後符號（postsemiotic）的時代重新發現圖像，體認到圖像在視覺性、國家機器、社會機制、論述、身體與形體之間的複雜關係」。[9]就非西方的文化產品來說，視覺性轉向預示了一種前所未有的可譯性與傳播性。例如跨語言的視覺作品或經過配音與配上字幕的電影，均得以更方便地橫掃各國市場。在全球影壇中，亞洲電影的崛起與興盛，以及受到亞洲啟迪的好萊塢電影的成功，似乎證明了視覺作品的語言門檻是較低的，因此在各個不同的地理文化空間中，更容易被理解與消費。甚至有人主張，電影是我們這個時代的共通語言。[10]

然而，哲學家並非全心支持轉向視覺，頂多是勉勉強強同意其存在。二十世紀初期以來，大眾熱情擁抱再現視覺的新科技，如攝影與電影，但這熱潮引發了部分哲學家，例如海德格（Martin Heidegger）的恐慌。海德格曾經透過所謂的「圖像化世界」（pictorialization of the world）來批判主權主體。圖像化世界不只跟這個世界有所距離，同時更透過再現來操縱、控制以及征服世界。[11]德希達（Jacques Derrida）對存在的本體論的批評，也可以看作是出於對視覺的焦慮不安。雖然拉岡（Jacques Lacan）經常援用視覺作為隱喻符號，並且也探討在鏡像階段（mirror stage）的自我形成中視覺的重要性，但和佛洛依德不同的是，他總是以相當負面的方式詮釋視覺。他凸顯的是視覺的盲點，而非視覺的洞見與明晰。他指出鏡像階段所形成的鏡像認同，是社會化之前的、虛幻的、自戀的、前象徵的

（pre-symbolic），並且具有侵略性。拉岡強調「誤認」（méconnaissance）的概念，以凸顯出視覺的限制。[12]從海德格、拉岡到德希達，歐洲哲學中的「語言轉向」日漸鞏固。語言轉向表達了他們反對啟蒙時期人文主義以及他們輕視視覺的態度，並將書寫視為知識與再現的最佳媒介。從前述的引文我們可以清楚看見，米切爾試圖建立一個後結構主義語言轉向之後的圖像理論（因此他堅持「實存」不能

World-System: Contemporary Conditions for the Representation of Identity (Minneapolis: University of Minnesota Press, 1997), pp. 27-28.

8 Fredric Jameson, *The Cultural Turn: Selected Writings on the Postmodern, 1983-1998* (London: Verso, 1998), pp. 93-135; Fredric Jameson, *Postmodernism, or, The Cultural Logic of Global Capitalism* (Durham, N.C..: Duke University Press, 1991), pp. 67-96.

9 W. J. T. Mitchell, *Picture Theory: Essays on Verbal and Visual Representation* (Chicago and London: University of Chicago Press, 1994), p. 16.

10 此說法是高爾・維多（Gore Vidal）引自溫蒂・艾佛略特（Wendy Everett）於《視覺世紀》（*The Seeing Century*）的〈導論〉（Introduction），詳見Wendy Everett ed, *The Seeing Century: Film, Vision and Identity* (Amsterdam and Atlanta: Rodopi, 2000), p. 6。

11 Samuel Weber, *Mass Mediauras: Form, Technics, Media*, ed. Alan Cholodenko (Stanford, CA.: Stanford University Press, 1996), pp. 78-80.

12 Martin Jay, *Downcast Eyes: Downcast Eyes: The Denigration of Vision in Twentieth-century French Thought* (Berkeley and Los Angeles: University of California Press, 1993), pp. 329-53.

被復原），他的理論實際上並非反對後結構主義，反而是與之並行。

許多西方當代思想家皆對視覺抱著懷疑的態度，並且從後結構主義中採擷不同的觀點來闡明自己的視覺理論。如果說，現代社會對居伊・德波（Guy Debord）來說是一個奇觀社會，而對傅柯（Michel Foucault）來說是一個監控社會，那麼就如強納森・柯拉瑞（Jonathan Crary）所指出的，後現代則是一個奇觀與監控融合的社會，甚至兩者幾乎沒有任何區別。[13]伴隨圖像轉向而來的，不只是一個有效縫合的、規訓的社會，也有視覺影像可能反噬其創造者與操縱者的恐懼。[14]從早期到現今的思想家們都懷疑視覺所占據的中心位置——所謂的「視覺中心主義」（occularcentrism）——以及日後不斷的形變。[15]在後現代中，奇觀社會不僅僅由監控社會取代，更精確地說，奇觀社會是由李歐塔（Jean-François Lyotard）所謂的擬仿社會（a society of simulacra）所取代。更有甚者，理性的透視觀（perspectivalism）被抽象的表現主義所取代、機械複製（班雅明[Walter Benjamin]）由電子複製所取代，甚至身體也消失，連勞力亦被電子化、數位化（維希留[Paul Virilio]）。[16]

這些對視覺的焦慮在維希留提出「視覺機器」的警告上達到高潮。維希留認為「視覺機器」挾著電腦數位化的力量，自動化人類的感知、工業化人類的視覺，不僅完全取代人類肉眼，並且幾乎接近歐威爾（George Orwell）的名著《1984》當中所描述的：電眼銀幕（seeing screen）成為無所不在的監視機器。[17]影像可以被賦予以及消去其形體；而它們所投射的並非現實，並在擬像（simulacra）中運作。影像消解了可知的觀點以及主體性，可以快速且無遠弗屆地繁殖。最後，影像或許將摧毀我們。如此無所不能的影像，在許多方面壓迫我們，而歐美學者與知識分子在面臨影像時，或多或少都有所感傷。芭芭拉・瑪莉亞・史達佛（Barbara Maria Stafford）批判這種感傷是邏各斯中心主義（logocentrism）的變形，讓書寫仍然占有文化上的優越性，並且貶低視覺形式的溝通。[18] 馬汀・傑（Martin Jay）甚至寫了一本多達六百頁的鉅著《低垂的雙眼》（*Downcast Eyes: The Denigration of*

---

13 Guy Debord, *Society of the Spectacle*, trans. Donald Nicholson-Smith (New York: Zone Books, 1995); Michel Foucault, *Discipline and Punish: The Birth of the Prison*, trans. Alan Sheridan (New York: Pantheon, 1977); W. J. T. Mitchell, *Picture Theory*, pp. 16-18.

14 W. J. T. Mitchell, *Picture Theory*, pp. 13-15.

15 見Martin Jay, *Downcast Eyes*，特別是頁一一二〇。

16 Guy Debord, *Society of the Spectacle*; Walter Benjamin, “The Work of Art in the Age of Mechanical Reproduction,” in *Illuminations*, ed. Hannah Arendt, trans. Harry Zohn (New York: Schocken Books, 1969), pp. 217-51; Martin Jay, “Scopic Regimes of Modernity,” in Hal Foster ed, *Vision and Visuality* (Seattle: Bay Press, 1988), pp. 3-27; 維希留部分見周蕾的討論，Rey Chow, *Writing Diaspora: Tactics of Intervention in Contemporary Cultural Studies* (Bloomington: Indiana University Press, 1993), p. 180。

17 Paul Virilio, *The Vision Machine*, trans. Julie Rose (Bloomington and Indiana: Indianan University Press, 1994), 特別是第五章。

18 諷刺的是，德希達也被史達佛當作是倡導邏各斯中心主義的例子。史達佛所舉的例子還包括荷米・巴巴（Homi Bhabha）使用鏡像的意象，當中荷米・巴巴將視覺貶至「邪惡的殖民雙重視野」。見Barbara Maria Stafford, *Good Looking: Essays on the Virtue of Images* (Cambridge, MA. and London: MIT Press, 1996), pp. 7-23。

Vision in Twentieth-century French Thought），他的批判指出：那些批評「視覺中心主義」的言論正是當代重新審查視覺性的徵狀。

歐美知識分子著重討論全球資本主義意識形態下影像的功能，把影像當作全球資本主義的代言人。但是在全世界許多不同的「弱勢」場域（“minor” sites）當中，已出現了不同的視覺詮釋，此處的「弱勢」指的是抵抗的實踐與非經典的觀點。黛柏拉・波爾（Deborah Poole）指出有兩種不同的視覺領域共存：一是將視覺當作殖民主義、帝國主義與資本主義的意識形態及論述工具、二是將視覺作為一個公開的符號域，能夠在其中進行編碼、重新編碼、與解碼，以達到抵抗的目的。[19]羅蘭・巴特（Ronald Barthes）的刺點（punctum）概念是討論第二種視覺領域時經常援引的理論。刺點是意料之外的、令人感到刺痛的細節或標誌，它「像一支箭從鏡頭中射出來」，「刺破」、「刺傷」與「傷害」了觀者。[20]女性主義藝術史學家葛麗瑟達・波拉克（Griselda Pollock）也有相似的看法，她認為視覺總是被放置於一個「求知的意志與由此產生的權力結構被無法預知的迷醉、好奇、恐懼和慾望所干擾的地方」。[21]在某些實踐的層面上，視覺影像能夠超越意識形態以及全球資本主義的掌控。或者我們也可以挪用大衛・哈維（David Harvey）在另一個語境中提出的看法：視覺文化能夠挪用資本的力量，而不是視覺文化被資本的力量挪用，對此我們應保持希望。[22]最後，芭芭拉・史達佛在其影像與視覺性的跨學科理論中指出，透過認知科學，視覺性就是智能的最佳隱喻，而視覺感知則是形成當今知識的組成分子之一。[23]

以上有關視覺影像與視覺性的兩種截然不同的立場，就階級、性別、與種族來說，兩個立場的對立是明顯可以預測的。主流的哲學與學術論述對視覺的霸權嗤之以鼻，而反對陣營則認為視覺性具有再現反對論述（counterdiscourses）的潛能，並且能夠投射受壓迫者的欲望與幻想。[24] 幾乎所有有關再現媒體（representational media）與各式各樣的日常生活實踐的討論也有類似的二元對立觀點。例如，文學可能是霸權觀點的體現，也可能反霸權；或是消費可能是由資本主義縫合（sutured by capitalism）且強化了生產製造關係，或是消費是能動性（無論何其微小）的展現。從這些可以預期的二元對立觀點上，我們清楚知道，它們不應有本質主義（essentialism）的預設立場，無論是哪一種

---

19 Deborah Poole, *Vision, Race, and Modernity: A Visual Economy of the Andean Image World* (Princeton, N.J.: Princeton University Press, 1997), pp. 17-18.

20 Roland Barthes, *Camera Lucida: Reflections on Photography*, trans. Richard Howard (New York: Hill and Wang, 1981), pp. 26-27. 馬汀・傑認為，羅蘭・巴特基本上對視覺與視覺性持著負面的態度，即使他的著作，特別是《明室》（*Camera Lucida*）一書對電影與攝影的符號學有相當大的影響。見Martin Jay, *Downcast Eyes*, ch. 8。

21 Deborah Poole, *Vision, Race, and Modernity*, p. 20.

22 David Harvey, *Spaces of Hope* (Berkeley and Los Angeles: University of California Press, 2000), p. 411.

23 Barbara Maria Stafford, *Good Looking*, pp. 4, 39.

24 根據洪美恩（Ien Ang）所言，即使是女性電視電影觀眾對通俗愛情劇具有認同，也代表其經歷、試驗過不同的生活方式，甚至是突破了她們現實生活的限制。見Ien Ang, *Living Room Wars: Rethinking Media Audiences for A Postmodern World* (London and New York: Routledge, 1996), ch. 5, pp. 85-97。

媒體（書寫或視覺）或實踐（消費或製造），都不是與生俱來帶有霸權或具天生反抗的。我們應先理解這些媒介在特定的脈絡中與日常生活的實踐，才決定它們究竟是心向霸權或是親近抵抗。正如媒體的種種實踐或運用的表意功能（signifying function）無法脫離其特定脈絡來思考，要了解視覺再現的某種表述，我們也必須了解其地緣政治（geopolitical）、空間與歷史脈絡等等先決的但非無限的多元決定的要素。當中的問題不在於視覺性本身是善是惡，而是在於視覺性在不同的政治、意識形態、文化意義及不同的脈絡裡，都有不同的功能與實踐。

反對全球化理論的人往往將在地（local）理想化，或將所謂的全球妖魔化，卻忽略了全球化也有不同程度或規模的脈絡；他們似乎以為全球化仍然僅僅是以民族國家（nation-state）的國土疆界為劃分，以至於發現哪裡有全球化便急欲將之摧毀。然而，當前的資本主義真正成為全球性的存在，卻不是因為民族國家逐漸去中心化（再怎麼說，民族國家還是一個新發明），而是因為資本主義本身已經被去中心化了。當前的資本主義主要來自於歐洲中心主義與國家的概念，接著散播到世界的每一個角落。衡量的單位（units）已經不只是國家，還包括了「國家之下的區域」，以及在「資本主義道路上」的所有單位。[25]可預期的是，離散（diaspora）的情形愈來愈顯著，國際化、非民族（nonnational）及其他的跨國單位也因為成為資本流動的重要空間，而使其能見度愈益提高。我並不是說這樣的情形在現階段的資本主義之前不曾存在，只是在全球資本主義裡還未曾見過如此深廣的散播。因為如此，我們必須要有不同規模的分析方法，這與普遍性論者（universalist）的大一統的「認知地圖的繪製」（cognitive mapping）或特殊性論者的區域研究方法都大相逕庭。而在全球與在地、普遍與特殊之間，尚有更多我們所能理解的層次、規模與脈絡，存在於各地理與文化單位之中、之間及之外。在歷史的長程（longue durée of history）之中，某些背景因素或許不直接影響特定事件的發生與結構，[26]但這些因素和直接造成特定事件發生的那些因素一樣，都是歷史構成的多重緣起。

在資本主義史無前例的散播中定位視覺性，首先必須強調影像與其他視覺產品挾著資本並且隨著資本的來往與傳播；它們正以前所未見的密度與速度傳布。這些視覺產品隨著資本流動的路徑，在海峽兩岸三地之間往來，並且橫跨太平洋抵達對岸，穿梭於美國各地移民社群之中。影像往來的密度與速度正清楚揭示了當代全球資本主義的「時空壓縮」特性。拜衛星電視與網路所賜，在地資訊得以同步傳播至各個華語語系族群。無論是否經常行旅各地，人們都可以同一時間生活在不同的社會脈絡之中。同時，資本藉著實體貨幣或是以電子與虛擬的方法流通，它形塑、改造甚或解構了華語語系族群的樣貌：從台灣的原住民部落到加州灣區擁有多重國籍的「彈性公民」（flexible citizens），或是那些居住於溫哥華「怪獸大屋」（monster houses）的社群等等。[27]導演如李安可以同時是台灣人和台裔美

---

25 Arif Dirlik, *After the Revolution*, pp. 60-64.

26 蓋瑞・漢米爾頓（Gary Hamilton）引用布勞岱爾（Fernand Braudel）的歷史長程（la longue durée）概念。見 Gary Hamilton 在 *Cosmopolitan Capitalists: Hong Kong and the Chinese Diaspora at the End of the 20th Century* (Gary Hamilton ed, [Seattle: University of Washington Press, 1999]) 所著導論。

27 香港移民在加拿大一些古老安靜的社區中極盡所能地興建的大房子，被貶稱為「怪獸屋」。見 Katharyne Mitchell, "Transnational Subjects: Constituting the Cultural Citizen in the Era of Pacific Rim Capital," in Aihwa Ong and Donald

國人；香港電影人既是英國人、中國人，也是香港人，甚至像徐克還可以是越南人；中國移民藝術家如劉虹宣稱自己同時是中國人也是美籍華人，自由自在地採用兩方的歷史與文化。中國南方各省的台商在他們的商業利益（必須符合中國政府的要求與策略性地服從「一個中國」意識形態）與台灣民族主義（反中國政府）之間擺盪，手段靈活隨機應變地取悅兩方。這些台商平日都在中國生活與工作，平時會收看台灣的衛星電視節目一解鄉愁，而且他們也都力倡春節時暫時開放兩岸直航（現已成真）。

其次，如前文所述，在全球資本主義下的視覺性也代表了脈絡的多元化，最重要的脈絡往往存在於出乎意料之處。影像與其他的視覺產品四處流動，在不同的地方有不同的意義，因此實踐了我所謂的「行動中的表意」（signification in action）與「傳送中的表意」（signification in transit）。用米切爾的話來說，就是「影像有腳」（images have legs）：他們四處走動，活生生地存在於社會中，常走到未知之處，連向未知的關係。無論他們是否靠腳行走四方，在旅行的過程中均可能有所收獲、有所失落，並在新的脈絡中無可避免地因應特定的地方而「重新定義」。[28]也就是說，他們不只產生差異性，也產生共同性；不只可能造成彼此之間不相稱的差異，也可能產生新的組合與聯結。如果視覺和知覺是相似的形式，那麼流動的影像會引起想像的飛躍，即便在此之前兩個沒有任何關係的事物之間也能藉此產生新的相似與相異，開拓意義的多重領域。[29]如此，事與事之間的關係超越了非黑即白的二元對立。

其三，由於影像不費吹灰之力就能製造剩餘價值，在全球資本主義中定位影像就必須明瞭它們極易成為商品化與商品拜物主義的目標的弔詭。當商品化的視覺文化在「全球多元文化主義」（global multiculturalism）（我在別處曾提及此概念）中，[30]交換「價值的正統性、在地性、歷史、文化、集體記憶與傳統」之時，一不小心就會成為在大都會中心（metropolitan）意識形態之外的另類想像。這個弔詭在兩個層面上運作：一、文化主義可能是商品化的對象的最佳範例，但對邊緣族群來說，政治上有效地挪用商品文化有時卻是必須的生存之道。資本主義的挪用與藝術政治創造力能以不同的組合方式同時存在。如果忽視這個面向而堅持階級立場、堅持非工具性的藝術的想法，那麼便可能陷入純粹主義與菁英主義的危險。二、商品化的視覺文化並非不是製造正統性（authenticity）的主要媒介，而是以商品化的方法製造正統性，可以挑戰所謂正統性的概念。如此，那些狹隘的認同、種族中心與文化中心主義對正統性的堅持也顯得問題重重。對邊緣族群來說，對大陸或帝國中心文化霸權正統性的挑戰，往往是在商業上以商品的手段來進行。像《臥虎藏龍》這樣的電影，雖然是在好萊塢的商業

Noninied ed, *Ungrounded Empires: The Cultural Politics of Modern Chinese Transnationalism* (London: Routledge, 1997), pp. 228-56。有關「彈性公民」見Aihwa Ong, *Flexible Citizenship: The Cultural Logics of Transnationality* (Durham, N.C.: Duke University Press, 1999)。

28 W. J. T. Mitchell, "The Surplus Value of Images," *Mosaic* 35.3 (September 2002): 1-23.

29 Barbara Maria Stafford, *Good Looking*, pp. 200-12.

30 David Harvey, *Spaces of Hope*, p. 411. 所謂「全球多元文化主義」，我指的是由國族文化的文化主義群聚（culturalist constellation）所構成的多元文化全球形式，此形式指出非帝國中心國家的國族文化被弱勢化、族裔化。見Shu-mei Shih, "Global Literature and Technologies of Recognition," *PMLA* 119.1 (September 2004): 16-30。

主義與政治經濟下運作，但無疑提供了非中心、標準之外的「中國性」表述，以對抗中國中心主義。視覺作品的意義、功能與價值，需要在國族之內、之間與之外的種種脈絡中審慎評估。如此，在不同的脈絡中，視覺作品可能代表了對立的、甚至是完全相反的意義。

其四，在視覺媒體的高度製造與消費之下，我們不難理解全球資本主義中產生了新的價值位置。一方面，視覺媒體的製造持續成長，不論是電影、電視、藝術、網路等等，都有無數人參與其中。例如香港電影無論是在數量、品質或風格上，都足以成為民族電影（national cinema），與寶萊塢或好萊塢匹敵。但是孟買或好萊塢都是一個大國中的城市，而九七前後的香港卻是一個自立的城市。另一方面，由於日夜浸染在視覺文化中，我們與時間的關係產生了改變。如果就像資本主義的名言所說的，時間就是價值，那麼我們花費愈多時間在消費視覺作品上，也就賦予視覺作品愈高的價值。維根斯坦（Ludwig Wittgenstein）說過：「人類凝視的眼神能夠賦予事物價值，但也能讓事物變得更加昂貴。」[31]

視覺媒介的價值是由觀眾人數來估算，因此花在觀賞肥皂劇的時間等於肥皂劇製作人所獲得的廣告收益。喬納森・貝樂（Jonathan Beller）甚至主張注意力價值的理論（attention theory of value），其認為人的注意力可以創造價值。當電影進一步占據了潛意識，那些吸引觀眾目光的電影也獲得更多的價值與更多社會的、意識形態的、甚而是政治的力量。[32]從另一個角度來看，觀影是一種情感的勞動，繼而影響了主體性的展現（performances of subjectivity）。除了經濟價值之外，也應該計算在此過程中產生的社會性、意識形態與（去）政治化之後的剩餘價值。馬克思（Karl Marx）對商品拜物主義的古典定義乃是藉著在事物之間投射虛擬的價值關係，來遮蔽勞動之間的關係。如果商品拜物主義的最終形式是將影像視為奇觀，而資本的累積最後成了影像與奇觀的累積，[33]那麼我們就得重新在馬克思的古典理論中去尋找客體對象。[34]在全球資本主義中，影像商品本身就變成了價值的客體對象，而其片段性則與拜物的特質緊密結合。因此，事物之間虛擬的價值關係再也不是虛擬的，而是實際的。在這個過程中，「人」與勞動的關係仍然被錯置與遮蔽；錯置正是透過這樣的媒介以及這樣的方式產生，改變了全球的影像文化。

這讓我們思考在全球資本主義中視覺性的政治經濟的問題，因為全球資本主義堅持影像製造、消費與積累上的權力分殊（power differentials）。誰有資本去製造、誰有餘暇去消費、誰有能力去積累——這些都是政治經濟中無可避免的問題，特別是全球資本主義透過新殖民主義（neocolonial）的實踐，深化且擴大了殖民過程，這讓新殖民主義看起來似乎較舊殖民主義少一點威脅。讓西方／非西方的新殖民關係更加複雜的是，許多不同區域的次殖民主義（subcolonialisms），均透過一些共享的文化和歷史之崇高主張（如中國對台灣），或者是在華語語系族群中赤裸裸的資本擴張主義（如本書所

---

31 Ludwig Wittgenstein, *Culture and Value*, trans. Peter Winch (Chicago: University of Chicago Press, 1984), pp. ie.

32 Jonathan L. Beller, “Capital/Cinema,” in Eleanor Kaufman and Kevin Jon Heller ed, *Deleuze and Guattari: New Mappings in Politics, Philosophy, and Culture* (Minneapolis: University of Minnesota Press, 1998), pp. 77-95.

33 Guy Debord, *Society of the Spectacle*，特別是第一、二章。

34 見Karl Marx, *Capital: A Critique of Political Economy*, Vol. 1, trans. Ben Fowkes (New York: Penguin Books, 1990), pp. 71-72。

討論的九〇年代台灣對東南亞、或香港對中國）來運作。波爾的「視覺經濟」對此項問題的研究頗有助益。她指出構成視覺經濟的四大要點：一、視覺影像是人類、思想、與客體此一龐大組織中的一部分。二、視覺領域的組織與社會關係、不公平和權力之間具有密切關係。三、此組織不但與社會的政治與階級鬥爭有關，也與將物質產品當作商品的製造與交換有關。四、視覺影像是在全球層次上交易的物品。[35]若要倡舉全球資本主義下的視覺經濟，我們需要的不只是持續批判包裝在新瓶中的舊權力，更要批判由當代的超視覺性（hypervisuality）產生的新價值下的新權力形式。

在國家之中、之間與之外的不同脈絡中，華語語系的視覺文化具有多重的視覺經濟，其隨著移民的腳步與華語語系族群的移動，漂洋過海，到達世界許多角落。它與現存的價值及想像相抗衡，並且產生新的價值與想像；它在複雜的共謀或抵抗關係中掙扎。藉著視覺形式，華語語系的視覺文化跨越疆界流動旅行；藉著語言的特殊性，不同華語的視覺文化又能夠保留在地特色。視覺與語言之間的辯證，顯示了全球與在地以至兩者之間的張力，這驅使我們必須從歷史與脈絡上來定位每一個華語語系視覺文化表現，以避免輕率地否定視覺，或是無知地擁抱視覺。

全球資本主義下的身分認同

視覺在全球資本主義中的重要性亦顯示了建構與再現身分認同愈來愈倚重視覺方法。廣義上，認同是指我們如何看待自己與他人如何看待我們的方式，由看與被看的辯證所組成。歸根究柢，認同就是再現的問題，以及人們透過再現形成身分認同。身在視覺媒介如洪水猛獸的時代裡，透過視覺所形成的認同，在再現研究的分量相當吃重；可以說，用以建構和協商當今身分認同的資源，乃至這些資源的歷史性質，已大大取決於視覺特徵之上。當印刷媒介逐漸失勢，視覺轉向不只標誌了集體認同（如國族認同）由書寫為主的想像方式轉變為影像為主的想像方式，即便個人的身分認同也如是。簡言之，用以想像國族或其他身分認同的媒介、方法與風格都歷經了鉅大的轉變。例如馬汀・傑認為文藝復興時期美術的透視主義與理性、笛卡兒式（Cartesian）的主體有關，而以描述為主的、印象式的以及荷蘭油畫則與市場經濟中布爾喬亞的主體有關；巴洛克風格凸顯「隱晦、無解、無可名之的事實」的特色和當代主體性有關。[36]也許馬汀・傑對這三種視覺體制（scopic regimes）的說明有過度公式化之嫌，但這種歷史化的理論建構讓我們可以發現視覺模式、主體性模式、與生產模式之間的接合與同時性。如此，視覺機器（visual apparatus）科技的進步（如攝影機、電影、錄影等等）與藝術類別的發展（如裝置藝術與錄影藝術）等等，便與視覺的歷史特性密不可分。

這也難怪眼睛（eye）與「自我」（I）之間，以及愈來愈常見的攝影機與「自我」之間的關係已經成為視覺性研究中的重要議題。這些研究與議題集合運用了精神分析、馬克思主義與後結構主義的各種理論方法。例如，溫蒂・艾佛列特（Wendy Everett）援引了班雅明有關視覺潛意識的說法，認為

35 Deborah Poole, *Vision, Race, and Modernity*, pp. 8-10.

36 Martin Jay, "Scopic Regimes of Modernity," pp. 3-23.

攝影機的鏡頭開啟了一種新的感知模式。又如博內特（R. Burnett）認為攝影機的鏡頭逐漸代表、甚至取代了人類的眼睛，或者前文提及的維希留提出的「視覺機器」說，以至於約翰・伯格（John Berger）認為觀看決定了一個人在世界裡的位置的說法，都是視覺性研究的重要案例。[37]所有眼睛能夠做的、無法做的、被禁止去做的——包括了凝視與被凝視（佛洛依德著名的沙丁魚罐頭例子裡沙丁魚回望捕魚人）、注視、瞥視、監視（從圓形監獄[panopticon]到人工視覺）、觀看、觀察、以及視覺愉悅等等——都成為研究的中心議題，甚至是戀物的對象。

文化研究、後殖民研究、電影研究與精神分析共同的研究點在於個人認同的構成中，凝視的結構作為權力的對應關係。[38]當中，欲望完全滲透進凝視的結構，這即是拉岡所說的觀視驅力（scopic drive）。一個主體能夠看到的有限，但是他者的目光卻無所不在：「我只能從一個角度看出去，但我卻從四面八方被觀看了。」[39]更能說明這個情況的是，拉岡的公式裡位居視覺領域中心的是影像或銀幕，它們調節著凝視者與被凝視者之間的關係。[40]銀幕的調節功能帶來了辨認與誤認的辯證，並且能夠作為調節認同的最恰當的隱喻符號：在一個視覺的世界裡，透過許多不同的認同影像與視覺敘述所構成的銀幕，我們看到什麼、我們又怎麼被觀看？更常見的是，拉岡的鏡像階段理論——也就是兒童在鏡像階段，透過認知／誤認鏡子裡的影像來建構自我——常被電影與其他視覺科技研究者挪用來探討認同與主體性的問題。

例如法國電影符號學家克利斯提安・梅茲（Christian Metz）利用拉岡的理論來分析電影，將電影定義為「希望能被象徵化（symbolized）的科學想像（scientific imaginary）」。在他看來，這樣一個象徵化的科學想像複製了鏡像階段想像的自我建構，同時也（透過凝視的伊底帕斯[Oedipal structure]結構）由想像階段（imaginary stage）跨越到象徵階段（symbolic stage）。電影所投射的是一個匱缺的形象，因為被觀看的對象根本上是缺席的。欲望的滿足從未實現，並總是被延遲。這也顯示電影窺視症是一種「不受認可」的行為，這就像伊底帕斯三角關係中孩童觀看父母的性行為。[41]因此觀賞電影就像是伊底帕斯的過程，一個人必須經由此過程才能在象徵秩序中成為社會性的存在。在這個過程中，

---

37 Wendy Everett ed, *The Seeing Century*, pp. 5-6.

38 見Stuart Hall, "The Local and the Global: Globalization and Ethnicity," in Anthony King ed, *Culture, Globalisation and the World-System*, pp. 19-39。在此文當中，霍爾提及「英倫眼光」如何將被殖民者他者化與邊緣化。又見法農（Franz Fanon）在《黑皮膚，白面具》（*Black Skin, White Masks*）中討論被殖民者如何希望能夠被黑格爾式（Hegelian）的目光觀看。見Franz Fanon, *Black Skin, White Masks*, trans. Charles Lam Markmann (New York: Grove Weidenfeld, 1967)，特別是第七章。有關凝視的性別化結構，見Luce Irigaray, *Speculum of the Other Woman*, trans. Gillian G. Gill (Ithaca, N.Y.: Cornell University Press, 1985)；Laura Mulvey, *Visual and Other Pleasures* (Bloomington: Indiana University Press, 1989)。

39 Jacques Lacan, *The Four Fundamental Concepts of Psycho-analysis*, ed. Jacques-Alain Miller, trans. Alan Sheridan (New York and London: W. W. Norton, 1981), p. 72.

40 同前註，頁一〇六。

41 Christian Metz, *The Imaginary Signifier: Psychoanalysis and the Cinema*, trans. Celia Britton, Annwyl Williams, Ben Brewster and Alfred Guzzetti (Bloomington: Indiana University Press, 1977), pp. 3-68. 引文見頁四二。

觀眾進行了多重層次的認同行為：認同自己的外表（首要認同）、認同電影人物（次要認同），認同電影鏡頭（與第二銀幕—即視網膜—的互動）。在這個結構下，想像秩序與象徵秩序的轉換，乃透過電影這個媒介在凝視結構改變之間，以及透過認同形成過程中不同的認同行為來進行。

女性主義電影學者則對如此普遍性理論提出挑戰，她們主張電影認同本質上是性別化且以男性制度作為標準的，因為認同總是在誤認產生之前、在認知的層次上就已發生。[42]女性觀影者的主體性因而是在凝視的結構中迂迴曲折地發生。其他的女性主義學者則不僅僅採用了電影理論對拉岡理論的挪用，同時也批判了拉岡的影像視覺性中的父權偏見。著名的例子如露絲・伊希葛黑（Luce Irigaray）猛烈批判將女性的再現視作男性鏡像反射的負面呈現，大聲疾呼女性要燒掉鏡子、別讓自己成為鏡像反射。[43]較為關注族群與文化差異問題的學者，如鄭明河（Trinh T. Minh-ha），則批判同樣的鏡像結構，指出虛無的鏡子所映照出來的是永無止盡，這不但推遲了出現真正的「自我」概念，而且阻礙戳破主體與主體、主體與客體之間的虛幻關係。[44]

意識形態如焉進入理論思考，而意識形態永遠是性別化的。如果意識形態是「世界的想像再現」，其結構便是鏡面反射的（阿圖塞[Louis Althusser]）；如果電影是「想像的技藝」（technique of the imaginary）（梅茲[Metz]），[45]那麼電影則可視為是意識形態召喚（ideological interpellation）的絕佳媒介。在此，電影意識形態機器製造了觀眾；觀眾成了被召喚的、縫合的主體。根據形式主義理論的說法，電影指定了觀眾、標誌了觀眾的位置，讓觀眾進入一場預訂的旅行。[46]用阿圖塞的理論來看，觀眾其實是召喚意識形態的舞台上的一名演員。[47]從阿圖塞到梅茲，還有尤其是把電影看作是意識形態機器最佳代表的尚—路易・鮑德利（Jean-Louis Baudry），都受到拉岡影響。他們的看法通稱「機器理論」（apparatus theory），這當然是因為他們都將電影視作意識形態機器。美術史研究中也有相近的論點，如米契爾綜合了帕諾夫斯基（Erwin Panofsky）與阿圖塞的理論，其認為圖像與意識形態是共生的——圖像就是意識形態，而意識形態批評則必須留意圖像。[48] 機器理論當然和馬克思有關，因為馬克思使用了照相機暗箱的比喻來強調意識形態的反轉倒置。正如照相機暗箱以倒置的方法

---

42 Anne Friedberg, "A Denial of Difference: Theories of Cinematic Identification," in E. Ann Kaplan ed, *Psychoanalysis and Cinema* (New York and London: Routledge, 1990), pp. 36-45.

43 Luce Irigaray, *Speculum of the Other Woman*, pp. 133-46.

44 Trinh T. Minh-ha, *Woman, Native, Other: Writing Postcoloniality and Feminism* (Bloomington: Indiana University Press, 1989), pp. 22-23.

45 Louis Althusser, "Idelogy and Ideological State Apparatusses," in *Lenin and Philosophy*, trans. Ben Brewster (New York: Monthly Review Press, 1971), pp. 162, 180; Christian Metz, *The Imaginary Signifier*, p. 3.

46 雖然這段形式主義的說明只是用以分析電影的符號系統，但同樣也能解釋電影的意識形態效果。Francesco Casetti, *Inside the Gaze: The Fiction Film and Its Spectator*, trans. Nell Andrew and Charles O'Brien (Bloomington: Indiana University Press, 1998), pp. 1-15，引文見頁四七。

47 Louis Althusser, *Lenin and Philosophy*, pp. 177.

48 W. J. T. Mitchell, *Picture Theory*, p. 30.

呈現影像，意識形態也是利用反轉倒置的方法來呈現真實：「意識形態的暗箱以倒轉的形式來維持其與真實的關係，同時也遮蔽了真實。」[49]同樣是暗箱，意識形態和照相機不但無法使真實變得明晰，反而讓真實變得模糊不清，還隱藏了統治階級支配的歷史特性。可以理解的是，機器理論被批評為普遍化與非歷史化，它複製了父權偏見，並且消去電影媒體可能具有的激進潛能。[50]

這讓我們轉了一圈回到視覺影像的社會性，故此視覺性與認同之間的關係分析便不能不提到歷史。普遍性理論——如精神分析與機器理論都需要歷史化與脈絡化——才能脫離歐洲中心論。我主張將電影視作工業資本主義的產品，透過蒙太奇與其他操縱時間的技術，投射一個在時間意義上更為流動的主體性。此外，當代電影與其他視覺媒體應當被視為全球資本主義的產品，產生了空間上更為流動的跨國性，一如全速進行的時間壓縮。跨國性的產生一方面是由於族群移動更為常見，另一方面則是由於通訊科技的進步，人們更加留意全球之間的相互關聯性。如此種種都是由於人類對地球的殖民愈來愈透澈之故。當代各個族群所能使用的影像，在質與量上都相當多元，而且也具備了多重文化與跨國的特性。在全球資本主義散布到世界各地的同時，視覺也隨之散布，人們因此能夠談論一個全球性的視覺文化。

隨著視覺文化在全球資本主義中發展，當代認同的歷史特性在於視覺所扮演的主要中介之角色。如果在此之前認同是由於國家與民族在統治被殖民者、或抵抗殖民者與帝國主義強權的爭鬥中形成，那麼當代的認同則更加複雜、破碎與多元。語言、文化的疆界與國界無法吻合的例子愈來愈常見，雖說在此之前兩者也並非吻合。分裂的情況愈來愈多，因此民族或次民族（subnational）疆界的區別標準亦愈來愈精細，以至差異性可能被過度地強調。這種次民族的層次中過度強調以差異作為認同的方法，便被批評為「認同政治」。在全球的層面上，宗教基本主義教派並沒有被明顯地指控為操弄認同政治（次民族的種族身分鬥爭則不然）。此事說明，群體之中對異己的恐懼才是引起人們批評認同政治的原因。[51]認同政治的基礎是建立在僵化定義下的認同，誤把認同的鬥爭看作是認同政治。批判認同政治因此會帶來意想不到的結果：在我們要拋棄認同政治的時候，我們也會失去（仍然想要的）認同。原本可以幫助社會改革的差異政治，也因此失去其功效。對認同政治的批判，應小心進行。

根據沙塔雅・莫漢提（Satya Mohanty）與其他理論家所言，我們所需要的是如何分辨好的與壞的認同、好的與壞的差異政治，而不是將認同政治一概而論、全面消滅——這是以偏概全。因為在全球資本主義中，政治不一定能夠按照人的意志旅行、也不一定能在不同的地緣政治疆界內以同樣的方式

---

49 Sarah Kofman, *Camera Obscura: Of Ideology*, trans. Will Straw (Ithaca, N.Y.: Cornell University Press, 1999), pp. 1-20. 引文見頁一七。

50 有關機器理論的簡介與批評見Martin Jay, *Downcast Eyes*, pp. 471-91。

51 琳達・艾考芙（Linda Alcoff）認為正是因為如此，所以某些人有意圖地利用對認同的批評來消解他者對自我所擁有的權力。Linda Alcoff, “Who’s Afraid of Identity Politics?” in Paula Moya and M. Hame-Garcia ed, *Reclaiming Identity: Realist Theory and the Predicament of Posmodernism* (Berkeley and Los Angeles: University of California Press, 2000), p. 335。

翻譯，因此以認同為本的爭鬥在不同的脈絡中就需要具有不同的價值及產生不同的允諾或限制。然而，莫漢提認為我們必須留心認同的知識論地位（epistemic status）：

> 認同是理論的建構，它讓我們能以特定的方法閱讀這個世界。因此，認同具有相當的價值，其知識論地位必須被認真以待。在認同中，以及透過認同，我們才能定義並重新形塑我們的價值觀與我們的社群，我們才能替我們共同的未來提供組織及形式。認同政治的本質論與後現代主義者的懷疑論同樣低估了我們的社會與文化認同裡，真正的知識與政治的複雜性。[52]

認同不是任意的（arbitrary），但認同在理論上幫助我們從經驗中獲得意義、並且將經驗轉變成知識。與此同時，我們也依靠經驗來建構認同。更重要的是，認同是可以評估的理論主張：有些認同讓人擁有權力、有些則產生壓迫，有些認同可以自我生成、有些則是強行加諸。[53]認同可以帶有社會創造力，像是沙特式（Sartrean）的否定素（négatités），具有「消解、摧毀、改變、想像不同」的能力，並且能夠抵抗主流敘述所強加的認同。[54]如此，被壓迫者就可能在製造社會改革的認同上具有「知識優勢」，[55]而且可以讓我們了解認同原來是歷史的建構，而新的認同則不斷產生。[56]藉著這種所謂現實主義的認同理論，我們能夠評估不同的認同再現到底是改革或是倒退的，並且在分析中強調一件視覺作品的政治潛能或保守力量（entrenchment）。那些為了抵抗霸權而逐漸產生的認同——像是台灣的認同——過去並不是從來沒有為了不同的理由而產生不同形式的認同，但為了因應當代地緣政治的特殊情況，這些認同取得了歷史與抵抗的特性。

由此看來，現實主義的認同理論所對抗的是後現代主義對認同與主體性的無限延遲。同樣地，評論者如德里克也對後現代主義者的彈性主體所付出的政治代價感到憂心忡忡，因為彈性主體服從於全球資本主義的彈性邏輯。其中，宣稱主體已死其實就是宣稱工人已死，因為彈性生產需要彈性的工人在沒有醫療及其他津貼的情況下，同時從事多項工作，而且還得不斷重新裝備及充實自己以便符合未來就業市場的要求。也就是說，死去的主體事實上是工人階級的主體、少數族群與婦女。因此，他們大聲疾呼需要更多的再現與主體性，認同的建構對他們的抵抗有所助益。德里克最後強而有力地總結道，後現代主義者所謂流動的主體位置最終是「將異化戀物化」（the fetishization of alienation）。[57]從歷史的後見之明來看，高度現代主義以前將異化戀物化的趨勢似乎持續不輟到當今，只是現在這個戀物化貼上了不同的理論詞彙，表面上假裝自我檢討自我反省。階級、性別與種族等等因素依舊在現代主義和後現代主義當中悄悄地運作。薩米爾・阿敏（Samir Amin）言簡意賅地解釋，在西方人文主義

---

52 Satya Mohanty, “The Epistemic Status of Cultural Identity,” in *Reclaiming Identity*, p. 43.

53 同前註，頁三三一—三六。

54 Linda Alcoff, “Who’s Afraid of Identity Politics?” p. 331.

55 Satya Mohanty, “The Epistemic Status of Cultural Identity,” p. 58.

56 Linda Alcoff and Eduardo Mendieta ed, *Identities: Race, Class, and Nationality* (Malden, MA.: Blackwell, 2003), p. 3.

57 Arif Dirlik, *After the Revolution*, pp. 89-99.

與個人主義強加單一主體霸權之前，多元且多語的認同的存在其來已久。先宣稱多元認同是有問題的，將多元認同拋棄以便穩固單一主體的地位，之後再宣告放棄單一主體重新恢復到多元認同。這樣的手段根本就是詭辯、甚至虛偽。[58]這在後結構主義中最常見到，因為整個後結構主義就是靠著批判單一主體而存在。我們回想起前文提及海德格對於透過電影與攝影來將世界圖像化的懷疑，正是為了批評將世界客體化的再現。因為這種再現將人類看作是宇宙的、創建世界的主體。世界已然被人類征服。[59]

針對後結構主義有關主體性概念的批評有兩個方面：一、將階級劃分的異化經驗普世化，讓有需要的族群無法利用主體性與認同；二、有關主體性的概念不過是西方哲學的單一主體的「內部」掙扎。這場掙扎有特定的階級與西方中心的脈絡，但是西方之外的人卻趨之若鶩，急欲加入這所謂的高度理論與哲學的討論之中。那麼，當務之急就是要區分有用的與無用的、抵抗的與霸權的、不變的與改變的種種認同。機器理論與精神分析皆主張在主體化的過程中，屈服是無可避免的（例如最近將憂鬱看作是主體性普遍的精神狀態的趨勢）。[60]這種看法可能會帶來出人意料之外的危險，輕描淡寫地把壓迫解釋掉了。這裡我們的假設是認同能夠創造主體性，特別是當認同具有反抗特性的時候。[61]起改造作用的認同是對主體性的一種肯定，它與陷入破碎的後結構主義主體以及在為新興帝國效命的跨國企業的彈性主體不同。曼威・柯司特（Manuel Castells）因此將他的《資訊時代》（*The Information Age*）三部曲的第二部命名為「認同的力量」（The Power of Identity），以強調文化認同是「一個重要支柱，可以抗衡形塑全球財富、資訊與權力網絡的價值觀和利益」。[62]集體認同的強大表現，挑戰了全球化與歐洲中心的國際都會主義，並且引發了像是女性主義與環境主義等積極的運動，也促進了各族裔、地方與民族的回應，掀起了抵抗運動。[63]

綜合上述意見，特別是柯司特的見解，我們可以將全球資本主義中的認同區分為六種：一、基本教派主義者的認同（fundamentalist identities），如宗教基本教派者，我們必須注意到其認同政治也具有全球規模；二、商業化的認同（commercialized identities），透過挪用在地與全球的多元文化主義來與市場進行利益交換；三、正當化的認同（legitimizing identities），透過國家與新殖民機器運作的意識形態的召喚運作，將自身的存在正當化，藉以維持權力分布的現狀；四、知識的認同（epistemic

---

58 Samir Amin, *Capitalism in the Age of Globalization: The Management of Contemporary Society* (London and New York: Zed Books, 1997), p. 62.

59 Samuel Weber, pp. 78-80.

60 例如茱蒂斯・巴特勒（Judith Butler）認為憂鬱是形構主體的重要因素。見*The Psychic Life of Power: Theories in Subjection* (Stanford, CA.: Stanford University Press, 1997)。

61 杜漢（Alain Touraine）指出：「個體轉化為主體是來自兩個必要條件的結合：一是個體反抗群體，二是個體反抗市場。」引文見Manuel Castells, *The Information Age:* Vol.2, *The Power of Identity* (Malden, MA.: Blackwell, 1997), p. 10。

62 Manuel Castells, *The Information Age:* Vol.2, *The Power of Identity*, p. xv.

63 同前註，頁二。

identities），建立在經驗的基礎上，作為認識世界的工具；五、抵抗的認同（resistant identities），由認知與知識中發展出來，用以對抗當權與壓迫的勢力；六、有改造作用的認同（transformative identities），幫助新興社群的崛起並帶來社會的改變。[64]當然，上述這些認同彼此之間互有關聯並且互相滲透，但這樣的分類可以協助我們更為細膩地討論全球資本主義中的認同問題。全球資本主義中的認同問題是各種複雜關係的聯結核心，而這些不同的關係不能被一視同仁地簡化為認同政治。本書關注那些受到視覺性中介的認同。我要著重分析的是：在全球資本主義的脈絡中，以及在太平洋兩岸不同的華語語系族群中，受到視覺性所中介的認同是在地方、區域、甚至全球的領域上起什麼樣的作用。

華語語系表述

千年以來從中國散布到全球各地的族群，早就成為美國的中國研究、東南亞研究與亞美研究的子領域（subfield）的研究課題，甚至也占了非洲研究與拉丁美洲研究的一小部分。這個子領域被稱作是離散中國人（Chinese diaspora）研究，只要有所謂的「中國人」所到之處就是它的研究範圍。離散中國人可以理解為「中華民族」（ethnic Chinese）在全球分散的概念，它是一個普遍化的分類方法，建立在統一的民族、文化、語言、以及出身之地（或曰故鄉）。雖然此概念被廣為流傳與應用，但其實大有問題。舉例來說，來自新疆的維吾爾族或是來自西藏的藏族人通常並不被視為離散中國人的一部分，而滿族人或來自內蒙古的蒙古人有時可算是離散中國人的一部分、有時又不是。而是否屬於離散中國人之衡量準則，就由其漢化程度所決定，因為所謂的「離散中國人」指的主要還是漢族的離散狀況，由此可見，這個概念隱含了漢族中心主義。換句話說，正因為中國官方記錄總共有五十六個民族，並且五十六個民族各自有非常不同的語言，因此所謂的「中國人」一詞，就表示了國家標記正轉變成族裔、文化與語言的標記。而一般人所假設與理解的「中文」（Chinese language），也不過是官方強制規定的標準語言，也就是漢族的語言，亦即漢語；我們所認識的中國人，僅止限於漢族，而中國文化指的幾乎就只是漢族的文化。因此，「中華民族」一詞實際上是一大誤用，因為中華民族／中國性不只包含一種民族、還包含了許多不同的民族。如此簡化民族的做法下，以漢族為中心的中國性建構，和誤以為只有白種盎格魯撒克遜人（Anglo Saxons）為美國人之看法沒有兩樣。

任何從中國來的事物都被冠以中華／中國（Chinese）一詞的現象，是由中國內外的諸多原因所造成。當中一部分原因可以追溯自十九世紀開始西方種族化的意識形態。這個西方種族化的意識形態，以膚色定義所謂的中國性，忽略了中國境內本就存在的多元性與差異性。弔詭的是，這樣的邏輯正巧與中國國家大一統理念不謀而合，特別是自一九一一年滿清統治結束以來，中國急欲展現一個大一統的、種族化的中國與中國性，來與西方世界作區隔，以凸顯自身的文化與政治自主性。只有在這

---

64 柯司特的分類只包括了正當化、抵抗與計畫的認同。計畫指的是製造新認同來促進社會結構的轉變。Manuel Castells, *The Information Age*: Vol.2, *The Power of Identity*, p. 8。

個脈絡下，我們才能理解為何從十九世紀以來，由西方傳教士所提出的「中國國民性」的概念，會在中國內外、在西方人與中國人之間風行不衰，乃至今時今日仍是一個令人信服的概念。[65]對西方政權來說，將中國性普遍化約成一個種族界限的標記，不僅能夠合理化他們早期在中國的半殖民統治，也能正當化目前在各西方國家境內將中國移民當作少數族群管理的方針。對中國與漢族人來說，種族化的概念有三重目的：二十世紀初期利用種族化的國家來對抗帝國主義與半殖民主義；自我檢驗是否內化了西方的自我概念；最後也是最重要的是，用以壓制中國境內少數族群的要求與漠視他們對國家的貢獻。

透過以上簡短的說明，我們可以清楚知道所謂「中國人」與「中國性」這一類概括式名詞的問題，乃在於這類名稱皆是由於中國與境外國家接觸、以及與境內他者的對照而產生。這些名詞不僅指向最普遍層次的意義、更指向最獨特、排外的意義；它們同時既是全體的、也是特定的。更精確地說，這類名詞所指的是主流的特定族群偽裝成全體大眾，與西方對中國、中國人與中國性的簡化概括同謀。甚至在某種程度上，這類名詞還與十九世紀（或者更早）以來，急欲擺脫中國文化與政治影響的亞洲國家，如日本、韓國等等合流。因此，所謂的「中國人」與「中國性」這類名詞，無論是被他者指派還是自封的稱號，都是對於詞彙的操縱。

離散中國人研究致力開拓有關中國人與中國性的範圍，它強調中國人移居到各個國家之後與當地同化的傾向，例如中國人在東南亞諸國（特別是印尼、馬來西亞、泰國、菲律賓、新加坡等國）。然而，除了民族或種族融合無法否認之外，所謂的中國性仍然指向一種以民族為主的分類方式。大一統的離散中國人概念令人不免心生懷疑，因為它一方面與中國民族主義的「海外華僑」修辭相互關聯，認為所有僑民都想落葉歸根、重返中國原鄉；另一方面，它又聲援西方國家利用種族化的中國性來作為永恆異國人的說辭。事實上，在橫跨東南亞、非洲和南美洲的後殖民民族國家中，當地講各種華語的人（the Sinophone peoples）早就已經在地化，並成為當地本土的一部分了。畢竟這些人中的一部分人，早在第六世紀就移居東南亞，遠比民族國家的出現還早，當地的國族認同標籤應該屬於他們。[66]真正的問題在於，究竟是誰不讓這些祖先來自中國的華語語系族群完全成為一個泰國人、菲律賓人、馬來西亞人、印尼人或新加坡人？以及是誰不讓他們像該國其他的公民一樣，可以具有多重語言、多元文化？[67]相同地，究竟又是誰不讓美國的各華語語系族群單單就是、或者成為美籍華人，並且能夠強調這個複詞中美國人的部分？我們想起許多種族排外行動，例如美國的排華法案、越南政府的驅逐

---

65 二十世紀初期有關中國國民性的問題首先由中國新文學之父魯迅提出。魯迅自比文學醫生，力圖治療中國人種種惡劣的國民性。當代有關國民性的論點則見於有關中國人「素質」的熱烈討論，其認為中國要現代化，中國人就必須改善其素質。

66 中國和東南亞之間的貿易路線早在第二世紀即開啟。到了第六世紀時，該地域許多港口城市都已經出現中國移民的社群。見C. F. FitzGerald, *The Third China: The Chinese Communities in South-East Asia* (Melbourne: F. W. Cheshire, 1965)。

67 比較華語語系社群與民族性和族裔不相等的歐洲國家二者之間的差異，或許有助於思考這個問題。例如，拉脫維亞的總人口百分之五十六是拉脫維亞人，其他則是俄羅斯人或其他種族。

華人行動、印尼的反華暴動、菲律賓的綁架華人孩童行為等其他許多相似的例子。如此一來，中國人的具體化分類便成為族群與種族的標記，是華人遭到排擠、作為代罪羔羊，與遇到迫害的原因。

有關離散中國人的研究提供了充足的證據，顯示出這些移民想與移居地在地化的願望。在新加坡，甚至在其成為獨立國家之前，從中國移民的知識分子已經把該地當作是自身文化的中心。他們為自己創造了南洋想像，許多人甚至拒絕承認他們的文化屬於海外中國文化的一支。[68]在印尼出生的土生華人（peranakans）與馬來西亞的混血峇峇（babas）都發展出獨自的文化混雜性，拒絕來自中國的「再中國化」壓力。[69]美籍華人長久以來均自認為承繼了民權運動的精神，抗拒來自中國與美國國家機器的「雙重支配」與控制。[70]華裔泰國人多半將其姓氏改成泰國式的姓氏，並且或多或少都融入了泰國社會中。而一九三〇年代成立的馬共，是反對英國殖民最活躍的組織之一，它的主要成員皆是華裔。[71]暹羅的洛真（Lukjin）、柬埔寨與印度支那的混血兒（metis）、祕魯的白人華人混血兒（Injerto）與黑人華人混血兒（Chinocholo）、千里達與模里西斯的混血兒（Creole）和菲律賓的混種華人（Mestizo）等民族或種族上有混血現象的族群，提醒我們繼續如此分類下去還有意義嗎？這樣分類究竟為了什麼，而它又對誰有好處呢？[72]幾百年過去了，我們仍然看到堅持民族與種族純度的意識形態促使人不得不尋根溯源。不論種族化的壓力是來自境外，還是來自內化了的種族思想，這樣的意識形態讓人不得不聯想到，在美國，只要身上有一滴血液是來自黑人，就必是黑人的準則。

當然，世界各地華語語系移居者的心態必然不同。早期許多做貿易或是苦力的移居者中，就必定有著強烈的旅居心態。而他們留下來或離開的不同理由，則提供了衡量他們究竟是否願意融入當地的準則。但是，華語語系族群在漫長的歷史中，散布到全球每一塊大陸上，這讓我們不禁想起一個問題：當判斷離散中國人所依據的標準是中國性——或者更準確地說，是不同程度的中國性——那麼離散中國人這樣概括式的分類方式是否仍然可行？按照這個模式，舉例來說，有些人會比較中國一點、有些人則比較不中國一些，中國性變成可以評量、測量與計量的。因此，著名的離散中國人研究學者王賡武提出了「中國性的文化光譜」（cultural spectrum of Chineseness）的說法。他舉例說明，在香港

---

68 David L. Kenley, *New Culture in a New World: The May Fourth Movement and the Chinese Diaspora in Singapore, 1919-1932* (New York and London: Routledge, 2003), pp. 163-85.

69 Wang Gungwu (王賡武), *The Chinese Overseas: From Earthbound China to the Quest for Autonomy* (Cambridge, MA.: Harvard University Press, 2000), pp. 79-97.

70「雙重支配」是王靈智用來描述這種狀況的用語。見Lingchi Wang (王靈智), "The Structure of Dual Domination: Toward a Paradigm for the Study of the Chinese Diaspora in the United States," *Amerasia Journal* 21.1-2 (1995): 149-69。

71 Carolyn Cartier, "Diaspora and Social Restructuring in Postcolonial Malaysia," in Lawrence J. C. Ma and Carolyn Cartier ed, *The Chinese Diaspora: Space, Place, Mobility, and Identity* (Lanham, MD.: Boulder, CO.; New York, Oxford: Rowman & Littlefield, 2003), pp. 69-96.

72 潘翎（Lynn Pan）將這些族群列在「混血」的類別下，也是潘氏著作《炎黃子孫：海外華人的歷史》書中的一章。Lynn Pan, *Sons of the Yellow Emperor: A History of the Chinese Diaspora* (Boston, Toronto, London: Little Brown, 1990), pp. 156-58。

的華裔人士於「歷史上」更中國一點，儘管他們「並不像他們在上海的同胞那樣完全中國」，然而在舊金山與新加坡的華裔人士則有更多「複雜的非中國變因」。[73]

另一位研究離散中國人的著名學者潘翎則認為，在美國的華裔人士已經喪失了他們的文化根基，因此已經「失卻中國性」。潘翎還批評美籍華人參與民權運動不過是出自於「投機心態」。[74]這種說法彷彿附和著二十世紀初期舊金山唐人街的移民父母對美國出生的子女的指責，說他們不夠中國，像中間空洞無物的「竹心」；也彷彿回應著中國的民族主義者——他們聲稱比起在海外的那些人，自己才具備最正統的中國性。如果一個美籍華人在美國被稱讚英語說得好，是因為種族偏見將英語等同於白種性（whiteness）和正統性，那麼同樣一個美籍華人也有可能因為他／她的中國性不夠正統，而被身在中國的中國人誇獎中文講得很棒。在後者，地域與正統性也被劃上了等號。

離散中國人研究有兩大盲點。其一是無法突破將中國性視為準則的看法。其二是缺乏與其他學術領域的交流，如美國的族裔研究（族裔認同與原國籍可以分開討論）、東南亞研究（華語語系族群逐漸被視作東南亞人），以及其他許多以語言為本的後殖民研究，如法語語系研究（使用法語的華人可以依照其法國共和主義的意識形態而被視為法國人）。[75]在大部分離散中國人研究中根本看不到「美籍華人」的影子，甚至也看不到香港人或台灣人，香港人或台灣人只被認定為香港中國人或台灣的中國人。[76]很明顯，這樣的說法即使在中國也是不符合歷史事實。譬如說我們對美國的中國人的稱呼，已經從華僑變成了美籍華人，而像港澳同胞與台灣同胞之類的詞彙，則由香港人與台灣人取代。在離散中國人研究中過度強調原鄉的概念，既不能陳述華語語系族群散布到世界各地的情況，也不能表達任何一個國家那日漸增加的民族與文化異質化。就全球化的歷史長程來看，異質化與混雜化一直以來都是常規，而非例外。[77]

本書不僅僅提倡在華語語系族群的散布研究、族裔研究、區域研究與中國研究之間搭起橋梁，也希望能在法語語系（Francophone）、葡語語系（Lusophone）、西語語系（Hispanophone）以及英語語系（Anglophone）世界中尋求共鳴。因此，此處所指的華語語系概念，包含了在中國之外使用各種不同漢語語言（Sinitic languages）的各個區域。[78] 華語語系族群就像其他非大都會中心（nonmetropolitan）

---

73 Wang Gungwu, "Chineseness: The Dilemmas of Place and Practice," in Gary Hamilton ed, *Cosmopolitan Capitalists*, pp. 118-34.

74 Lynn Pan, *Sons of the Yellow Emperor*, pp. 289-95.

75 見Leo Suryadinada ed, *Ethnic Chinese as Southeast Asians* (Singapore: Institute of Southeast Asian Studies, 1997)。

76 王賡武的《海外華人》（*The Chinese Overseas*）與潘翎的《炎黃子孫》二書皆是如此。

77 例如伊曼紐・華勒斯坦（Emanuel Wallerstein）的三冊鉅著《現代世界體系》（*The Modern World-System* [San Diego: Academic Press, 1974-1989]），以及阿明（Samir Amin）的《全球化時代的資本主義》（*Capitalism in the Age of Globalization*）。

78 梅維恆（Victor Mair）對此有重要的見解，他認為我們所知道的標準中文是屬於漢語語族，而被誤認為是「方言」的並不是標準中文的變化，而實際上是不同的語言。閩南語與廣東話因此和台灣的國語及中國的普通話是不同的語言。見Victor Mair, "What Is a Chinese 'Dialect/Topolet'?: Reflections on Some Key Sino-English Linguistic

地區必須使用大都會中心（metropolitan）語言一樣，也有著一部殖民史。當中國是文化帝國的時候，書面的、古典的漢字是東亞許多地區的共通語言，各地學者能夠使用筆談來溝通。這與法語區的存在有相似之處，它的出現乃在於法國在非洲與加勒比海的帝國擴張以及文化與語言的殖民。同樣的情況也適用於描述拉丁美洲西語區予西班牙帝國、大英帝國予印度及非洲、葡萄牙帝國予巴西及非洲等等之間的關係。當然並不是所有的帝國都以相同的模式運作，而語言的殖民與影響也透過不同程度的強迫與合作達至不同程度的效果。儘管如此，這些帝國的文化統治卻在殖民地留下相同的後果，亦即相似的語言後果。例如古典漢字經過在地化之後還留在標準日語與韓語中，亦即日文漢字與韓文漢字。

然而，當代身在各地的華語語系族群，除了少數例子之外，很難說與中國有殖民或後殖民的關係。這是華語語系與其他以語言為劃分標準的後殖民社群，如西語語系、法語語系等等之間最大的不同之處。儘管如此，他們仍有其他的共同點。新加坡是一個以漢族為主的移民社會，它的情況類似美國：一個以移民為主的英語語系國家。而台灣的人口大部分為十七世紀左右移民到來的漢人，就像殖民時期的美國一樣，想要正式獨立、擺脫移民所來之國是一個典型的定居殖民地（Settle Colony）。更有甚者，台灣的情況還與法語語系的魁北克很相似。魁北克大約有百分之八十二的人口使用法語，這與台灣使用國語的人口比例不相上下。在魁北克，自認為是法裔加拿大人的認同逐漸減少，取而代之的是寧靜革命（Révolution Tranquille）之下浮現的在地化的、現代的魁北克人身分認同。[79] 同樣地，在台灣原本由國民黨政權強加在人民身上的大一統中國的認同，逐漸被在地化的新台灣人認同取代。現在國語只是多語言的台灣社會裡，眾多官方語言中的其一，實際上大多數人使用的是閩南語，其餘人等則使用客家話或多種原住民語言。最後，作為移民社會的台灣亦可以和葡語語系的維德角（Cape Verde）與聖多美（São Tomé）相對照：葡萄牙人在十五世紀時移民至此二地，移民與當地非洲人形成了種族交混的社群。[80]

移民至東南亞各地的華人，鮮少使用中國官方定義的標準語言（國語、普通話）。相反地，他們會使用他們移居之前就早已熟悉的各地語言。「移居之前／時」是非常重要的指標，因為中國內外的地方語言從此會出現不同的發展。舉例來說，住在南韓的漢人使用的是一種混合山東話與韓語的語言，甚至同一個句子裡同時出現兩種語言語義、語辭或文法混雜的現象。儘管當地人推行標準漢語教育——早期由台灣政府支助，而當中華人民共和國與南韓恢復邦交後則轉由中國政府支助——但這種語言交雜的現象在第二代或第三代的南韓山東人當中卻是特別明顯。就像別的地方一樣，標準漢語在南韓只作為書面語言；當說話的時候，山東話裡不會聽到標準漢語。在南韓的山東話和在中國山東省

Terms," *Sino-Platonic Papers* 29 (September 1991): 1-31。又見梅維恆的導論，Victor Mair, Nancy Shatzman Steinhardt and Rakita Goldin ed, *Hawai'i Reader in Traditional Chinese Culture* (Honolulu: University of Hawaii Press, 2005), pp. 1-7。

79 Margaret A. Majumdar, *Francophone Studies* (London: Arnold, 2002), pp. 210, 217.

80 有關非洲葡語語系的資料可參見Patrick Chabal et al., *The Postcolonial Literature of Lusophone Africa* (Evanston, IL.: Northwestern University Press, 1996)。

的山東話也不盡相同，在山東省有許多地方語言都自稱山東話。同樣的情況也發生在東南亞那些說潮洲話、福建話、客家話、海南話以及在香港說廣東話、美國說中式英文或洋涇浜語的人當中。而住在英國海峽殖民地的海峽華人，例如峇峇能說英語甚至馬來地方語言。[81]不用說，這些語言都經歷了不同程度的混雜化，同時亦拋棄了與祖國中國的語言臍帶關係。

華語語系主張使用各種（與中國相關）的漢語語言，是自主的選擇與其他歷史因素造成，因此華語語系只有當這些語言還繼續被使用時才存在。如果這些語言被摒棄不用，那麼華語語系也會隨之消退或消失。然而華語語系的消退或消失並不足以哀嘆或萌生懷舊之感。法語語系的非洲國家，在不同的程度上尋求保存或摒棄殖民者的語言，以建立屬於自己的語言的未來。因此，與離散中國人的概念不同的是，華語語系的概念所強調的並不是個人的民族或種族，而是在興盛或衰退的語言社群中所使用的那些語言。華語語系並不與國族血脈相連，其本質上是跨國的與全球的，包括了所有使用中的漢語語言。由於這種殘存的特性，華語語系以移民社群為主，橫跨各洲大陸以及漢人為多數的社會中，包括台灣、新加坡、與回歸前的香港。[82]

從九七前香港的民主黨人士或台灣獨立派人士的角度來看，華語語系表述更是具有反殖民、反中國霸權的意義。華語語系立基於地方，是日常生活的實踐與經驗，也是根據地方需求與狀況，而隨之反映與轉變的歷史形構。華語語系既可以是嚮往，也可以是抗拒許多不同的中國性建構的場域（site）；它可能是遠距的民族主義、或者是反中國的政治、甚至是與中國無關的場域，總而言之，它或真實，或想像。使用與中國有若干歷史關聯的漢語語言並不代表必定與當代中國有關聯，就如同使用英語並不一定非得與英國有關。換句話說，華語語系表述可能具有任何一種人類表現的方式，其表現的方式並非單單由中國來決定，而是由地方、區域或全球的情況與欲望來決定。這不只是抗拒、融合與昇華的二元辯證，而是至少是三元辯證的（trialectics），因為在這個過程中不只有單一的永恆他者（the perennial other）能夠起作用，還有許多變動因素。

因此，華語語系與中國的關係充滿緊張，而且問題重重，其情況與法語語系之於法國、西語語系之於西班牙及英語語系之於英國之間的關係一樣，既曖昧又複雜。也許華語語系的主流語言是標準漢語，但它卻暗示了語言權力鬥爭的運作。少數表述（minor articulations）的出現就是為了回應作為主要語言的標準漢語，它是去標準化、混雜化、斷片化或者完全拒絕標準語言的結果。一方面，華語語系藉著挪用德勒茲（Gilles Deleuze）與瓜達里（Félix Guattari）「少數文學」（minor literature）的說法，實踐並成為一種「少數表述」，是少數的自我表達、或者是少數族群利用主流語言來進行表述。在利用的過程中，為了建構或解構的意圖，主流語言受到少數表述的挑戰與挪用。中國境內的少數民族藉著使用標準漢語來融入中國性與中國民族性的儀式，正是華語表述的典型案例。而在中國境外也有抵抗中國統治的表述實踐。另一方面，華語語系是特定地方的地方語言的薈萃，其意義與表意過程不必只以主流語言為衡量標準。華語語系乃是透過表述而獲得自主權。

81 Carolyn Cartier, "Diaspora and Social Restructuring in Postcolonial Malaysia,".

82 當然，連所謂漢人這個族裔類別都是被建構出來的。本書結論有更詳細的討論。

華語語系也可以表述出「中國中心主義」（China-centrism），假設它永遠滿懷鄉愁地回望中國，視中國為文化祖國或價值根源（不論是否為民族主義者）；然而，華語語系更多時候是一個強而有力的反中國中心論的場域。與此同時，華語語系只不過是台灣多語言族群中的一面，因為還有原住民語言等。而解嚴後，台灣的文化論述很大程度上象徵性地「告別中國」。[83]九七前香港的華語語系族群則見證了本土派對廣東話的戀物化趨勢，用以對抗即將出現的標準普通話霸權。

宥於筆者所知有限，本書所探討的華語語系視覺作品只限於當代台灣、回歸前的香港以及當代美國，然而拉丁美洲、非洲、歐洲與東南亞等地的華語語系視覺作品仍有待做出更多探討。華語語系研究的目的並不在於重新建構另一個具有普遍性的分類，例如與中國絕對相關的離散中國人和「文化中國」。華語語系研究的目的毋寧是檢視華語語系族群與中國的關係是如何愈來愈多樣化、愈來愈問題重重；以及此關係是如何成為地方、全球、國家、跨國、移居地及日常生活實踐等多角度、多元價值的脈絡中，定義華語語系的其中一項因素而已。當在地的關注以在地的語言發聲，進而逐漸取代移民們（和其後代子孫）移居前的關注，華語語系便會成為逐漸消失的概念，最終華語語系會喪失其存在的理由。因此，華語語系作為一種分析與認知，便與特定的時空有關。

電影與電視是最能清楚傳達華語語系的媒體，而台灣的華語語系族群、九七前的香港以及美國移民的電視播放及電影製作（以洛杉磯、紐約與舊金山為主）則是華語語系電視電影製作最活躍的三個地方。至於更為藝術導向的媒體，例如概念藝術、油畫、裝置藝術或數位藝術等等，使用各種漢語的藝術家大多清楚顯示出他們具有的華語語系感性（Sinophone sensibilities）。甚至可以說，藝術製作與藝術欣賞構成了主體性，而視覺媒體則有時必須依賴書寫形式來呈現文本意涵。借用米克・巴爾（Mieke Bal）的敘事學理論對視覺性的理解，華語語系主體可被放置在視覺藝術作品之前面，成為作品的聚焦者（focalizer）。當華語語系主體經過作品之前時，經由理解該作品的敘事意涵，獲得主體性。[84]從跨學科廣義的角度來看，視覺性不僅僅是影像的文化，還是米切爾所謂的「影像文本」（imagetexts），它可以讓某些概念藝術與裝置藝術的文本與敘事特質成為華語語系的一部分。影像文本是跨媒體、跨符號（intersemotic）的，它包括了結合影像的文本實踐以及文本的影像實踐。[85]華語語系這一概念不但具有也同時包含視覺實踐與文本實踐的廣度，補足過去缺乏描述使用某種漢語語系語言的藝術家之學術語彙的問題。以往華語語系的藝術作品大部分只能以作者的民族出身來定義，而非以作品的地方脈絡和所使用的視覺、聽覺、文本語言來定位。

值得注意的是，華語語系這個概念對不同的漢語語言的文學創作來說亦是一個非常有用的分類方法。在此之前，中國境內與境外使用漢語語言書寫的文學作品之間並沒有明顯的區隔，而這種現象造成了在中國以外的地方用漢語語言（無論是否為標準漢語）書寫的文學作品經常被忽視、甚至完全被

83「告別中國」（Farewell China）是在香港出身、英國受教育的導演羅卓瑤的電影作品的英譯名（中文題名為《愛在他鄉的季節》）。

84 Mieke Bal, "Figuration," *PMLA* 119.5 (October 2004): 1289.

85 W. J. T. Mitchell, *Picture Theory*, pp. 83-107.

無視。而英文的學術界常用的分類標籤如「中國文學」（Chinese literature）（來自中國的文學）以及「中文文學」（literature in Chinese）（來自中國境外的文學）則平添混亂。英文中的「Chinese」一詞抹除了「中文」（Chinese）與「華語語系」（Sinophone）之間的界線，而且很容易陷入中國中心論而不自知。同樣的，這些名詞也沒有辦法指明美籍華人以「漢語」書寫的文學作品，因此才有黃秀玲的「英語語系美國華裔文學」（Anglophone Chinese American Literature）與「華語語系美國華裔文學」（Sinophone Chinese American Literature）的重要分類。[86]

在華美文學（Chinese American literature）的脈絡中，「漢語」書寫有系統地被邊緣化，由於其「非美國特質」（un-Americanness）可能引來不願同化的指控，所以還會引起政治上的疑慮。由於中國文學與華美文學兩個典範分別建立在國家與民族的基礎之上，華語語系無法在其中找到一席位，而必須另尋發聲契機。在這個情況下，部分在中國境內的少數民族文學也可以視為華語語系文學，因為這些作家不是經歷了外部殖民（如果他們希望獨立自主）就是遭到內部殖民（如果他們感到受壓迫）。他們也許用漢語寫作，但是他們的感覺結構可能與「政治文化的中國」（politico-cultural China）相對，也可能與漢族中心、漢族主流的大一統的中國性建構相對。就像「第三世界」可能也存在於第一世界之內，華語語系族群也可能存在於中國境內的邊緣之處。占主流位置的中國人絕不可能放棄文化與語言正統性的想法而把「漢」僅僅當作是一條河——漢水——的名字，也絕不可能把「中國」看作是長遠的歷史軌跡中一系列異質性的建構，因此，華語語系作為語言與文化的多元異質實踐，應當取代目前所謂的「中文」概念。

如同華語語系與中國及中國性之間的複雜關係一樣，華語語系與移民目的地及生活經驗之間關係也是一言難盡。例如，第一代美籍華人包括了一些從不同華語語系地區移居而來的人，也有一些從中國移入的人。他們與美國的語言文化之間的關係雖然都是相當曖昧複雜，但彼此之間仍有差異。由於生活經驗使然，華語語系族群與主流的中國性建構必有差異，也與主流的美國性建構有所差異。當華語語系族群為主流的中國性或美國性建構帶來不同的變化時，其已然建構了自身的主體性。也許有人對這樣的後現代居間性（in-between-ness）感到自豪——這是本書批評的對象；其他人則在表述政治與文化意義上堅守在地路線。華語語系以地方（places）為基礎，獲得自身的價值與意義。

總結來說，華語語系的定義必須以地方為基礎，而且需要因應時間變化而作改變，這才能兼顧其形成與消逝的過程。如果對二十世紀後期的台灣來說，華語語系已成為一個自覺的概念，因為其認知且和平推翻了國民黨的中國大陸殖民主義，那麼對九七後併入中國政體的香港來說，華語語系隨著香港回歸而可能日漸消失，成為中國政體的一部分。對新近移民到美國的，那些說廣東話、台語以及其他不同漢語語言的族群來說，政治忠誠的立場也許截然不同，甚至互相抵觸，然而他們對移民地投注

86「華語語系亞美文學」可以簡稱成「華語語系美國文學」，因為這些文學都是以語言做分類的。同樣地，華裔美國（Chinese America）與華語語系美國（Sinophone America）也應有所區別，後者指的是使用漢語語言的美國族群。語言的分類標籤能夠超越那僅以種族或民族為本的分類方法。見黃秀玲，〈黃與黑——美國華文作家筆下的華人與黑人〉，《中外文學》三四卷四期（二〇〇五年九月），頁一五一—五三。

的情感愈來愈多，可能會超越了對原鄉的忠誠。後繼而來的新移民使華語語系的概念繼續保持活力，但是移居較久的舊移民則會向主流的方向移動，使主流文化產生異質變化，以冀達到多元性與平等。而華語語系導演的創意，如李安拍攝英語及（多種口音的）華語電影，或者是華語語系藝術家如吳瑪悧所表現出來的文化國際都會主義，比起在大都會中心自命國際都會主義者更具有冒險精神、心胸更開闊。而且台灣、九七前香港與美國華語語系族群那令人印象深刻的電影與藝術表現，證明了華語語系文化的興起與蓬勃發展。在日趨全球化的世界裡，文化與語言的符碼愈來愈能夠透過視覺媒介來解碼，華語語系作為一個開放的類別，它能夠從地方特有經驗的特殊角度來斜視中國與中國性。

官方的法語語系（Francophonie）的歷史提醒我們留意華語語系的概念也可能被中國國家機器所挪用。當法語語系作為一個制度化的概念時，法國國家機器刻意忽略其中的反殖民特質，反而著眼於其多元化的潛能，以作為對抗壓倒性的美國文化霸權的工具。[87]法語語系在某種程度上可被視作法國那原本已經逐漸衰退的全球文化影響力下，法蘭西帝國的殘存幽靈，即法語語系成為了其勢力的代替品。不幸的是，這也可能變成法國全球影響力復興的狂想，甚至是驅動帝國主義懷舊的起點。「離散中國人」也導致類似的後果：將中國視為中心與起源暗示了中國的全球影響力。華語語系是許多不同的事物，是許多文化與語言，無法用大一統式的定義來涵括。然而，華語語系堅守中國境外不同的定居地、堅持中國境內的少數地位以及以具體時空作為表述的方式，都是其歷史特質所在之處。不像日本與韓國這些前現代的華語語系世界，當代的華語語系並不是古典中華帝國的存在證據，也不像崛起中的中華帝國般，宣稱自己是唯一正統地擁有中國性。除了在中國境內的少數民族以外，當代華語語系表述能夠自己決定如何回應或完全忽視這類主張。近兩百年來，日本力圖「超克」中國，其從軍事上發起兩次中日戰爭，在象徵意義上則發起白話運動來取代漢字。在韓國，抵抗中國的方式顯得更迂迴曲折：十七世紀韓國發起反對「事大主義」的同時，也自認為是對抗滿清、保留正統中華文化的小中華，[88]但現代的韓國則與中國日益疏遠，教育上廢除必修漢字，這情況直至近年中國崛起為全球新勢力才有所改變。

本書採用「表述」（articulation）一詞來描述藝術與電影的表意行為（expressive act），以標誌華語語系不同的視覺與文本媒體的能動性／能動力（agency）。穆芙（Chantel Mouffe）與拉克勞（Ernesto Laclau）將表述定義為一種社會實踐，其透過建構新的差異，以及在歷史的必然性中加入偶然性，來參與較大的論述場域。[89]如果我們假設中國的論述場域，為了意識形態與政治上的需求，假想了一系列的必然與固定的認同，那麼華語語系表述則將差異、矛盾與偶然性導入這些認同中。作為實踐的表述不只是推翻了確然不變的認同方式，並且還開拓了新認同出現的可能性，從而使新的社會

---

87 Margaret A. Majumdar, "The Francophone World Moves into the Twenty-first Century," in Kamal Salhi ed, *Francophone Post-Colonial Cultures* (Lanham, MD.: Boulder, CO.; New York, Oxford: Lexington Books, 2003), pp. 4-5.

88 李氏朝鮮王朝自認為是小中華，比滿人建立的清朝來說更具有中華文化的正統性。

89 Ernesto Laclau and Chantel Mouffe, *Hegemony and Socialist Strategy: Towards a Radical Democratic Politics* (London: Verso, 1985), pp. 105-14.

與文化建構得以形成。華語語系表述藉著文化生產的行動與實踐——包括命名、書寫、藝術創造、製作電影等等，顛覆了中國的象徵整體性，並且投射出一個新的、超越僵化的中華與中國性的象徵系統的可能性。於是，華語語系族群的表述行為為華語語系建構了新的社會與文化形式：以差異打破固定、以局部性打破整體性。

因此，華語語系樂用的表述模式是互文的：諷刺、反諷、仿諷、拼湊等等。然而，互文性並不只是重寫或重新發明，而是建構新的認同與文化的方法。過去半個世紀以來，新認同和文化的建立非常依賴視覺文化與大眾媒體。例如我們可以說從一九六〇年代以來到迄今，香港電影流通至各個華語語系族群有助於把華語語系族群建構成一個想像的共同體。當一個會說某種漢語的在韓國的觀眾，觀賞著一九六〇年代與一九七〇年代香港的歌舞片與武俠片時，其透過電影的認同實踐，必自然成為亞洲與東南亞各地之華語語系集體想像的一部分。透過電影豐富的影像語言，過去與現在得以形成一個關鍵的群象（critical constellation），影像因此能夠具有歷史特性。隨著華語語系族群的散播，這些影像與其他辯證影像（dialectical images）保持著非線性與非連續的關係。藉此影像成了仲介，透過當下「濃縮且直望」（telescope）過去，將華語語系建構成跨國但仍然保有歷史特性的想像共同體。[90]

本書嘗試在華語語系與中國、亞洲、美國的跨國經濟文化關係和文化表述的互文脈絡裡理解華語語系。本書會分析多元座標（是多重而不是無限）時空下的華語表述。當然認同的過程是在時間中發生，而且是有個過程的。推翻舊認同、建立新認同絕非一蹴可及，而是需要時間來回應政治現實的改變。從「中華民國」到「台灣」、從殖民地香港到（後）殖民香港特別行政區，從中國人、台灣人到華裔及台裔美國人都需要時間。同樣地，地緣政治也改變了人們對空間的概念。在空間想像裡，台灣比中華民國離中國更遠一些，（後）殖民香港則比殖民地香港距離中國近一些。因此，在台灣更常聽到反中國的文化民族主義表述，九七後的香港電影想像則愈來愈往北移動，其希望能囊括更多中國的地點來作為行動與敘事發生的場所。台海兩岸的三角關係明顯地不平衡：儘管台灣與香港各自以迴異的方式地處在中國政治霸權陰影下，但台灣與香港的文化關係已經被各自與中國的頻繁經濟往來關係所取代。這不是一種水平的，而是垂直的關係。在太平洋的另一邊，北美的華語語系族群則依據他們對地緣空間與精神空間的不同理解，與他們定居北美之前所處的中國、台灣、香港或者其他亞洲的華語語系地區，維持或近或遠的距離。穿越大洋、橫跨大陸，在不同地方的華語語系族群各自在他們與地方緊密相聯的關係中，透過表述實踐，以充滿創意的方式展開不同的時空交涉與協商。

現在讓我們回到開始時所引用的影片以結束本篇導論。一開始我就打算透過電影來了解在跨國舞台上所展現出來的華語語系與中國人／中國性的不同，現在回頭看這差異就更加顯著了。我們的例子是李安的《臥虎藏龍》以及張藝謀的《英雄》之間廣為人知的競爭關係。雖然兩部電影上映的時間相差了好幾年，但是謠傳李安在全球獲得成功之後，張藝謀打算拍一部影片告訴全世界什麼是「真正

---

90 班雅明所謂的「辯證形象」的歷史特性可參見Susan Buck-Morss, *The Dialectics of Seeing: Walter Benjamin and the Arcades Project* (Cambridge, MA. and London: MIT Press, 1989), pp. 290-91。

的」武俠片。[91]部分中國觀眾對李安電影的不滿其實和所有權（ownership）的問題有關——誰擁有這個類型的電影？誰是武俠片的合法繼承人？或有論者認為，一部充滿中國文化基本要素的電影，應該由中國本土的電影人來製作拍攝，而不是由一個台裔美國人導演。經過幾年時間的延誤，《英雄》終於在美國上映，而張藝謀在二〇〇四年的幾次訪問中都曾感謝李安為他的電影在美國的接受程度鋪好了路，但他同時特別強調，早在李安的電影推出之前，他就已經開始計畫他的電影，因此他並不是跟隨李安的腳步才拍攝武俠片，儘管他和李安都起用同一個攝影師以及一位相同的女演員。[92]為了要消除有關他模仿李安的疑慮，張藝謀再三強調甚至連他的第二部武俠片《十面埋伏》（同樣在二〇〇四年在美國上映）都比李安的《臥虎藏龍》還早開始籌畫。簡單來說，不論是《英雄》還是《十面埋伏》都比李安的《臥虎藏龍》還早開始籌備，因此沒有所謂模仿的問題。同樣地，有關《十面埋伏》的結尾和《臥虎藏龍》幾乎完全一樣的指控，張藝謀不是再三強調他並非模仿李安，就是聲明他的電影籌備在先。[93]一再重申時間的先後次序當然是用來消除模仿或複製的疑慮，但同時也彰顯了隱藏的正統性與所有權的主張；亦即，武俠類型電影的真正的繼承人與所有者應該是中國導演。一個不正統的人，怎麼可以如此成功地運用這個類型，甚至在國際電影市場上大獲成功？

文化素材的所有權只有當許多人在競爭搶奪、或者是出現劃分文化族群的需要時，才會變成一個問題。張藝謀在美國的脈絡中提到《臥虎藏龍》自然有宣傳上的目的，但是對於他自認擁有的正統性與所有權來說卻毫無意義。就像其他中國第五代電影一樣，張藝謀早期的電影可以視作國族寓言。對照之下，此時他已經改變了中國性所有權的策略與方向。舉例來說，他常被批評為了迎合西方人的品味，一方面提供典型的、自我運作的東方主義，批判中國集權政府；另一方面，他則以異國情調的方法來處理中國的文化符號。他在這兩部武俠片運用的新模式仍然保留後者、而揚棄前者的做法。國族寓言的念頭在過去讓他揭發中國老人政治（gerontocracy）之下的壓抑，但在《英雄》中卻讓他轉而讚頌帝國。[94]英雄應該為全體的好處而犧牲，如果這正意味著帝國的統一正是需要集體犧牲。就像張藝謀說的：「《英雄》是為了大局為了國家犧牲一己。」[95]即使電影裡面描寫的秦王政如此殘暴，弔詭的是英雄的犧牲卻能保障天下一統，結束六國爭霸的戰亂。很難想像還有比這更露骨的帝國主義說辭，將暴力合理化為和平的手段。這是人文主義退讓給在全球想像秩序中崛起的中國的自以為是的讚頌。如果《臥虎藏龍》所顯示的是以多元文化、多重口音的方式與中國及中國性協商，那麼《英雄》則建構了中國的史前史，認為從異質的不穩定性轉變成一元統一的過程將無可避免。統一天下、焚書坑儒的事例明顯說明秦始皇打壓異己、消滅差異的特質。當中華帝國崛起成為超級強權，與美利堅帝

91《臥虎藏龍》於二〇〇〇年上映，《英雄》則是二〇〇二年在中國首映，美國首映則延遲至二〇〇四年。

92 Craig Smith, "Hero's Soars, and Its Director Thanks 'Crouching Tiger,'" *New York Times*, September 2, 2004, B1, B5.

93 "A Tiger Still Crouching," *Los Angeles Times*, August 22, 2004, E4.

94 陳耀成認為張藝謀在他前兩部作品《秋菊打官司》與《一個都不能少》中開始逐漸服從中國政府，以為後來的帝國主義鋪路。見Evans Chan（陳耀成）, "Zhang Yimou's 'Hero': The Temptations of Fascism," *Film International* 2.8 (March 1, 2004): 14-23.

95 "A Tiger Still Crouching," *Los Angeles Times*, August 22, 2004, E4.

國相互競爭的同時，我們似乎又再度重返帝國的年代。如此，華語語系成為帝國邊緣重要的文化生產場域。在這裡，帝國與帝國相互衝撞或共謀；在這裡，異質性與差異性得以保留並接受頌揚。

當代的帝國藉著武力及媒體來運作。因此就算將《英雄》看作是美利堅帝國的說辭也不算過分，特別是依據美國以普世民主的名義侵略伊拉克這一例子上而言。英雄的時代再次回來了，看看二〇〇四年前後好萊塢增加了多少英雄敘事便可以得知，這些電影毫無例外地稱頌明星的權力與狂熱崇拜媒體名人。班雅明所謂藝術作品獨一無二的靈光（aura）逐漸由大眾媒體明星的媚力所取代，也就是山繆・韋伯（Samuel Weber）所諷刺的「大眾媒體靈光」（mass mediauras）。[96] 此處，電影製作者與觀眾之間產生了分裂，前者享受了完整的主體性以及大眾媒體靈光，而後者則屈服於虛幻的主體性神話，或者臣服於明星的靈光中。這與班雅明所寓言的大眾意識的革命潛能實在天差地遠。那些操縱生產工具的人能夠操弄觀眾，而在《英雄》中，生產的關係正模擬了帝國的主體與客體關係。電影的功能就如一個「同視監獄」（synopticon），在其中多數者觀看著少數者，而少數者則具有吸引多數者並使多數者著迷的能力，藉此少數者得以擁有支配多數者的權力。[97] 被觀看性（to-be-watchedness）再也不是古典女性主義電影理論與傅柯的全景監獄（panopticon）權力論述中的陰性與弱者的特性。更確切地說，被觀看性已經成為名人的價值指標，它能帶來名聲與財富。這讓我們回到本導論此前討論的注意力價值論（attention theory of value）。注意力等於被觀視者（watched）的價值；更正確地說，《英雄》造成觀眾的臣服，就像是片中的英雄造成所有人對秦始皇的臣服。這呼喚了中國中心論的帝國秩序，所謂的天下可以擴展到全世界的每一個角落。相對來說，華語語系則是在其多重口音中消解了中國中心論。當表述者認真地把影像文本看作是潛能的實踐以及新可能性的想像之時，便具備了改變的能力。[98]這個能力所須要具備的技能決定了一位藝術家究竟是屈服、抵抗、還是能超越太平洋兩岸華語語系族群的文化與政治經濟的現實。

---

96 Samuel Weber, *Mass Mediauras*, pp. 82-107.

97 湯馬斯・馬希森（Thomas Mathiesen）的同視監獄概念可參見鮑曼（Zygmut Bauman）的摘要說明。Zygmut Bauman, *Globalization: The Human Consequences* (New York: Columbia University Press, 1998), pp. 51-53。

98 可參見理查・卡尼（Richard Kearney）訪問保羅・里克爾（Paul Ricoeur）的文章〈可能性的力量〉（The Power of Possible）中探討藝術擁有的可能性特質。Richard Kearney, *Debates in Continental Philosophy: Conversations with Contemporary Thinkers* (New York: Fordham University Press, 2004), pp. 44-45。

第一章

全球化與弱裔化

殖民遭遇（colonial encounters）下的主體性混雜，為殖民與全球性的聯合提供了最有力的媒介。

——阿里夫・德里克（Arif Dirlik），《全球現代性》（*Global Modernity*, 2006）

對於被大衛・哈維稱之為「彈性積累體制」（flexible regime of accumulation）[1]主宰的晚期資本主義世界中，「彈性主體位置」（flexible subject positions）的興起，在社會科學與人文學科學者之間已有相當多的討論。我們在類似「彈性公民」（flexible citizenship）[2]這樣的概念中看到彈性一詞不斷被重複，企圖將當代主體性的生產與晚期資本主義的過程連接起來。而經常與彈性這一概念連結的是被廣泛使用的流動隱喻（metaphor of flow）。人口的大量遷移、因通訊與電子科技發達而高度壓縮的空間—時間、金錢與商品的超真實（hyperreal）而非實體的移動等等，都顯示出流動的特性，同時上述各項均看似自由而流暢地穿過空間、跨越疆界。對流動一詞的正面解讀，不但強化了其與民族國家規訓的相互頡頏、解放與抵抗的潛力，也記錄了跨國與離散公共領域的興起，更也指出了新的跨文化世界主義（transcultural cosmopolitanisms）的可能，如「第三文化」（third culture）的概念就是一個好例子。[3]

為了將對流動結果的理想化解讀伸延至邊緣社群，或更精確的說，出於競爭心態而將去地域主體據為邊緣所有，學者急不及待地將第三世界後殖民混雜性（postcolonial hybridities）指為跨國性的精髓體現。甚至有論者主張第三世界後殖民混雜性是後現代性的精髓體現。佛德列克・布爾（Frederick Buell）便援引眾多學者論述，舉例指出當今的第三世界是最是時興的，當代世界所推崇的混雜文化，發展上遠遠超過大都會中心；究其極，第三世界因殖民主義產生的混雜化比大都會中心因全球化而產生的混雜化更早發生。[4]對布爾而言，第三世界因此構成了嶄新的世界主義的來源。依照這種論據，第三世界文化因為經歷了殖民主義與帝國主義對本土體系的破壞及被強制實施大都會文化的影響，因此第三世界文化現在可以輕易的彰顯其混雜性，亦可作為世界都會的典範與中心的模範。安東尼・金（Anthony King）也有類似的主張，他認為第三世界殖民城市的多種族、多文化、跨洲際的都市文化，是今日世界城市的前身。[5]在此，殖民主義意外且反諷地成為歷史的助力，造就了第三世界後殖民民族國家中，足為典範的跨國族、去地域的主體性與文化，而跨國族、去畛域正好是當代與後現代的表徵。

---

1 David Harvey, *The Condition of Postmodernity* (Cambridge: Blackwell, 1990).

2 Aihwa Ong, "On the Edges of Empires: Flexible Citizenship among Chinese in Diaspora," *Positions: East Asian Cultures Critique* 1.3 (1993): 745-78.

3 Aihwa Ong and Donald Nonini, "Introduction: Chinese Transnationalism as an Alternative Modernity," in Aihwa Ong and Donald Nonini ed, *Ungrounded Empires: The Cultural Politics of Modern Chinese Transnationalism* (London and New York: Routledge, 1977), pp. 3-33; Arjun Appadurai, *Modernity at Large: Cultural Dimensins of Globalization* (Minneapolis: University of Minnesota Press, 1997), ch. 1; Mike Featherstone, "Global Culture: An Introduction," in Mike Featherstone ed, *Global Culture: Nationalism, Globalization and Modernity* (London: Sage, 1990), pp. 1-14.

4 Frederick Buell, *National Culture and the New Global System* (Baltimore and London: Johns Hopkins University Press, 1994), pp. 122, 137, 205, 247.

5 Anthony King, *Urbanism, Colonialism, and the World-Economy: Cultural and Spatial Foundations of the World Urban System* (New York: Routledge, 1990), pp. 39-45. 亦見Anthony King, "Introduction: Spaces of Culture, Spaces of Knowledge," in Anthony King ed, *Culture, Globalization and the World-System*, p. 8.

相反的，後殖民人口往帝國都會中心的遷移，也造成了都會中心文化的混雜化，並將這些中心變成了世界城市。特別以一九六五年後移民美國的亞洲人而言，融入美國民族國家的舊典範日漸過時，這導致了核心反被邊緣去中心化。[6]駱里山（Lisa Lowe）針對亞裔美國人也做了相似的論據，認為由於亞洲移民與亞裔美國人從未能成為正統、同化的美國公民，他們的不可同化性（unassimilatability）實際上幫助他們創造了一個可以抵抗美國民族國家的空間。[7]由於美國民族國家的種族化監督（racialized policing），不可同化性因此得以主動的配置，而去畛域化的主體位置也得以實踐，以對抗民族國家。綜合而言，在後殖民與移民能動力的表述中，過去被視為壓迫的來源——殖民主義、帝國主義與國家種族主義——反可成為民族國家內，具建設性且具反抗性的去認同（disidentification）的基礎；而在全球化的脈絡下，這又成為某種權力的標誌。在這個全球化的年代裡，對民族國家的效忠已不再能被視為理所當然，效忠的缺席可讓移民與少數族群獲得能動力與主體性。

如果我們假設在全球資本主義下，最具優勢的主體是彈性公民，而移民與少數族群又擁有獲得這些主體位置的優勢，那麼在這一章中關注的問題是：華語語系的視覺工作者與藝術家如何運用這樣的彈性。在視覺媒體中，電影與錄像比起傳統造形藝術更能輕易跨越國界。華語語系導演在好萊塢的成功，如台灣的李安、香港的吳宇森，更顯示了電影媒介的可譯性（translatability）讓這些導演本身就在不同文化脈絡中更具市場性，這等於賦予了他們彈性主體的地位。因此彈性這一主題對我們了解太平洋兩岸華語語系視覺文化的政治經濟至關重要。

理論政變的局限

除了布爾，前面提到的學者也都一致提出跨國性的可能的負面，儘管他們著述的基調仍是對跨國性的讚揚。翁愛華（Aihwa Ong）與唐諾・諾尼尼（Donald Nonini）指出跨國性可能成為壓迫性國家機器的同謀，助長對勞力的剝削。[8]駱里山強調，血汗工廠勞工受到的壓迫，就是新國際分工與彈性生產的症候之一；[9]阿帕度萊（Arjun Appadurai）則警告，人口遷移會深化差異，而去畛域的基本教義主義在各地會使種族暴力升溫。[10]但上述跨國性的負面與實際情況都沒有獲得深入而詳細的分析；對我而言，這一點所透露的不是他們論點的局限，而是他們覺得有需要實行一種「理論政變」（theoretical coup d'état）。「理論政變」乃是要推翻移民與少數族群永遠是受害者的壓迫性觀點，並樹立一種非反動觀點，將這些族群視為跨國建構（transnationally constituted）的主體；這些族群不一定完全受到壓迫性的民族國家（不管是原生國或移民國）所管轄或宰制。再者，「理論政變」亦牽涉到

---

6 Frederick Buell, *National Culture and the New Global System*, pp. 196-205.

7 Lisa Lowe, *Immigrant Acts: On Asian American Culture Politics* (Durham, N.C.: Duke University Press, 1996), ch. 1.

8 Aihwa Ong and Donald Nonini, "Afterword: Toword a Cultural Politics of Diaspora and Transnationalism," in Aihwa Ong and Donald Nonini ed, *Ungrounded Empires*, p. 324.

9 Lisa Lowe, *Immigrant Acts*, ch. 7.

10 Arjun Appadurai, *Modernity at Large*, ch. 7.

論述與指涉框架從國族到跨國族領域的展開，當中，移民與少數族群會更有可能獲得應得的權力。

我懷疑這場「理論政變」最重要的動機是為了追求理論上的同時性（theoretical coevalness）。去畛域公民身分類似後現代主體性，因此將這個身分授予移民與少數族群便等於讓他們取得了與大都會中心主體的同時代地位。有了去畛域公民身分，他們就不再代表了一些舊時的現代化典範中，西方現代性永恆不變的「過去」。第三世界主體的彈性修辭，使得他們在時間框架中與西方中心的主體同時共存（coeval）。[11]但追求理論同時性的潛在風險在於歷史與權力差異的消弭。這可能會導致理論同時性矛盾地重複了作為現代化理論基石的普世主義（universalism）。避免落入另一種普世主義的陷阱以及保持歷史與地緣政治的特定性，又要主張同時性，這確實是一項大挑戰。不過一開始我們可以將同時性定義為不是文化的「和平共存」（peaceful co-existence），而是「權力結構的同時共存」（co-temporality of power structures）。[12]這樣一來，在不平等領域中，每一次權力運作的轉折、每一次權力運作的每個時刻，都會標誌著當下性／同時性（contemporanity）。

我作為一個專注研究區域和族群的多重錯置移民學者所憂心的是，簡單地把彈性主體（亞洲大都會中心的人）、少數族群主體（亞裔移民與亞裔美國人）與對抗民族國家連在一起。我明白我們有必要在後殖民與少數族群主體身上尋找能動性，而且我們也確實看到跨國家領域中新形式的能動力在少數族群主體身上浮現。但我要追問，這個必要性是否總得背負一個重擔，也就是說我們出於反作用使用這些當紅的詞彙與術語，因為當紅所以似乎也賦予使用者某種權力。我憂心的是，能動性不是透過生產與具體實踐得到檢視，而是在理論轉向同時性時，僅是透過既有的術語被確認（identified）或發現（discovered），因此局限於術語層次。舉例來說，或許我們可以這樣問：彈性帶給我們什麼實質結果?在哈維的彈性積累制度概念中，彈性所賦予權力的對象是資本的持有者，而非勞工或商品的生產者——那是極為不對等的制度。晚期資本主義將福特式生產結構搬移至全球場域，形成國際勞力分工，更讓深化勞力剝削的彈性勞力過程得到默認。彈性既是擁有移動性與經濟力量的少數人的特權，亦是極為苛虐的做法，它使勞工必須受制於「彈性時間」（flextime）制度，從事多份工作，卻沒有傳統福利。[13]史都華．霍爾敏銳地指出：「所謂全球就是強勢少數（dominant particular）的自我再現」，貼切地描述了宰制全球文化生產與流通的極端不對等狀態。[14]進一步延伸霍爾的說法，我認為今天我們所讚頌的所謂後殖民混雜文化，通常只被大都會中心視為不過是大都會中心文化的山寨版或次級品，而從來沒有（或幾乎不曾）被視為先驅。麥當勞在台灣的擴張，是大都會中心文化必然性的證

---

11 這裡我所指的「第三世界」包含了地理上的第三世界，以及在第一世界裡的少數族裔所組成的第三世界。參見Chandra Mohanty, Anna Russo and Lourdes Torres eds, *Third World Women and the Politics of Feminism* (Bloomington: Indiana University Press, 1991)。

12 Rey Chow, *Primitive Passions: Visuality, Sexuality, Ethnography, and Contemporary Chinese Cinema* (New York: Columbia University Press, 1995), p. 196.

13 David Harvey, *The Condition of Postmodernity*, ch. 9.

14 Stuart Hall, "Old and New Identities, Old and New Ethnicities," in Anthony King ed, *Culture, Globalization, and the World-System*, p. 67.

明，並不會被看作是可以提供麥當勞研究文化混雜性的範本。後殖民混雜性很少形成足夠的威脅或啟發，讓帝國都會中心覺得有必要仿效。後殖民的世界主義也從未與帝國的世界主義享有同樣崇高的地位。後殖民與大都會中心的混雜性，代表的是兩種不同的歷史，源自兩種截然不同的經驗，在全球承載著迥異的「價值觀」，也永不可能對等。[15]當這些後殖民世界主義文化輾轉遷徙來到帝國都會中心，面對的是深植的模稜兩可態度與積極的圍堵政策，當中包括赤裸的種族歧視或多元文化主義，前者以正統之名壓抑差異，後者利用差異獲取商業利益、或消除自由主義人士的罪惡感。

我們亦有必要重新檢視在全球化與跨國主義中如此頻繁援用的流動隱喻。流動必定永遠受地形地勢影響；特定的輪廓、平面與路線，在在影響流動的速度、方向與密度。流動的方向也永遠帶著歷史的印記。舉例而言，在當下這個歷史時刻，後殖民人口往西方的流動，顯然主要是經濟遷移，而往後殖民場域的流動顯然主要是觀光形式。進一步地說，為了產生意義，流動永遠受限特定時間與空間的交會點（conjuncture），亦即有其時空型（chronotope），會依脈絡的不同而持續變動，因此避免了固定性（fixity）與決定論。正如古典敘事理論裡，敘事透過結局而獲得意義，又或如海登・懷特（Hayden White）所討論，「真確的歷史」（proper history）如何通過結局取得敘事性，[16]流動只會在一個或多個脈絡下的時間與空間凝滯的時刻中獲得意義。又正如在寫實主義敘事中，日常物品的精心配置與細節描述所製造的「寫實效果」（reality effect）一般，[17]牽涉更廣與具有重要社會影響的意義效果（meaning-effect），往往是由統治機構透過其管治手段與論述所建構和操控，且永遠為權力所滲透。

拉克勞與穆芙採用另一種隱喻，稱這些終結或固定性的特權機制為「節點」（nodal points）：

意義永遠不可能固定不變，這暗示了部分固定的必要——否則就不會有差異流動。產生差異、顛覆意義的前提是必需有一個意義存在……任何論述的構成都是為了要支配論述領域、攫取差異流動並建立一個中心。意義的部分固定點，較有特權的，我們稱之為「**節點**」（**nodal points**）。（拉岡堅持稱之為**縫合點**[**points de caption**]，也就是具有特權的能指[signifiers]固定了一個表意鏈[signifying chain]意義的那一點。表意鏈的生產力限制，建立了可以預計的位置——也就是說，一個無法產生任何固定意義的論述就是精神病患的論述。）（原著著重）[18]

---

15 R. Radhakrishnan, *Diasporic Mediations: Between Home and Location* (Minneapolis: University of Minnesota Press, 1996), pp. 159-60. 亦見Shu-mei Shih（史書美）, "Nationalism and Korean American Women's Writing: Theresa Hak-kyung Cha's Dictee," in Jeanne Campbell Reesman ed, *Speaking the Other Self: American Women Writers* (Athens and London: University of Georgia Press, 1977), pp. 144-62.

16 Frank Kermode, *The Sense of An Ending* (New York and Oxford: Oxford University Press 1967); Mariana Torgovnick, *Closure in the Novel* (Princeton, N.J.: Princeton University Press, 1981), pp. 3-8; Hayden White, "The Value of Narrativity of Reality," in W. J. T. Mitchell ed, *On Narrative* (Chicago: University of Chicago Press, 1980), p. 22.

17 Roland Barthes, "The Reality Effect," in T. Todorov ed, *French Literary Theory Today* (Cambridge: Cambridge University Press, 1982), pp. 11-17.

18 Ernesto Laclau and Chantel Mouffe, *Hegemony and Socialist Strategy*, p. 112.

因此，要讓意義表示成為可能，意義就必須暫時在時間上固定於節點之上，得以進入這些節點的能動者，包括了特定的機構、組織和個人。這些能動者動輒透過論述強而有力地表達了統治與支配的意志，他們的論述壓抑差異；或者在當下看來他們的論述重新圍堵差異（recontain），將其引導至不構成威脅的場域。這樣的例子比比皆是，譬如多元文化論述便容易流於對差異的再圍堵。再舉另一個例子：通往美國的後殖民遷徙流動，乃受美國移民局所設定的節點所控制，而投資移民明顯比經濟與政治難民優先且有利。同樣地，影像與金錢的虛擬流動，理論上永遠在消費交易中延宕，如吉本光宏耐人尋味的討論：在M-I-M（金錢—影像—金錢）與I-M-I（影像—金錢—影像）的方程式裡，資本「不僅透過金錢的流通而累積，也透過無止盡流通的影像而累積」，亦即「不被花費」。[19]但是影像和金錢的流動仍會累積意義效果，或以拉克勞與穆芙的說法，就是仍會面臨節點。這無盡且具流通性的影像就是霍爾所說的「強勢少數」，對他來說，來自邊緣的挑戰，使「強勢少數」透過流通與再流通而有所延宕與更新。至於金錢（即使形式虛擬），仍然只會落入某些人而非其他人的口袋。

流動性與固定性之間必要的緊張與矛盾，可以透過對跨國脈絡中彈性主體位置的分析詳細檢視。下文將分析華語語系導演李安的早期電影與其在台灣和美國獲得的不同反應，我將呈現意義的節點如何在文化的彈性表述之中與之間跨越全球分界，從而獲得確立。我對李安早期作品中的節點運作的解讀，將指出意義生產如何持續地看重民族國家。此處的對象不只一個民族國家，在台灣與美國兩個民族國家的對照與互動間，我們將會看到兩個節點——國族父權（nationalist patriarchy）與性別化的弱裔化（gendered minoritization）——如何保有並運用彈性。上述兩個節點在亞洲研究與亞美研究中已有分別討論，但卻從未曾被放置一起分析。華語語系研究讓這種不正統的節點並置變得可能。下面我將簡要地說明這兩個節點運用的方式。

在後殖民史學與廣義的殖民研究中，本土國族主義（native nationalism）作為表述反抗的主要形式，一直是重要的論述建構。當我們從性別化論述來分析時，國族主義很多時候會被視為父權與男性雄風（masculinity）的共犯，不是壓制了內在的女性主義追求，就是與殖民者的男性雄風相互競爭。帕薩・查特杰（Partha Chatterjee）的著作《國族主義思想與殖民世界》（*Nationalist Thought and the Colonial World*）及《國族與其片段》（*The Nation and Its Fragments*），與其他著墨於性別與國族主義之關係的著述（尼拉・尤瓦—戴維斯[Nira Yuval-Davis]）在其實用的《性別與國族》[*Gender and Nation*]一書中做了總結），為這樣的討論提供了基本的界線與條件。[20]第三世界的國族主義被視為反作用的文化與政治論述，因此第三世界在此的能動力，是曖昧不明的，而第三世界的國族主義也壓抑了內部的（特別是其女性成員的）異質性，以達成自身權力的連貫性。

---

19 Mitsuhiro Yoshimoto, "Real Virtuality," in Rob Wilson and Wimal Dissanayake ed, *Global/Local: Cultural Production and the Transnational Imaginary* (Durham, N.C.: Duke University Press, 1996), p. 116.

20 Partha Chatterjee, *Nationalist Thought and the Colonial World* (Minneapolis: University of Minnesota Press, 1986); Partha Chatterjee, *The Nation and Its Fragments: Colonial and Postcolonial Histories* (Princeton, N.J.: Princeton University Press, 1993); Nira Yuval-Davis, *Gender and Nation* (London: Sage, 1997).

另一方面，性別化的弱裔化在亞美研究中是常見主題。我所謂「性別化的弱裔化」，指的是弱裔化過程（將原本是國家主體的移民轉變為在美國的少數主體）經常結構性地顯現出男性與女性的差異。例如黃秀玲令人信服地指出，在美國脈絡裡，華人移民的性別被族裔化，以至於形成了男性與女性在文化適應與同化上的差別待遇：女性移民似乎比男性移民容易取得「白種性」（whiteness），因為她們可以比較容易同化，也比較容易為白人社會接納。[21]在主流再現裡，男性華裔美國人較易與其族裔而非性別產生關聯（因此他們成為種族化、被閹割或女性化之下的刻板人物），而女性華裔美國人則較易與其性別而非族裔產生聯想（因此她們被視為具有性魅力且較少威脅性）。許多學者曾指出華裔美國人與華人移民性別化的弱裔化狀況，譬如他們慨嘆女性華裔美國人作家一向較受主流觀眾與媒體歡迎，而男性作家則慘遭忽略與歧視。因此，男性華裔美國人作家如趙健秀才感覺到必須建構一種高度男性氣概（hypermasculinity）以對抗陰柔化。[22]總之，在這兩個節點（國族父權與性別化的弱裔化）的操作中，「國族性」（nation-ness）最終主宰了相關論述，「國族」（national）依舊是決定意義的重要因素。

彈性與節點

若說國族父權的合法場域是第三世界民族國家，而性別化的弱裔化的合法場域是大都會民族國家，那麼同時置身於這兩個場域的人要如何在這兩個節點下運作？電影導演李安的情況是個有趣的例子，讓我們看見既是台灣人又是台裔美國人的他，如何以看似彈性的性別與種族政治實現彈性主體位置。我在下文探討的關鍵問題是：對一個人來說，同時是國家主體又是少數主體意味著什麼？在很大程度上，李安作為一個彈性主體的發生，與數十年來美國主義在台灣的傳播下所形成的美國文化霸權有關。受過台灣教育的台灣人必定具備對美國文化一定的認識。這些認識讓來自台灣的國家主體可以輕易轉變為在美國的少數主體。我在第六章會更詳細地討論美國主義在台灣的霸權地位。

小成本的「父親三部曲」（《推手》，一九九二；《囍宴》，一九九三；《飲食男女》，一九九四）讓李安導演功成名就。這三部電影皆由台灣中央電影公司製作，在台灣都非常賣座，《囍宴》更創下台灣影史票房紀錄。除了《飲食男女》之外，其餘兩部影片都以美國為背景，也都以文化或世代衝突為開始，以或多或少的和解為結束。在李安之前與之後，有許多移民題材電影的出現（較突出的兩部是羅卓瑤的《愛在他鄉的季節》和張艾嘉的《少女小漁》），但沒有一部獲得如此廣大的迴響和票房成績。李安電影的成功，引出有關意識形態的大範疇問題——文化的、政治的與性別的——而非有關

---

21 Sau-ling Wong（黃秀玲）, "Ethnicizing Gender: An Exploration of Sexuality as Sign in Chinese Immigrant Literature," in Shirley Geok-lin Lim（林玉玲）and Amy Ling（林英敏）eds, *Reading the Literatures of Asian America* (Philadelphia: Temple University Press, 1992), pp. 111-29.

22 Frank Chin（趙健秀）, "Come All Ye Asian American Writers of the Real and the Fake," in Frank Chin, Jeffrey Paul Chan（陳耀光）, Lawson Fusao Inada（稻田）and Shawn Wong（徐忠雄）eds, *The Big Aiiieeeee!: An Anthology of Chinese American and Japanese American Literature* (New York: Meridian, 1991), pp. 1-92.

風格與技巧的常見問題。在下文有關意識形態的評論中，我將揭露李安電影吸引台灣觀眾的特點：他對父權體制與父權性別政治的重新建構、對尖銳政治議題的迴避，以及將同性戀收編入異性戀霸權之中。接下來我會檢視這些影片如何另外吸引美國觀眾，並說明李安在他早期橫跨太平洋兩岸的電影裡，彈性再現的具體內容。李安後期的電影更細膩且批判地運用彈性，但是他早期的電影則不然。性別和國家關切的重心和權力不均緊密的關係，建構了一個獨特的文化政治經濟。我們可以李安早期的電影為範例，討論華語語系電影的跨太平洋呈現如何可能受制於這種文化政治經濟。

《推手》中，父親老朱在文化大革命期間，被紅衛兵暴力抄家時，陷入了一個兩難的局面：在妻子與兒子之間，他那時只能選擇一人保護。作為一個好父親，老朱選擇保護兒子而非妻子，妻子後來死去。老朱對兒子曉生是全心奉獻的，因為他可以說是為了兒子而犧牲了妻子，也因此曉生任何一點忤逆都是不孝，甚至是要命的缺陷。曉生住在紐約，與白人女子瑪莎（Martha）結婚。當老朱來到美國與曉生同住後，他和洋媳婦之間的文化衝突以及不適，立刻成了曉生的不孝。曉生居中調解兩個不同文化，壓力非常沉重。按照故事的邏輯來看，客居異邦的父親永遠是同情的對象，影片也正面描繪其父權與父系定位。生動的例證是：他窺視孫子吉米（Jeremy）的陰莖，並以典型儒家父權口吻說那是傳宗接代的命根子。整部電影中，他與瑪莎的衝突也大多被歸因於瑪莎無法扮演好傳統媳婦的角色。對白人媳婦缺乏同情的呈現，或許可以說明為什麼三部曲中唯有這一部未在美國公開上映。[23]老朱作為美國移民是可悲可憫的，但他的道德正義（為他對曉生無私奉獻所支撐）、高深的太極造詣，以及個人魅力（一位來自台灣的優雅寡婦愛上了他），沖淡了他的可悲。中國（老朱）與台灣（寡婦）之間任何潛在的緊張，都被一種共有的文化中國性的辭令所掩蓋，一股泛中華（pan-Chinese）的同情感反而油然而生。[24]在這裡，華語語系被誤等於某種泛中華文化主義。相對於白人美國，所有華語語系族群都成了「中國人」。這是三部曲中唯一一部將主體位置與國族主體如此貼近的作品（儘管是放在一個政治上相當可疑的「大中國」之下）。

《囍宴》中，同性戀兒子為了取悅從台灣來訪的父母，必須上演一場異性戀婚禮。高偉同的白人愛人賽門（Simon）扮演了父權家庭中媳婦的陰性角色：他為偉同的父母購買禮物、下廚並照料偉同的父母，他亦知道偉同的每樣東西的收放所在，恰如一名好的家庭主婦。而且建議偉同與來自中國、需要取得綠卡的葳葳假結婚，以贏得偉同父母的認可的人也是他。初次與偉同的父母見面時，賽門表現得戰戰兢兢，正符合中國習俗中羞澀新嫁娘的角色。這裡建構的是一段三角戀愛故事，兩個女人（葳葳與賽門）在異性戀欲望經濟中競逐偉同的愛情。影片將同性戀如此收編於異性戀麾下，因此香港影評人劉敏儀便認為《囍宴》並未完全顛覆異性戀霸權。[25]想當然耳，這齣喜劇點明父親總是最後

---

23 直到李安後兩部作品成功之後，這部電影才以錄影帶的形式發行

24 這部電影的早期劇本中明白提到六四天安門事件，李安日後整段刪除，以避免政治意涵。見焦雄屏，“The Melancholy of Old Age: Ang Lee’s Immigrant Nostalgia,” 收入台北金馬國際影展執行委員會編，《電影檔案：中國電影二：李安》（台北：時報文化，一九九一）。

25 劉敏儀，“Heterosexualized Homosexual Love: Ang Lee’s ‘The Wedding Banquet’,”，《文化評論》二輯（一九九四年七月），頁一三七—四四。

的贏家：如果父親一如既往要的是異性戀，那便只有照做。影片最後我們得知父親其實一直都知道偉同與賽門之間的同性戀情，但他在偉同與葳葳圓房前仍假裝不明究理。葳葳懷孕後，父親得其所願，才告訴賽門他接受他與偉同的同性戀情。透過台灣觀眾眼中善意的欺騙，父親的權威獲得確立。影片顯示出父親有能力以彈性手段處理預期之外且違背傳統的挑戰。

《飲食男女》與《囍宴》類似。影片看似是一個女性中心的敘事，表面上三個女兒的愛情故事主宰了敘事，但最後仍將女性所處的位置回歸廚房，這一點早有論者指出。鰥居的老父（仍由《推手》與《囍宴》中的郎雄飾演）最後以低調的姿態現身為英雄。他的三個女兒在情海浮沉，而他卻默默地與女兒同輩的錦榮滋生愛苗。最後父親出人意料，竟然娶到了錦榮（對父親亦有好感的錦榮母親，梁太太，尤其驚訝）。影片最後幾幕中有一幕是他大腹便便的新婚妻子坐在他們現代化公寓中的一張搖椅上。梁太太對他的好感反倒確認了他浪漫與年輕活力，相形之下梁太太的殷勤則太過歇斯底理，令人喘不過氣。他的三個女兒諸事不順的愛情則突出了他的男性雄風與生育能力。最終，事業心最重、擔任航空公司主管的二女兒家倩回到廚房，透過她的廚藝，讓父親重新尋回先前失去的味覺。三部影片的結局都將榮耀歸於傳統父權體系，在我們看來這個父權似乎更能在必要時刻，透過彈性手段與「善意的」欺騙來壓制挑戰並重新確認其正當性。正如辛西亞・呂（Cynthia Lew）言簡意賅地定義：這些是有關「起死回生的父親」（resuscitated patriarchs）的故事。[26]

此外，還有其他原因讓這些影片在台灣如此賣座，並且贏得台灣觀眾持續不歇的欣賞與忠誠。儘管李安並未表達過任何有關台灣獨立的本土主義情懷，但李安的成功被視為台灣的國家榮耀。他的名氣被視為台灣在全球文化場域中上升地位的反映。《囍宴》和《飲食男女》連續兩年在柏林影展贏得眾家垂涎的金熊獎，他的影片在國際上獲得的注目是台灣影史上前所未見的。更甚者，同性戀是西方先進文明的另一個標誌：觀賞有關同性戀的影片，讓觀者得以躋身先進文明之列，[27]而這個對同性戀的再現也經過重新包裝。事實上到了二十一世紀初期，對同志的友善（gay-friendliness）已經成為台北的賣點之一，也構成了台北都市魅力的一部分。對一個亟欲獲得國際社會認可並接納的國家與城市而言，同性戀甚至可能是一種策略，只要它能夠與地方父權體系共存即可，儘管其採取的手段可能非常曖昧。

這些影片因而成為「國家的」再現，是台灣全球化成功的典範，可以幫助提升台灣的國際形象。《飲食男女》於一九九四年獲得奧斯卡最佳外語片提名後，台灣政府發動了廣受媒體注目的推廣活動，包括為數百位好萊塢人士安排盛宴，準備了片中華麗呈現的美食佳肴，而且大廚與原料都從台灣原裝進口。李安本人也助長了這種民族主義胃口，在針對台灣觀眾的訪問中表示很希望能贏得奧斯卡獎，為台灣爭光。到了一九九六年，《理性與感性》（*Sense and Sensibility*, 1995）未獲最佳導演獎項

---

26 Cynthia Lew, "'To Love, Honor, and Dismay': Subverting the Feminine in Ang Lee's Trilogy of Resuscitated Patriarchs," in *Hitting Critical Mass: A Journal of Asian American Cultural Criticism* 3.1 (Winter 1995): 1-60.

27 Mark Chiang, "Nationalism and Sexuality in Global Economy: Presentations of the Chinese Diaspora in 'The Wedding Banquet'," 發表於美國加州大學洛杉磯分校亞美研究中心，一九九六年四月八日。

提名，引來美籍華裔影評人盧燕與非裔美國人領導人杰西・杰克遜（Jesse Jackson）分別指控金像獎委員會種族歧視，李安則對台灣支持者表示極為抱歉。之後他承諾下一部開拍的華語片將贏得金球獎與金像獎最佳外語片，他表示自己「必須為華人電影贏得這項殊榮」。[28]後來他也確實做到，在二〇〇一年以《臥虎藏龍》拿下奧斯卡最佳外語片。他曾指出，自己熱切期望獲得國際社會的肯定，讓父親高興。李安過去未能通過在台灣社會裡被父母用以衡量個人價值的大學聯考，拍攝《推手》前又當了五年家庭主夫，沒有穩定工作或任何工作前景。因此李安渴望獲得父親認可，也渴望台灣作為一個國家獲得國際認可。在個人的、心理的層面上，我們都可以看到父權體系與國族主義的重疊。

倘若父親三部曲清楚呈現了國家主體的觀點，那麼它同時也顯著地呈現了出自少數主體觀點的文化再現。當中有可消費的異國風情（consumable exotica）與多元文化主義的刻板再現：飲宴習俗、外來餐飲、情色與異國女性、太極動作等等。然而，這種軟性多元文化的電影再現所牽涉的，不僅僅是民族文化的弱裔化，也可稱之為台灣的弱裔化（the minoritization of Taiwan）。李安本人顯然也認知到這樣的隱藏意涵。他在《時報周刊》一九九三年的訪談中提到，今日台灣人的西化程度與美國華人移民一樣，而兩者都希望在西化的同時保留中國的家族主義（familism）與儒家倫理。他指出，「在西化的過程中，台灣人已經做了移民會做的許多努力。雖然他們的身體不在美國，但他們是心理上的移民（psychological immigrants）……住在紐約的法拉盛與住在台北有什麼不同？除了前者對美國認識較多、看到的美國人比較多之外，其實沒有什麼不同。」[29]按照李安的洞見，西化無可避免地將身在本國的台灣人變成了心理移民，所造成的效應就是台灣的弱裔化，因為它必須遵從美國的文化霸權。

文化生產與消費日益頻繁的全球交往，不僅使國族文化在美國境內以多元文化之名而淪為弱裔地位，也使美國境外的台灣成為美國的弱裔「區域國家」（region-state）。因此，無怪乎有些台灣人戲謔地稱台灣為美國第五十一州了，畢竟台灣政府人員有超過百分之八十以上都畢業自美國大學。而於一九九四年七月四日成立的「五一俱樂部」更是認真並有組織地追求這個目標。五一俱樂部的標語是「立足台灣心懷美國」，提倡將台灣變為美國第五十一州，據說這個建議最初是由美國中國歷史學者費正清（John K. Fairbank）所提出。該俱樂部的終極目標是號召台灣就加入美國聯邦一事舉行全民公投，如果獲得多數台灣公民同意，再將提案交付美國國會。[30]

李安影片中將中華文化作為族裔文化（ethnic culture）並將其弱裔化。這個弱裔化的一部分也與中國菜餚的戀物化（fetishization）有關。《飲食男女》開場中，李安用了大約五分鐘的時間來呈現精緻中國美食的準備過程。影片上映後，《紐約時報》刊登了美食作家蘇珊・哈姆林（Suzanne Hamlin）有關片中食物的兩篇文章，當中附有「炒海瓜子」的食譜，也提示在紐約哪一個中國餐館可以找到影片中的美食。有個例子特別生動：「要享用《飲食男女》中出現的菜餚，請事先預訂。西65街43號的Shun Lee West餐廳，電話（212）595-8895，可以準備影片中十四道菜餚的任何一道，但請提前十二

28《中國時報》，一九九六年一月二十二日，A1。

29《時報周刊》六五期（一九九三年三月—四月），頁七五。

30《中國時報》，一九九六年七月四日，B2。

小時預訂。」[31]這段文字捕捉了從外國到本地、從國族到族裔的奇異轉化；這個挪移發生在台灣與美國之間，仲介正是中國菜餚。李安似乎也全心全意支持這個轉化——他自己就去了紐約這家中國餐館，在一整桌豐盛菜餚前為那位美食作家留下了身影。

此中國菜餚的戀物癖在多元文化美國亦遭到了性別化。特別能說明這個狀況的是，在《飲食男女》的台灣電影海報中，讓人肅然起敬的父親出現在前景中（因為重點是父權體系的起死回生），而美國的電影海報則僅呈現三姐妹與一道美麗可口的中國菜——一幅「秀色可餐」的具體寫照。一位影評人指出，「這部電影中的人物幾乎與食物一樣好看。一道接著一道：女性一律窈窕、精巧而活潑；男性都英俊而慵懶，等著被這些女人喚醒。」[32]還有位影評人說：「片中呈現的每頓飯都讓人口齒生津，而三個女兒也同樣讓人垂涎。」[33]將可口、誘人、可享用等食物的隱喻轉移到女性身上，也剛好符合這部影片所屬的情色／飲食類型電影。但更重要的是，影片強調了異國女子的情色化，而情色化就在亞洲女性被性欲化（sexualization）的刻板模式中運作。此事一點都不令人意外。

因此，父親三部曲透過父權體系的起死回生，體現了民族主義者對台灣觀眾的呼籲，體現了台灣對國際聲譽的渴望同時也強調了異國情調以獲得美國觀眾肯定。對台灣觀眾而言，這三部影片是國族的建構，儘管這「國族」有時必須保持模糊，因為中國與台灣之間的關係在電影中混沌不明。對於美國觀眾，三部影片代表了國族建構被轉化為可消費的多元文化主義的弱裔化過程。表面上，國族主體與弱裔化主體的位置相互矛盾。但細看之下，李安其實聰明地壓抑了可能的矛盾。在三部影片當中，父親角色都處於美國的性別邏輯之外。他們垂垂老矣，他們是其他亞洲女性的愛慕對象，而且他們對支配性的男性化與女性化的結構不會構成任何威脅。唯一有魅力的亞洲男性角色，即《囍宴》中的偉同，也適當地被陰性化為男同性戀者，因此不符合規範。因此，令人好奇的是，讓台灣觀眾為之流淚嘆息的父親角色以及他的愁苦，絲毫不會影響美國觀眾偷窺的樂趣。國族主體與少數主體成功融合。更有甚者，有充分證據顯示了透過異國風情與情色，中華文化弱裔化在台灣成為一種趨之若鶩的消費手段，[34]這證實了薩依德（Edward Said）所憂慮的危險和誘惑：被宰制者將文化宰制者的東方主義結構加諸己身。[35]

從台灣與美國雙邊政治關係的角度來看，國族與少數族群的建構，就像台灣的國族命運仰賴美國一樣，兩者息息相關密不可分。毫無疑問地，台灣——一個不受國際認可的國家、一個非民族國家的國家——就像是美國的殖民地或者是少數族群的一個州，台灣政府與人民對於美國有關台灣的言論無時無刻都保持高度關心與警戒。美國前總統柯林頓（Bill Clinton）於一九九八年訪問中國時公開宣布支持三不政策——「我們不支持台灣獨立、不支持兩個中國、也不支持一中一台。並且我們不認為台

---

31 Suzanne Hamlin, "Chinese Haute Cuisine: Re-creating a Filths Starring Dishes," *New York Times*, August 10, 1994, C3; Suzanne Hamlin, "Le Grand Excès Spices Love Poems to Food," *New York Times*, July 31, 1994, H9, H20.

32 David Denby, "Someone's in the Kitchen with Ang Lee," *New York*, August 29, 1994, p. 110.

33 Bruce Williamson, "Movies," *Playboy*, September 1994, p. 26.

34 有關在不同的脈絡中台灣對「中國」的消費，本書第四章會有更詳細的討論。

35 Edward Said, *Orientalism* (New York: Vintage, 1979), p. 25.

灣應當參與任何需要國家主權獨立的國際組織」，說明了台灣如何成為中美關係改善下的犧牲品。美國對於台灣命運的主宰力量，以及中國對台灣的圍堵政策，除了是一種新殖民主義之外，還有其他說法嗎？對中國與美國而言，台灣不過是一個應受圍堵的少數弱勢，是在超級強權的權力關係中一個可以任意丟擲的骰子。一方面，美國共和黨政府利用台灣作為反制中國的力量，儼然是冷戰政策的延續，並且與當前崛起的中國威脅論相互結合。另一方面，美國民主黨政府則始終把台灣當作工具，好跟中國有更多接觸。不論是哪一個情況，台灣都是白宮因應需要，用以抵制中國或與中國交好的籌碼。

當李安在父親三部曲獲得成功，開始進軍好萊塢之後，他作為少數主體的位置終究無法避免。他所執導的《理性與感性》受到一致好評，被譽為是大師之作。「一個來自台灣的導演」竟然能夠精準地描繪出維多利亞時代的英格蘭，甚至讓查爾斯王子大嘆，在女王皇宮的皇家首映之前，他實在不知道英格蘭有這麼美。李安利用了許多彈性的策略，透過翻譯隱喻的召喚，來合理化他參與製作這部電影。當面對台灣觀眾的時候，李安告訴他們雖然這是一部英語電影，但是因為他在台灣成長，所以他以華語片的方式來執導。[36]面對西方觀眾時，他則再三強調那些古老的觀念，如禪宗無為、儒家道德、太極（事實上，他在拍攝期間教了凱特・溫絲蕾[Kate Winslet]太極拳）、「家庭價值」、儒家的仁與禮等等。[37]李安的理由如下：

> 在珍・奧斯汀（Jean Austen）的世界裡我覺得很自在。因為現今中國人的社會還處於從封建文

化與孝道文化進入現代社會的轉型期。在許多層面上，我認為當代的中國人比現在的英國人更能夠理解十九世紀的英國，因為我們仍然還在那個時代裡。[38]

我試圖在我的電影中融合社會批判與家庭倫理劇（family drama）。我終於注意到我長久以來都是為了拍攝珍・奧斯汀的故事而做準備。我命中注定要拍珍・奧斯汀。我只是需要克服文化的障礙。[39]

時間的線性概念把當代「中國性」（Chineseness）與維多利亞時代的英國等同起來，這是他在第一段引文中的論點前提。也就是說，中國性等同於過去的、等同於非現代的。在第二段引文，他想到自己跟珍・奧斯汀的藝術命運相仿；因為他對中國傳統主義的熟稔，他才有了真正憑據，得以拍攝有

36《中國時報》，一九九六年一月二十二日，A1。

37 Sarah Kerr, "Sense and Sensitivity," *New York* 29.13 (April 1, 1996): 43-47; Donald Lyons, "Passionate Precision: Sense and Sensibility," *Film Comment* 32.1 (January 1996): 36-41.

38 A. Lin Neumann, "Cultural Revolution: Taiwan Director Ang Lee Takes on Jane Austen," *Far Eastern Economic Review*, December 28, 1995, and January 4, 1996, pp. 97-98.

39 Jack Kroll, "Jane Austen Does Lunch," *Newsweek*, December 18, 1995, pp. 66-68.

闗維多利亞時代英格蘭的電影。在個別的訪問中，他視中國女性纏足為殘酷的中國傳統，[40]並暗示了西方現代性的解放意義。同樣地，西方電影評論家也需要合理地詮釋為什麼李安可以把英國的題材處理得如此出色，因此訴諸於象徵性的代表（tokenization）或模範少數民族論述裡，所經常為論者引用的普遍性的概念：李安擅長描寫兩代關係、家庭問題、微妙的人際關係，同時他也「非常理解社會禮儀的壓力」[41]，以上這些都是所有文化的共通之處。因此，一位評論家把《飲食男女》稱之為「奧斯汀的敏銳與中國菜餚」（Austen-like acuity with Chinese food）的完美結合。[42]

兩種可譯文化之間的流暢的結合，究竟可以為我們描畫出什麼性別啟示？可譯性（translatability）有什麼性別位置？換種方式來說，當導演著迷於父權制的復興，並且最終拍製出批評英國父系財產繼承法律，類似半女性主義者（semifeminist）電影時，當中的過程透露了什麼信息？李安電影內有關少數性別的暗示，可以在電影的製作和觀眾反應兩部分中察覺。首先，它排除了李安對影片成功的貢獻。雖然《理性與感性》獲得倫敦影評人協會獎及紐約影評人協會獎，而且橫掃了金球獎最佳編劇和最佳戲劇獎，更在奧斯卡獎獲得七項提名，但是李安最終沒有獲得金球獎最佳導演獎，亦沒有得到奧斯卡最佳導演的提名。我認為這就是彈性的終結。說穿了：種族主義無視李安的彈性策略和他受到大眾的喜愛；這二者在意義生產的關鍵時刻裡無關緊要。奧斯卡頒獎典禮上，性別和種族弱裔化的行為，正是一個停滯的時刻、是一個節點，是流動的終結。即便不從種族主義觀點出發，李安沒有獲獎一事還是殺傷力強大：這表明了李安不同於那些被提名的（最佳影片、最佳編劇、最佳女主角、最佳女配角、最佳攝影、最佳服裝設計和最佳音樂）電影共事者，他不過是眾多用來製造機器的螺絲之一，他只不過幸運的被製片人（最佳電影獎的指定接收者）僱用，是製片人而不是他做得好。他僅是一個僱員，而不是把電影拼湊在一起的原創藝術家。一個評論家明確地指出，「李安對珍・奧斯汀從不著迷，在**被聘用**拍攝愛瑪・湯普森（Emma Thompson）的劇本前，他從未看過珍・奧斯汀的書」（粗體字為作者強調）。[43]

我們無須驚訝這個電影評論家，即格拉漢・福勒（Graham Fuller），在他深具影響力的《視覺和聲音》（*Sight and Sound*）雜誌上發表的文章中說道，湯普森才是影片成功的功臣。我們也無須驚訝觀眾不一定會相信影片結尾「電影由李安拍攝」（A Film by Ang Lee）的功勞鳴謝。在分析了父親形象在電影中缺席的問題後，福勒指出大女兒愛蓮娜（Elinor）承擔了女性被剝奪權利的達斯伍家的「男性地位」和敘事上的「英雄角色」。他延伸了這種說法並得出了一個結論：湯普森是「《理性與感性》的作者（auteur），亦是女權運動者（Suffragette）和英雄的『男性』代理人」。[44] 湯普森自己記錄了她與李安在拍攝電影期間的小衝突：她和其他演員在如何拍攝的問題上與李安存在意見分歧，據說李安「深

---

40 Sarah Kerr, "Sense and Sensitivity,".
41 例如見《紐約》（*New York* [December 18, 1995]），頁五一。
42 Janet Maslin, "In Mannerly Search of Marriageable Men," *New York Times*, December 13, 1995, C15.
43 Graham Fuller and Monk Claire, "Cautionary Tale/Shtick and Seduction," in *Sight and Sound* 6.3 (March 1996): 22.
44 同前註，頁二〇—二一。

受傷害和困惑」。[45]不同於台灣那種「導演可以隨心所欲」的拍攝方式，或是李安習慣的「有椅子、菸灰缸、濕毛巾、熱茶侍候」的款待，英國演員膽大包天勇於挑戰李安專橫的導演方式。[46]湯普森指出：「和李安一起很容易感到被欺負」；而「休・葛蘭（Hugh Grant）亦稱他做『狂人』（the Brute）」。[47]李安這時竟然成為東方專橫和東方式寧靜的完美結合物，[48]他獨裁之餘還教攝製隊東方儀式（包括冥想、太極和祈求好運的開拍儀式）——這一切都典型地帶有「東方」色彩，與典型的專制、異國情調和靈性相輔相成。然而影片即將殺青之時，李安不再專橫，而被馴服成了一個民主的導演，他不但聽別人意見，而且還購買香檳和中國食品給工作人員。由此看來，李安的好萊塢首作《理性與感性》的拍攝過程及觀眾接收，涉及了馴悍（taming of the shrew）、專制者女性化和國族主體弱裔化（minoritization）的過程。

《冰風暴》（*Ice Storm*）上映同樣引起話題，李安作為亞洲導演的信譽也再次受到考驗。這部電影的背景是一九七〇年代的美國。隨著《理性與感性》的成功，李安理智超群的指導方式（正如上文所述）相對於他對奧斯汀的鑑賞力而言，毫不遜色。但評者並不認為《冰風暴》跟《理性與感性》一樣兼容並蓄。在一九九七年的坎城電影節裡，法國評審將《冰風暴》當成好萊塢的商業片，同時美國影評人也認為電影沒有真實再現美國。[49]當李安試圖翻譯的並不是遙遠的維多利亞時代的英格蘭，而是一九七三年新英格蘭（New England）的家庭問題之時，美國影評並不樂於給予讚賞。或許，這個距離太近了，令人無法感到自然舒適。

彈性和可譯性

如果李安在試圖吸引台灣觀眾的時候體現出台灣國族主體，有時候他寧願是沒沒無名的一個美國少數主體。當李安的《理性與感性》沒有得到奧斯卡最佳導演的提名，他便央求台灣媒體記者不要使其成為「國家」的問題或是種族主義下的國家恥辱，他反覆地指出，比起作為國家的代表，他覺得作為一個單獨的個體的壓力較小。矮小的成龍與高大的卡里姆・阿布都・賈霸（Kareem Abdul Jabar）[50] 在同年的奧斯卡頒獎典禮上一起出現，立即惹怒了不同華語語系社會裡的華語傳媒，他們指責好萊塢「矮化華人」。成龍對媒體說不要打擾他，而李安在接受訪問時提到，他完全明白成龍的反應。成龍榮幸地得到「香港國寶」的稱號，而李安亦被稱為「台灣國寶」，因此當他們被套上弱裔化的邏輯

---

45 Emma Thompson, *The Sense and Sensibility Screenplay and Diaries* (New York: Newmarket Press, 1996), p. 220.

46 同前註，頁二二六。

47 同前註，頁二三二，二二八。

48 同前註，頁二〇七。

49《中國時報》，一九九七年五月二十日，D6。

50 譯註：卡里姆・阿布都・賈霸（Kareem Abdul Jabar）是美國國家籃球協會（NBA）運動員，一九八九年宣布退休。

時，對香港和台灣觀眾而言便絕對是一種羞辱。[51]憑著香港和台灣的經濟實力、文化活力和武術知識，難道這些明星需要受到同樣的弱裔化貶抑？

李安輕易地和彈性地在這兩個主體位置之間遊走及結合，引出了翻譯，或更確切地說，引出了橫跨太平洋的政治經濟力量下的可譯性問題。父親三部曲的成功，很大程度上歸功於他翻譯了一個國家的文化（中國或台灣）成為一個（少數）族裔的文化。這種可譯性確保了美國郊區觀眾能夠容易同化、商品化，且消費一個民族的文化。班雅明曾經正面地提到可譯性確保作品能夠以翻譯的形式持續生存。[52]在這裡提到班雅明或許有點諷刺，但如果可譯性對文學作品流傳有所助益，那麼李安的電影則霸占了一個更大的跨國市場和更高的利潤。如果班雅明所謂的原文可譯性（translatability of the original text），假設了自身和翻譯之間存在一個線性時間關係，那李安的可譯性則建立在彈性的編碼之上，可以輕易地同時被美國和台灣的觀眾解碼，所以台灣和美國觀眾對影片的接受便是當代的、同時的並且同步的。但是，被易譯性（easy translatability）編碼的當代性，其實是台灣和美國新殖民主義文化關係的症候，當中台灣遭到弱裔化。由此看來可譯性是弱裔化的一個必要方式，藉此得以進入及獲得中心的承認。透過國家和民族文化符碼之間的靈活協商，消費和同化得以持續。這就是我所謂的「可解讀的地方主義」（decipherable localism）：可解讀的地方主義預先推測外地觀眾將可以順利解讀其對在地國族文化的呈現。

此外，美國觀眾對《理性與感性》和《冰風暴》的接受，顯示了李安如何被拒絕彈性和可譯性，被置放回美國種族政治中少數族群的位置上。換句話說，只有可譯性不具任何威脅的時候才會被接受。「不可同化性」便可以用來辯護為什麼李安永遠是一個外國人，他所翻譯的一九七三年新英格蘭文化符碼的正統性因此持續遭到懷疑。台灣華語語系文化被新殖民主義弱裔化，以及身為美籍華人的文化生產者遭到種族化與性別化的弱裔化，二者之間的連結與辯證，限制了（並將持續阻止）真正同代性的順利產生。即使導演如李安跨越了許多疆界對此也無能為力。周蕾指出，電影膚淺的表層仍然具有影響更多觀眾與激發改變的能力。[53]雖然我同意這看法，但重要的是，我們也必須追問哪些人有條件以及在什麼樣的條件下才能達到那樣的影響力。

如果從支配者那邊得來的可譯性和彈性可以輕易地被同化和消費，少數族群和移民文化生產的價值被保守和反動的機關制度的節點所操控之時，可譯性和彈性所擁有的權力便有所限制。彈性主體對民族國家圍堵政策的反抗，是透過跨國主體性的召喚而來，儘管跨國，這種反抗的本身還是受到與其相關的民族國家所控制。在研究大眾文化，如研究通俗小說和電影的時候，彈性主體和民族國家之間的契約關係變得尤為重要，這是因為消費範圍以及消費者長久以來都是由市場性（marketability）所界定。營銷專家們一直都注重不同國家的文化差異。李安的電影創作，觀眾對李安電影的接受程度，

51《中國時報》，一九九六年四月十九日，D 1。

52 Walter Benjamin, *Illuminations*, p. 71.

53 Rey Chow, *Primitive Passions*, pp. 173-202.

乃至意義的各個節點裡，都有一股力量在運作。如同上述，這股力量將持續透過盛讚國族父權以及性別化的弱裔化，勾勒出不同國家的不同邊界。一旦遇上多種權力互動，華語語系表述便必須從不同的意義節點（包括問題重重的泛中國性和種族化的同化等等）展開協商。

第二章

女性主義的跨國性

所有的個體都不僅僅是既存關係的綜合體，還是這些關係的歷史的綜合。

——安東尼奧・葛蘭西（Antonio Gramsci），〈哲學與文化歷史研究導論筆記〉（Notes for an Introduction and an Approach to the Study of Philosophy and the History of Culture，約一九三二年）

影像僅只是一種關係而已。

——尚・保羅・沙特（Jean-Paul Sartre），《影像論》（*The Imaginary*, 1940）

在這一章裡，我檢視了一種特殊的、與女性主義主體性交錯的跨國性，或許可稱之為「女性主義的跨國性」（feminist transnationality）。此處所謂的「女性主義」與「跨國性」二詞並非是不證自明的專有名詞，而是需要進一步探討其內涵。我將「一種特殊的跨國性」（a particular kind of transnationality）界定為一種由移民所構成的「再現模式」，而非跨國的女性主義集體性或者是跨越國界的女性主義聯盟。因此，女性主義的跨國性必須與跨國女性主義（transnational feminism）或跨國女性主義實踐（transnational feminist practice）作一區別。[1] 此處我特別指明華裔移民藝術家劉虹的作品是透過特殊的女性主義的跨國性來運作，旨在凸顯移民藝術家的位置。透過移民藝術家，我要闡明一種性別化的視覺機制正純熟地與多元文化和跨文化意義及表義節點（nodal points of meaning and signification）協商，並且在遷移、回歸中國與回歸美國的跨國越界之下產生變化。劉虹之所以成為少數族群主體並不僅僅是由於移居的關係，而保有一種與主流文化不同的種族化的、少數觀點；她同時也是一個中國國族主體，在作品當中努力保持中國文化作為一種文化資本，這和第一章所討論的李安早期作品非常相似。一種自由主義、人道主義、以及女性主義結合的觀點奠定了這兩個不同主體的位置，同時這個觀點也架構起一個二元對立的結構，對許多不同形式的壓迫展開批判。而移民後的女性主義主體的形成，基本上奠定於一種對抗多重動因（包括中國父權、毛主義國家「Maoist state」、美國國家及西方凝視）的邏輯之上，並提出一種解放的敘事，需要我們認真考究。在這個意義上，本章與第一章相輔相成：這兩章所關注的都是橫跨太平洋兩岸文化旅行的邏輯，亦即華語語系視覺再現的跨國政治經濟。在這個跨國政治經濟中出現了性別化的結構——其一是男性與所謂的通俗藝術家，即電影人，其二則是女性與所謂的高雅的藝術家——兩者互為表裡、相互指涉。

因此，分析女性主義的跨國性的第一步就是必須檢視其在我所謂「全球多元文化主義」（global multiculturalism）中的位置，[2]或者像柯伯納・梅瑟（Kobena Mercer）所明確指出的「在以美國為中心的全球資本主義中，強調『差異』的多元文化已經遭到了商品化」的情況。[3]我所謂的全球多元文化主義指的是，全球各地的國族文化，在跨國再現的機制中，經常被簡化成族裔文化的過程。因此，美國國內的多元文化主義就採用了全球化的形式，有時甚至被視為理解其他國族文化的標準典範。在新興的全球多元文化主義體系中，國家與國族文化逐漸變成族裔與族裔文化。劉虹作為藝術家，在國

---

1 有關跨國女性主義實踐與跨國女性主義，見Ella Shohat ed, *Talking Visions: Multicultural Feminism in a Transnational Age* (Cambridge, MA.: MIT Press, 1998)，特別是書中的Inderpal Grewal, "On the New Global Feminism and the Family of Nations: Dilemmas of Transnational Feminist Practice," pp. 501-30。亦見Marguerite Waller and Sylvia Marcos ed, *Dialogue and Difference: Feminisms Challenge Globalization* (New York: Palgrave Macmillan, 2005)。

2 請見拙著與本章相關的論文，其中我以跨國女性主義實踐的角度討論了中國、華語語系與美國之間的女性主義。Shu-mei Shih, "Towards an Ethics of Transnational Encounters, or 'When' Does a 'Chinese' Woman Become a 'Feminist'?" *Differences: A Journal of Feminist Cultural Studies* 13.2 (Summer 2002): 90-126。本文亦收入Marguerite Waller and Sylvia Marcos ed, *Dialogue and Difference*。

3 Kobena Mercer, "Ethnicity and Internationality: New British Art and Diaspora-Based Blackness," *Third Text* 49 (Winter 1999-2000): 59.

家（作為在美國的中國移民）以及全球多元文化主義（在全球的範圍下誇示中國文化資本）的雙重邏輯下，實踐了女性主義的跨國性。準此，我們必須要問，在這兩個脈絡中的多元文化主義正常化之後，究竟會發生什麼樣的情況？當多樣性在多元文化的脈絡中成為最重要的價值，顯示出文化與族裔之間更複雜的操作，我們就必須在預期之外的地方尋找可能性與共謀結構。我們應當這樣問：當批判作為一種再現的形式而成為義務的、可預期的、或者符合對少數的、族裔或國族文化工作者的期待之時，批判本身是否可能成為一種共謀結構？

如果我對於李安在跨國化的通俗電影市場中的彈性主體（同時作為台灣人以及台裔美國人）的討論，顯示出不同的認同情境可能會重新啟動貼近國族與性別的二元對立論與霸權，那麼所謂高雅藝術的藝術家劉虹又能帶給我們什麼？高雅藝術的否定性——如法蘭克福學派思想家所主張的否定的辯證邏輯中，[4]對通俗文化的否定，而拒絕並防止文化遭到物化與工具化——是否會引發商品化呢？如果說高雅藝術最引以為傲的自主性，其實正是與工具化與商品化有關的一種矯飾偽裝，這一個看法是否令人驚訝？

正如我對李安作品的分析，這一章我的分析架構將會反覆思索傳統上的族裔研究與區域研究。這是由於劉虹的作品一方面涉及作為美國少數族裔的狀況，另一方面則與其深深投入中國歷史與文化的中國國族主體有關。這種跨越又或騎牆的狀況，近年來在中國移民藝術家當中愈來愈常見。冷戰時代被棄之如敝屣、當作是過去經驗與歷史之地的「中國」，現在已成為移民藝術家所仰賴的資源。而中國政治經濟力量崛起的這個特殊的全球化脈絡，則成為新興的跨國性的共同特性。其中，中華文化逐漸成為文化資源而非文化重擔。主流的美國觀眾一方面厭倦了都會區唐人街所慣常呈現出來的中華民族文化，如飲食、服飾、以及習俗，另一方面因為有關中國的知識被視作美國在二十一世紀繼續保有經濟優勢的重要因素，所以主流的美國觀眾都非常希望在中國或從中國一探「正統的」中國文化究竟為何。單單就中國是全球最大市場這一原因就足以讓人想要更加了解這個悠久的文明。至於所謂的「正統的」中國文化的再現如何受制於族群與弱裔化邏輯，即是全球多元主義的過程。然而，當這個臣屬化（subjection）的過程成為傅柯式的主體性論述中一種有力的機制，我們就可以發現這個臣屬化的邏輯可以被移民藝術家策略性地運用以取得主體性。因此，這裡最重要的問題和我們通常想到的非常不同：**這個臣屬化與主體性形成的過程是否可能在事件發生之前就已經被預期到？**後現代歷史性正激發我們以超越常見的對立結構來進行思考。

為了在全球化的多元文化形成中分析劉虹的藝術作品以及其女性主義的跨國性的政治，我提出了另外兩個操作的概念：集合藝術（assemblage）與對抗（antagonism）。我認為劉虹不同時期、不同題材的作品應該被視為建構多重身分認同的隱喻性的集合。其次，這些認同可能分別或一起抵制，也就是我說的對抗，不同權力的仲介。

集合藝術：《美國傳統辭典大學版》（*American Heritage College Dictionary*）對集合（assemblage）的定義如下：「Assemblage：名詞。1. a.聚集的行為。b.被集聚的狀態。2.人或事物的聚集；集會。

---

4 Theodore Adorno, *Negative Dialectics*, trans. E. B. Ashton (New York: Continuum, 1983).

3.各個部分的組合，如機械內各個部分的組合。4.各式各樣物品所結合成的雕塑。」根據第一個定義，集合一詞同時具有自願的以及非自願的面向。這對於我們思考藝術家如何透過認同的實踐形成身分認同很有幫助；同時，這也幫助我們思考認同是如何無可避免地被歷史所強加（我們被賦予某種認同）。第二個定義則強調了人與事物的聚集、並置以及片段。如此聚集就可能建構出一個像是第三個定義中作為一個整體的機械，也可能是第四個定義中的立體雕塑藝術，以有意義的方式組合各式各樣的物件。如此，認同可以被理解為各種斷片（劉虹實際上也稱她的作品是「認同斷片」[identity fragments]），而斷片之間的千絲萬縷則可以被理解為集合、機械整體、或者是藝術的、自覺的組合。集合作為隱喻，可以為理解認同形成的複雜內涵以及認同的多樣性與各種認同之間的關係，提供一個可用的認識方案。

更有甚者，比起將認同視作多元與混雜——或者以藝術的用詞來說就是蒙太奇（montage）與拼貼（collage）——這一類固定不變的靜態概念，集合藝術一詞擁有更多動態的維度。舉例來說，集合藝術的形式，像是由各式各樣物件組合而成的雕塑作品，可以與蒙太奇與拼貼做出區別。蒙太奇一詞來自於法文的monter，意謂「安裝」，指的是一種平面的藝術；拼貼則來自法文的coller，意謂「黏貼」，指的主要也是一種平面藝術，偶爾用在淺浮雕作品上；集聚（assemblage）則是從法文的assembler而來，意指「集合」，是一種立體的混合媒體建構，可以獨立出現，也可以鑲嵌在面板或框架上。[5]集合藝術的立體特性，讓我們能夠將認同片段概念化，使其同時具有時間與空間的面向，因此我們看到的不只是歷史、還看到了認同的形成、結構與產生的空間地理脈絡。我認為，劉虹油畫與混合媒體作品的整體性同時也開啟了一種集合藝術，每一幅畫作都是一個歷史與空間的片段，建構並開啟了認同五花八門的敘事。

對抗：拉克勞與穆芙認為對抗是「抵制的種種形式」的表達，例如女性主義者抵制父權、同性／雙性戀（lesbigay）抵制異性戀霸權、少數族裔抵制種族歧視、以及其他像是城市、生態、反集權、反體制的鬥爭等等。[6]藉用他們的定義，我將劉虹的作品看作是認同的集合藝術，其在不同的脈絡中表達了對不同的權力仲介的多重對抗。因此，在一幅畫作中她可能批判了中國父權對中國女性的壓迫，另一幅畫作中她則可能批判了美國主流文化將中國移民加以弱裔化，在下一幅畫作中她則可能批判西方以異國情調化（exoticization）的方式看待中國女性。這些不同的對抗（有時候各自獨立、有時重疊、交錯、甚至有時相互矛盾）皆透過她的作品所建構的認同集合來展現，並在浩瀚的中華文化與歷史資源，特別是在中國歷史文化與西方相遇、文化大革命歷史、以及少部分華裔美國文化和歷史的脈絡之中自由行動。

劉虹出生於一九四八年，一九八四年來到美國。四八與八四剛好顛倒，這是歷史的巧合了。作為一個具有相當知名度的成功藝術家，劉虹舉辦過無數次個展、團體展，又經常接受採訪，是不少文章、目錄與錄影的對象主題。在創作實踐上，劉虹利用攝影來挑戰相片再現現實的真實性（代表了她

---

5 Carmi Weingrod, "Collage, Motage, Assemblage," *American Artist* 58 (April 1994): 18-21.

6 Ernesto Laclau and Chantel Mouffe, *Hegemony and Socialist Strategy*, p. 159.

劉虹，《奧林匹亞》（1992, 50×85×11）。Bernice Steinbaum Gallery、史書美提供。

對過去在中國所受社會主義現實主義訓練的批判，因為社會主義現實主義教她藝術除了來自真實人生以外，別無他途），此外，劉虹還用攝影來處理記憶、時間、歷史與其他種種議題。她利用投影機將相片投影到畫布上，然後將相片的影像畫上去，以這樣的方法來改變、重塑這些影像。然後，她通常會為相片加上浮雕或加框，以及在作品上滴上亞麻籽油來製造特殊效果。這些作品的尺寸通常巨大無比。大致上我會把劉虹十年間（從一九八〇年代後期至一九九〇年代後期）的作品分為四個類型，或者說是四種認同片段，以更全面地分析女性主義跨國性的弔詭。

認同斷片一：女性主義對抗中國父權制度

劉虹在北京電影資料庫發現一本書，她利用書上的十九世紀娼妓相片為基礎進行繪畫。這類書籍的用途應該是供尋芳客參考的娼妓圖錄，而劉虹發現的這本書，主角則是更高級的交際花。劉虹籍由她的畫作來傳達她對十九世紀末、二十世紀初中國社會對女性的商品化、情色化與對象化的批判，因而表現出對中國父權的對抗。然而，從女性主義跨國性的政治以及這些影像表面上表現出來的誘惑來看，這些人物像指向橫跨中國與美國的、更複雜的欲望結構。由於劉虹的作品主要是為了在美國展示與消費，因此在中國的凝視之前已經先預設了西方的凝視，而這樣的預設也必定三方面劃分了欲望結構，並且讓女性能動力（female agency）的問題更加曖昧。

《奧林匹亞》（一九九二，50×85×11）與《奧林匹亞二》（一九九二，34×86×7）提供了一個明確的女性主義閱讀方式：此處，女性不只是凝視的對象，還是實際上交易的商品，因為她們原來就是在人肉市場中作為性商品而出售。劉虹為了加強這樣的詮釋，在第一幅畫裡的架子上加上了人造花，暗示了女性與花的比喻關係——兩者同樣是展示品。

同樣地，在第二件集合藝術的作品中，相同設計的架子上擺了數只裝飾繁複的花瓶，並且鑲嵌了木雕花窗。花瓶和木雕花窗都是裝飾用，而在花瓶下的空碗（在《奧林匹亞》中也看得到）則是劉虹經常使用的物件，象徵把女性當作空虛的或毫無價值的中國父權觀念。[7]很明顯地這系列作品暗指馬

---

7 在題名為《家庭一》（*Family I*）（一九九〇—九一，72×108×12）與《家庭二》（*Family II*）（一九九一，60×80×9）的一系列畫作中，劉虹畫了倒置的茶杯以表示父權制度中將女性視作潑出去的水，以及用空碗來表現女性在傳統觀念中毫無價值。在這些畫作中，女性的影像更加模糊，這是用來表示女性在家族傳統中不被紀念，

內（Manet）當年在巴黎展出時造成轟動的、著名的同名畫作。馬內畫作中的女性不再是被動地、避開他人目光的裸女，反而正面回看凝視她的人。同樣的，在這件作品以及相同主題的系列畫作中，劉虹作品中的娼妓全都回看凝視她們的人，一般認為這是由攝影師指導她們回看的。劉虹曾經說過她們的回看正和馬內的畫作一樣，代表了一種能動力的可能性。[8]在這個凝視的基礎結構中，凝視的對象（中國娼妓）回看、甚至比凝視她們的人（中國男性顧客）更早投射出目光，把男性顧客變成物品，而男性顧客的偷窺欲便在理論上被反叛了。這是對這系列作品可預料的第一個層次的詮釋。這個層次的詮釋中，女性主義所對抗的對象是中國父權制度。

那麼早已預設的西方凝視呢？劉虹對於西方凝視保持緘默這一點相當值得研究。創作者身處美國，西方凝視決定了這些畫作是否有市場、是否值得收藏、以及在美國的藝術地位。史碧娃克（Gayatri Chakravorty Spivak）對於殖民性別互動性的批判，也就是白人男性是本土女性的救星的公式，諷刺地提出「白人男性將棕色人種女性由棕色人種男性手中解救出來」的說法，這對我們的研究很有助益。[9]更有甚者，這樣的說法使第三世界或跨國的女性主義者產生了倫理上的曖昧，因為她們在推翻本土父權的時候，很可能成為白人男性殖民父權制度的共犯。因此，劉虹對於預期中的西方凝視保持沉默這件事以及其含義，就變得相當令人困惑。如此緘默讓西方東方主義的窺視者，不必再擔憂從偷窺充滿情色與性誘惑的中國奧林匹亞們中所得到的愉悅是否可鄙；批判的對象其實是中國父權制度，而並非東方主義的窺視者。東方主義的窺視者因為不在詮釋的範圍之內，也就沒有批判的負擔或拯救的包袱，得以暫且不進行任何自我反省的審判，因此在窺視的經驗中可以盡情讓享樂原則主導一切。

正如阿爾及利亞學者馬利克・阿羅拉（Malek Alloula）在不同的脈絡中證明的，殖民地攝影中娼妓的回看可能強化而非削弱東方主義者對蕩婦的敘事。[10]而娼妓的回看實際上是在攝影師的指導下所做出來的這個事實，更證實了這個看法。這裡的賣點是敢於回看的娼妓，她們的越界獨具情色魅力。因此我們不禁懷疑，如此被東方化的女性，不論是被中國父權制度觀看、或者是被西方窺視，是否能夠逃離大男人主義與東方主義的欲望經濟迴圈？即使劉虹有意要在中國的脈絡中重新銘刻大男人主義的欲望經濟，問題在於這樣的行為是否能夠成為批判的形式？如此重新銘刻的行為一開始也許多少有些自由派女性主義的意味，然而我們要問的是，重新銘刻是否反而再次鞏固了原來的作品，即在翻譯行動中延長了原來作品的生命？在西方脈絡下再製高級娼妓的影像，劉虹保存了影像的東方誘惑與誘人的物質性，翻譯行動並且吸引了更多人成為這些影像的窺視者。另一方面，此處兩個基本的論述層

因此對於記憶和歷史來說，她們的存在可有可無。在許多訪問與有關她的文章中，劉虹說明從這個時期開始，她的作品中就充滿了女性主義的觀念。

8 Donald Kuspit, “Beyond the Passport Photograph: Hung Liu in Search of Her Identity,” in *Hung Liu: November 11-December 11, 1993* (San Francisco: Rena Bransten Gallery, 1993), pp. 3-7.

9 見Gayatri Chakravorty Spivak, “Can the Subaltern Speak?” in Cary Nelson and Lawrence Grossberg ed, *Marxism and the Interpretation of Cultures* (Urbana and Chicago: University of Illinois Press, 1988), p. 296。

10 Malek Alloula, *The Colonial Harem*, trans. Myrna Godzich and Wlad Godzich (Minneapolis: University of Minnesota Press, 1986).

次——其一是把中國娼妓當作攝影對象與商品，以及劉虹對這些照片的仿製與翻譯——仍然維持互補的關係，而不會消滅另一方的存在。這是一種從中國到美國的男性欲望的重疊或複製。因此，我們所推想劉虹作品的女性主義意義，也許只不過是一個陳調的姿態，早就被最基本的凝視理論看穿，沒有留下任何批判的可能性的空間。

更有甚者，這些娼妓對中國男性顧客的情色誘惑有一部分是來自她們的西方配備。透過她們所躺臥的軟墊沙發以及被十九世紀末二十世紀初的中國視為西方產物的攝影所代表的文化意義，這些照片本身就是透過西方的仲介來傳遞出中國男性欲望圖表。例如，特定的高級娼妓非常流行穿著西式服裝，炫耀她們手中的西方科技（像是電話），進而引起越界的欲望。[11]世紀之交的舊金山唐人街有一首從娼妓角度出發的廣東歌謠，精準地描繪出上述的情況：

嘻嘻疊屌講。時尚轉西裝。
我們娼業要上行。服色更新方有望。
雖曲當。褸衫買到爽。
扮足土生靚妹狀。料然合意各情郎。[12]

這讓我們想起在殖民地印度，男性國族主義者譴責西化的女性有如娼妓。[13]同樣的，在世紀之交的舊金山唐人街，不論是西化的中國女性移民或者是在美國出生的第二代美國華裔女性，都被她們的男性移民社群批評為行為像是妓女。[14]當在地的父權體制面對殖民主義或弱裔化威脅，經常以類似的方式對待逾越在地文化界線的女性。相反的是，被期待應當表現西化的娼妓，則顯示出男性欲望對妻／女與對娼妓的期待有所不同的雙重邏輯。娼妓由於本身就是越界的代表，因此她們可以穿著西式的服裝；而西化亦進一步增加了她們的情色資本。中國男人自己也偷偷摸摸地或光明正大地嚮往西化，這正是一種選擇性支持西化的過程。

放到跨國的脈絡中，或者更精確地說，放到美國的藝術市場與觀眾的脈絡中來看，性別、欲望與西化之間的關係更是經過媒介作用的。具有異國情調的身體如果展現適度和觀者有共同之處——或者是沒有威脅性的混雜性——能夠複製西方男性觀者欲望的邏輯。她雖然是中國人，但是卻被熟悉的西方事物包圍著。被凝視者與西方凝視主體之間的距離，透過確認熟悉事物的行動暫時不復存在。這樣的行動雖然有其歷史特殊性，但也可以輕易跨越時空。這些畫作都是色彩繽紛的，而悅目的藝術作品更凸顯出其可譯性。

---

11 Gali Hershatter, *Dangerous Pleasures: Prostitution and Modernity in Twentieth-century Shanghai* (Berkeley and Los Angeles: University of California Press, 1997).

12 第二百一十首歌謠，收入Marlon K. Hom ed, *Songs of Gold Mountain: Cantonese Rhymes from San Francisco Chinatown* (Berkeley and Los Angeles: University of California Press, 1987), p. 312。

13 Partha Chatterjee, *The Nation and Its Fragments*, ch. 6-7.

14 Marlon K. Hom ed, *Songs of Gold Mountain*, pp. 218-19.

當數十年來性別歧視與東方主義已經受到了嚴謹的批判之後，一種刻板的反性別歧視、反東方主義的立場，輕易就可能變成行銷的策略或虛張聲勢的姿態，其目的在於證明自身立場，進而弔詭地重新鞏固東方主義。只要不要求觀者對性別歧視與東方主義做出超過預期的批判，這些畫作就可能變成虛有其表的表面。於此，我們目睹了太平洋兩岸男性欲望的共謀性。

也許劉虹運用亞麻籽油滴在畫布上的方法來使這些女性的影像變得模糊，以標誌時間的痕跡，但是這些穿著最為華麗的女人所散發出的光澤、繽紛色彩、華麗的裝飾、異國情調、與令人驚豔的影像，均誘惑著觀眾窺伺在深閨與後宮所展現出來的、中國女性特質的隱蔽角落，以滿足偷窺欲。如前文所提及的，這些女人的回看看到的是在作品的敘事框架內的中國父權制度，而不是美國的觀者，因此美國的觀者可以免於性別歧視與種族化情色主義的指控，盡情享受再造的東方主義的愉悅。如此凝視結構免除了西方凝視者的負擔，他們只須享受愉悅感受與偷窺的快感，而劉虹的女性主義卻諷刺地合理化了他們的行動。表面上雖然是女性主義者，但一個全新的東方主義觀看者（無論男女）卻在敘事框架之外成功建構起來。

認同斷片二：自由主義對抗毛主義國家

在一九九三至一九九五年之間，劉虹創作了一系列的油畫與集合藝術作品。她從自由主義與女性主義立場出發，清楚傳達了她對毛主義（Maoism）與毛主義國家（一九四九—一九七六）的批判。

這包含了從自由主義的立場批判毛主義政治，以及從女性主義的立場批判毛澤東統治下中國的性別壓迫，兩者相得益彰。這組作品的代表是《天鵝曲》（一九九三，61×91⅝×3）。《天鵝曲》由兩塊板子組成，上有文化大革命時的樣板戲《紅燈記》中〈無產者一生奮戰求解放〉一曲的樂譜。中間是樣板戲《紅色娘子軍》的芭蕾舞版中兩個芭蕾舞者的影像。歌詞內容和中性的舞者強調了階級鬥爭為優先，以及對女性特質的壓抑。在幾次訪談中劉虹提到她認為毛主義國家是獨裁政權，用階級觀剝奪了個人認同，例如舞者自身的性別認同。雖然宣稱要從傳統父權制度中解放婦女，然而毛主義國家卻向女性灌輸毛主義父權的概念，以壓抑女性的性別特質，而家庭的愛與浪漫的愛則由階級的愛所取代。楊美惠（Mayfair Mei-Hui Yang）認為，如此以性別平等之名壓抑性別特質的過程隱藏了男性規範（male norm）的「性別消除」（gender erasure）。[15]

更仔細地觀察《天鵝曲》，我們發現作品中嵌入了幾個小小的圓形，裡面有一雙纏足和一雙纖纖玉手，也就是在毛政權之前傳統父權制度中女性特質的極致象徵。如果說傳統父權制度將纏足與纖纖玉手視為戀物的對象，那麼毛主義父權制度則將去除女性性徵的陽剛女人作為戀物對象。這無疑是一種反動的逆轉，其以最極端的方法複製了壓迫的邏輯：在傳統父權下女性只能是陰柔的；在毛主義父

---

15 Mayfair Mei-Hui Yang, "From Gender Erasure to Gender Difference: State Feminism, Consumer Sexuality, and Women's Public Sphere in China," in Mayfair Mei-Hui Yang ed, *Spaces Of Their Own: Women's Public Sphere in Transnational China* (Minneapolis: University of Minnesota Press, 1999), pp. 35-67.

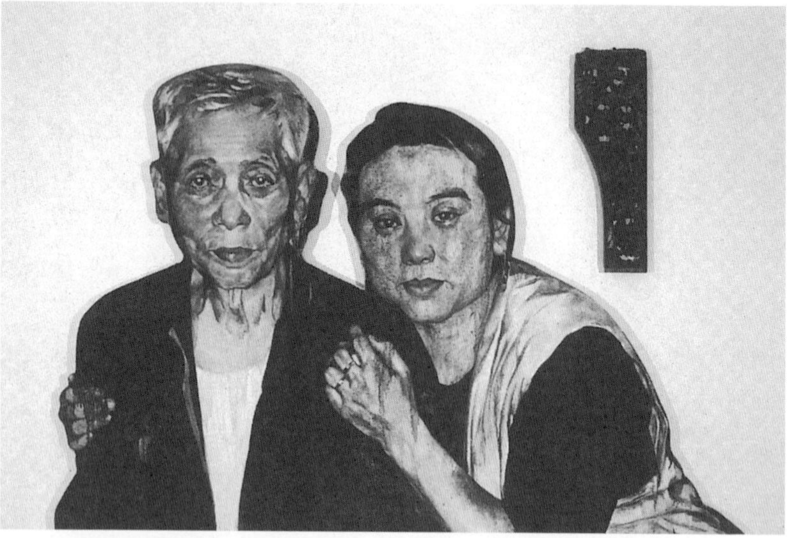

劉虹，《父親節》（1994, 54×72）。Bernice Steinbaum Gallery、史書美提供。

權之下，女性則必須壓抑她們陰柔的女性特質。這是兩種不同的、但卻同樣是問題重重的支配模式。女性的纏足也許在毛澤東時代的中國獲得「解放」，[16]但是女人卻變得像男人，其缺乏了性別主體性。早期的畫作《金蓮／紅鞋》（*Golden Lotus/Red Shoe*）（一九九〇）並置了一個過度女性化的纏足婦女以及去性別化的革命女同志。正如兩者的對照相當強烈，其批判也相當令人深思。

劉虹在一件跨文化作品《最紅的紅太陽》（*Reddest Red Sun*）（一九九三）中延續了她的批判。她在《紅燈記》選段〈雄心壯志衝雲天〉的樂譜上重疊了一個拿著陽傘維多利亞時期女性的身影。毛主義中由革命論述所替代的性別規訓，在這裡與維多利亞時期的拘謹、否定性欲的作風相互吻合，因而強調了父權制度對女性的控制，並將這種現象視為毛澤東時代中國與維多利亞時代英格蘭之間那跨越文化、地理與意識形態等等界線的普遍情

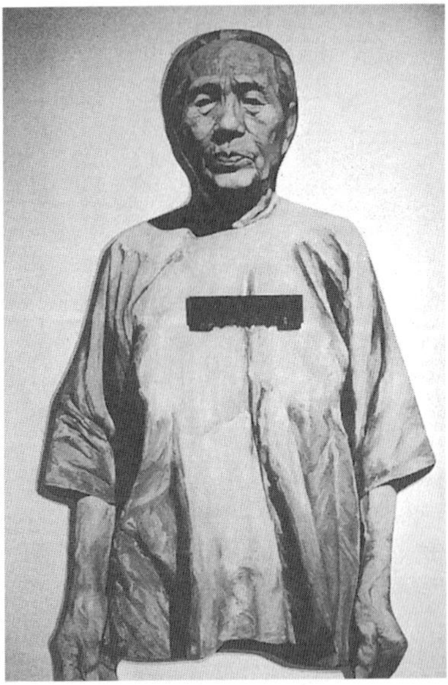

劉虹，《祖母》（1993, 101½×60）。Bernice Steinbaum Gallery、史書美提供。

況。就此如果不了解毛主義性別政治就無法理解這兩件作品，詮釋它們需要下更多的功夫。也就是說，不像前文所述的娼妓系列畫作，這兩件作品無法輕易被理解，也不像娼妓系列那樣，可以直接用淺白的女性主義評論方法來討論。

在《父親節》（一九九四，54×72）、《祖母》（一九九三，101½×60）與《先鋒》（一九九三，116×43）中，劉虹對毛主義的批判中多了自傳元素。在三張畫作中，劉虹以她與父親初次見面的照片作為開始。劉虹的父親原來在國民黨軍隊裡，中華人民共和國成立後則遭到終生監禁。劉虹的母親為了避免受到牽連迫害，只好與他離婚。在劉虹的成長過程中，她從未與父親見面，直到數十年後劉虹來到美國，發現她的父親仍然在勞改營中。在她奔走之下父親終於獲釋，這張畫作裡她抱著虛弱的

16 實際上，反纏足運動早在十九世紀末就已經開始了，所以這並不是毛主義中國的獨特之處。

父親，是對政治迫害的強烈控訴。畫作的右上角掛著一小片門框，代表了物品特質與裝飾功能，但與娼妓系列畫作的功能不同：這個片段被拋擲在無常的政治與意識形態變化中，她的父親就像一個被遺忘的物品，不過是歷史編年中一個不起眼的裝飾。

劉虹在這裡運用了挖剪（cutout）的方法除去背景，讓觀者將注意力集中在人物上，凸顯了畫作中的人物。這個方法為這件作品添上感動觀眾的強烈情感元素。挖剪畫經常出現在宣傳英雄的作品中，因此劉虹刻意在這件作品以及其他作品中運用上述方法來批判藝術的意識形態用途。在《祖母》一作中，劉虹再度使用挖剪的形式來頌揚一個平凡人物——她的祖母。挖剪所呈現出來的雕塑性，特別凸顯了祖母那雙滿布皺紋的手，視覺上象徵了她所經歷過的苦難。就這兩件作品來說，挖剪的形式消除了眼前影像的脈絡和背景，將其移轉到其他脈絡中。暗含的可移植性則為作品添加了普遍性的向度，也就是說對普通百姓的壓迫在什麼地方都有可能發生。

第三幅作品《先鋒》以年輕的劉虹穿著軍裝的相片為基礎，再度運用了挖剪的形式來傳達她對毛主義性別政治的曖昧態度。如果像前文分析的兩幅作品的邏輯一樣，挖剪是一種頌揚的方式，那麼這裡的軍裝人物像則代表了某種程度的能動性，即能夠超越資本主義中非男即女的、非陽剛即陰柔的性別二元論。被去性別化的女性中是否能產生能動性？這個問題在毛澤東時代的中國特別有意義，雖然這裡的性別規範暗藏了男性中心的前提，但是仍然比資本主義社會中的女性，至少在法律上更加男女平等。

如果在娼妓系列作品中，眾所周知的本質化中國文化可以作為創作者的文化資本，那麼我們也應

劉虹，《先鋒》（1993, 116×43）。Bernice Steinbaum Gallery、史書美提供。

當問，毛主義或中國政治歷史是否也可能成為文化資本？由中國移民以英文書寫有關毛澤東時代中國的創傷敘事層出不窮，很明顯地這種特定的歷史創傷本身已經成為一種商品。[17]這不禁讓我們想起趙健秀（Frank Chin）曾經哀嘆只要少數族裔自我告白，族裔自傳這個文類就能夠大賣特賣。[18]雖然趙健秀對族裔書寫的診斷存在著太過於男性中心的問題，但是他的批判卻不無道理。如果市場不能支持這些文類，回憶錄與自傳又怎麼會如此興盛？又為什麼不是其他的文類造成流行？香港作家黃碧雲對於這些作家有過一番評論：「那些用英語寫的中國

17 著名的例子如閔安琪的《紅杜鵑》（*Red Azalea*）、戴思杰的《巴爾札克與小裁縫》（*Balzac and the Little Chinese Seamstress*）、高安華的《天邊》（*To the Edge of the Sky: A Story of Love, Betrayal, Suffering, and the Strength of the Human Courage*）、與葉婷行的《苦風一孤葉》（*A Leaf in the Bitter Wind: A Memoir*）。有關閔安琪自傳小說的討論見拙著，Shu-mei Shih, "Towards an Ethics of Transnational Encounters, or 'When' Does a 'Chinese' Woman Become a 'Feminist'?"。

18 Frank Chin, "Come All Ye Asian American Writers of the Real and the Fake," pp. 1-92.

人，寫的總是文革，大迫害，束小腳，風水，尋根，古靈精怪，好像便宜遊樂場的恐怖洞，好便宜，好假。」[19]黃碧雲直言不諱地指責這些作家賣弄犧牲受難的過去，「他們展示他們的傷口與苦難，然後問：『你有甚麼可以幫我？』」[20]

這並不是說毛主義下的創傷不能被書寫或不能以視覺的方式再現，而是一位創作者如何再現決定了他的倫理位置。那些很明顯的是為了符合對中國的恐慌或「中國威脅」論、以獲得經濟利益的敘事，與從多重角度來探討複雜現象的那些更複雜與曖昧的敘事是截然不同的。從這個角度來看，劉虹部分有關毛主義的畫作可以視作是倫理的建構，其包含某種程度的曖昧性，而她的其他作品則藉由過度女性化與過度視覺化的中國女體，來訴諸於自由派女性主義的普世價值。

認同斷片三：少數主體的對抗

在劉虹的所有作品中，從一九八八至一九九〇年代中期的這一系列畫作特別受到多元文化藝術研究的青睞。[21]劉虹明確地定位自己是美國的移民與少數主體。她認為移民的過程就是一種弱裔化的過程，同時暗指一種傅柯式臣屬（subjection）理論中的主體化（subjectivization），在美國的脈絡中則指出了種族排斥與刻板印象的歷史。在這一系列作品（有的幾乎和前文所述的兩組作品同時創作、有的則更早一些）中，劉虹並不誇示中國文化本質論是一種文化資本，而是定焦於自身作為少數族裔的狀態，並且在中國人移民美國的歷史中做出自我定位。她藉由那個時代的一張照片——《海關》（一九九六）——來檢視被拘留在天使島（Angel Island）的華人移民歷史；又透過一件裝置藝術作品——把二十萬塊幸運餅乾堆積成山，並且留在展覽會場直到腐爛為止（《舊金山，一九九四》）——來檢視十九世紀初期三藩市早期移民的金山（Gold Mountain）美夢；此外她亦在一次展覽中重建了巴爾的摩（Baltimore）到中國的貿易路線，關注於巴爾的摩作為美國的廣東（America's Canton）的角色，以及其他許多美國對華人的種族歧視刻板印象。

其中，最廣受討論與最常重印的一件作品是《合法居留外國人》（*Resident Alien*）（一九八八，90×60），嘲諷了劉虹的綠卡。雖然她出生於一九四八年，但劉虹刻意把她的出生年份標為一九八四年，也就是她到達美國的那一年。新的出生日期標誌了劉虹在美國的重生。她不只一次在訪談中提及她在美國發現了藝術自主與自由；對她來說，一九八四年代表了「一個獨立藝術家到達美國之後的新生」。[22]但是當我們發現移民為她帶來解放的力量以及她對中國國家壓迫藝術自主性的批判這兩件事是同時發生的時候，我們不得不注意到她的新名字——「幸運餅乾」（Fortune Cookies）——一個美國

---

19 黃碧雲，《後殖民誌》（台北：大田，一九九三），頁三〇。

20 同前註，頁一三九。

21 例如Margo Machida, Vishakha N. Desai and Kuo Wei Tchen, *Asia/America: Identities in Contemporary Asian American Art* (New York, N.Y.: Asia Society Galleries: New Press, 1994)，以及Ella Shohat ed, *Talking Visions*.

22 Thalia Gouma-Peterson, "Hung Liu: Stories, Identities and Borders," in Kathleen McManus Zurko ed, *Hung Liu: A Ten-year Survey 1988-1998: An Exhibition* (Wooster, Ohio: College of Wooster Art Museum, 1998), p. 10.

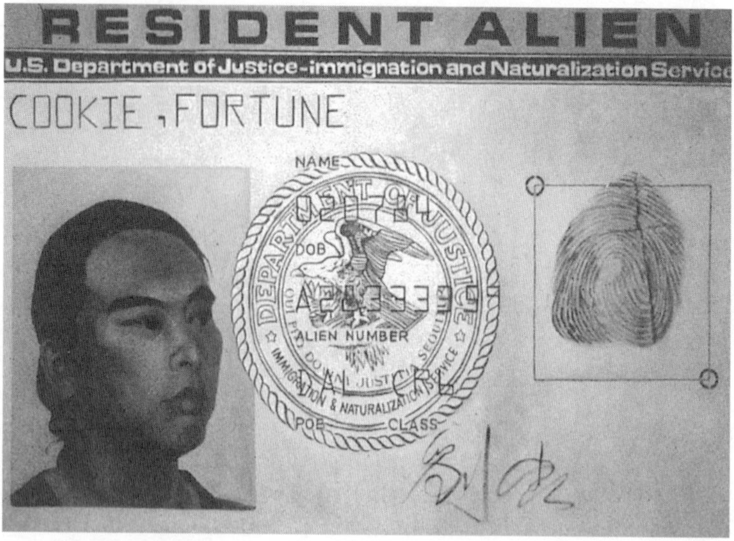

劉虹，《合法居留外國人》（1988, 90×60）。Bernice Steinbaum Gallery、史書美提供。

的發明、一種對中華文化的陳腔濫調、對中國傳統的瑣碎化，以及一種種族歧視的刻板印象。她不僅變成一種刻板印象，甚至還被標誌為「外國／外星人」（alien）。美國移民局和它所提供的綠卡，實際上限制了她從毛主義的壓迫中劃出了潛在的自由。三種身分認同在此相互碰撞：她的中國認同、她喜歡宣稱的美國認同、以及她被指派的美國認同。此外，這幅作品還相當詭異地具有歐威爾式的意味，因為喬治・歐威爾（George Orwell）正是在一九四八年寫下鉅作《1984》。

為了進一步拆解幸運餅乾的刻板印象，劉虹創造了《餅乾皇后》（*Cookie Queen*）（一九九五，67×48）一作。這幅挖剪畫作品在上述的巴爾的摩展覽中首次展出，以紀念十九世紀繁盛的中國貿易。作品的左右兩側分別畫了爵士歌手比莉・哈樂黛（Billie Holiday）以及棒球傳奇貝比・魯斯（Babe Ruth）。對多數人來說，哈樂黛與魯斯當然是家喻戶曉的人物，但畫作中那幸運餅乾工廠的女工則默默無聞。「我們對她的身分——實際上是她的命運——一無所知，因為到中國餐館的美國人根本不會想到把籤條塞入幸運餅乾中的那些工人。」[23]這幅畫作透過並置的行動與引人注意的不協調感，將一位無名的女性與兩位名人的畫像放在同一個平面上，而三個人物形象同樣以巨幅挖剪畫的方式來藉以紀念。在類似主題的作品例如《中國仔》（*Chinaman*）（一九九五，75×36）與《洗衣婦》（*Laundry Lady*）（一九九五，72×38）中，劉虹以積極的方式再現了種族歧視下華人的刻板印象。《中國仔》的命名起源於十九世紀以來對中國男人的種族主義詆譭。這是一副描繪一個普通舞獅者的巨大畫作，舞獅者在高舉的姿勢中不尋常地露臉（因此他不再只是面具背後的一個舞動充滿異國情調的獅子的工具而已）。劉虹利用挖剪的方式再現他的形象，將這個原來是種族歧視刻板印象的「中國仔」重新塑造成英雄人物。這讓我們想起湯亭亭（Maxine Hong Kingston）在她的同名書中將「中國仔」（Chinamen）一詞改成「中國男子」（China Men），用以回復Chinamen中被矮化的「M」上所喪失的男子氣概與尊嚴。湯亭亭對華人男性歷史進行了艱難的歷史重建與敘事再現，描述他們對美國各種各樣的重要貢獻，進而拒絕以去勢（emasculation）的手法來敘述他們的歷史。劉虹在這裡承繼了湯亭亭的精神。

---

23 Mike Giuliano, "Double Identity: East Meets West in Southeast Baltimore," *City Paper*, March 29, 1995, p. 35.

1904年9月老上海行刑照片原件，原載*The Face of China as Seen by Photographers and Travelers, 1860-1612* (Millerton, N.Y.: Aperture, 1978)，頁89。史書美提供。

認同斷片四：對抗西方凝視

劉虹以西方旅行者所拍攝的中國與中國人的照片為基礎，創作了一系列畫作，這些照片收入在《攝影家與旅行者所見的中國臉譜，一八六〇—一九一二》（*The Face of China as Seen by Photographers and Travelers, 1860-1912*）。[24] 這系列的作品提供了一種不同的凝視結構，與劉虹重新銘刻娼妓的系列預設的西方對中國客體凝視的結構有所區別。在娼妓系列作品中，中國移民藝術家看著中國男人看著中國娼妓，並且預設了西方觀眾與藝術作品買家的凝視眼光。這一系列的作品中則是中國女移民藝術家看著西方男人看著中國男女，並且同樣預設了西方的凝視。不論是在哪一個系列中，我們都必須假設，看似框外的西方凝視，也存在於框內，它框內／框外的預設，構成了繁複層疊的

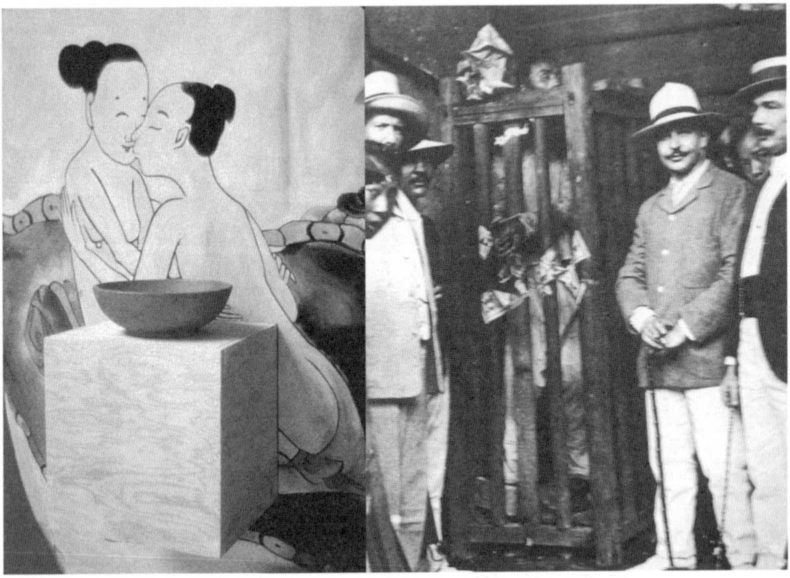

劉虹，《紀念品》（1990, 48×64×8）。Bernice Steinbaum Gallery、史書美提供。

凝視視覺結構。

名為《紀念品》（*Souvenir*）（一九九〇，48×64×8）的雙連畫作品上，右方相片乃於一九〇四年九月在上海拍攝。照片中幾個西裝革履的西方男人站在一個困著中國囚犯的木籠旁邊。根據展覽目錄的說明，這個木籠是一種處決囚犯的形式：「重大罪犯有時會公然處死，以效儆尤。『木籠』建立之後，囚犯可能必須用腳尖站立來減輕脖子周遭的壓迫，或最後必須把自己懸吊在半空中，直到被施以絞刑。」[25]這些乾乾淨淨、衣著光鮮亮麗的西方

24 這個展覽目錄收入了由不同的美術館、資料庫或個人所收藏的照片。此次展覽在費城美術館（Philadelphia Museum of Art）展出，展期從一九七八年四月十五日至六月二十五日，同年由紐約的光圈基金會（Aperture Foundation）發行目錄。

25 Nigel Cameron commentary, *The Face of China as*

人，與囚犯以及在相框邊緣部分露出部分臉相的中國人形成了強烈的對比。這些西方白人男性的表情大多很難閱讀，只有從右邊數來第二個西方白人男性那整齊美觀的翹鬍子下，可看見清晰的笑容。這個男人並且直視著攝影機，自覺地為照片擺出姿勢。這個姿勢加強了籠中囚犯作為奇觀的功能，這就像劉虹為此張無題的照片所下的標題「紀念品」一樣，對西方人來說，它可以帶回家作紀念。

劉虹仿擬這幀照片來創作畫作，指向了兩種同時發生的互動性。首先，劉虹的畫作顯而易見地批判了照片所預設的西方觀眾的偷窺眼光，同時也批判了照片內西方人的凝視。這些西方人首先凝視了囚犯，和他一起擺姿勢，然後預設了這張照片將會成為其他西方觀者見證中國人殘酷特性的紀錄。不論是預設觀眾還是照片內西方人的凝視目光，都相當一致地將中國變成他者與差異的化身。照片中幾個露出部分容貌的中國人，很明顯地表露出對攝影師、而不是對囚犯的好奇，這反映了他們對囚犯漠不關心。這個互動讓我們想起二十世紀初期最為惡名昭彰的一張照片裡，中國人正歡樂地旁觀著日本軍人砍下中國革命者的頭顱。魯迅痛心批判這正是中國國民性中冷漠與無知的絕佳代表。劉虹所批判的重點似乎並非中國人的冷漠，而是現代化的、殖民的西方凝視。

另一方面，第二個詮釋則必須將劉虹對美國觀眾的預期一併考慮在內，她預期到美國的觀眾在接受並且凝視這幅以照片為基礎的畫作時產生的互動。也就是說，這個問題是西方凝視的三個層次同時發生：照片內的凝視、看著照片的凝視、以及看著經過劉虹重新處理的照片所形成的畫作的凝視。對於更為熟悉拆解劉虹創作意向的、具有批判意識的觀者來說，這三個西方凝視的層次會回看他們，向他們發出沉重的倫理與道德疑問，問他們是否也成為了偷窺者。對其他人來說，這三個凝視的層次則可能隨時變成同一種偷窺的目光，在三種不同的歷史時刻，多次冒犯被凝視的對象。數十年來這張照片經過不斷展出、流通與出版，積累愈來愈多的西方凝視，而偷窺欲也因此愈來愈強烈、鞏固。一九〇四年離我們愈來愈遙遠了，但是對西方觀眾來說，這張照片愈來愈能代表中國人的殘酷與冷漠。它所表達出的原始主義（primitivism）與時俱進。當中國逐漸躍升成為全球強權之際，這樣的偷窺欲卻傷害了當代中國的自尊。這樣的傷害可以很容易將愛國主義合理化，並指控西方「妖魔化中國」。[26] 劉虹對照片的重新創作，因此很可能陷入這種有關他者與國族主義的壓迫論述與想像邏輯中，然後作品的生命得以諷刺地延長。

《紀念品》的左半幅則是以類似第一個認同片段的娼妓繪畫的邏輯來創作。在這裡我們看到一幅上個世紀西方社會中廣為流傳的中國春宮圖，它是情色東方的一個經典案例。劉虹利用一個立體盒子以及一只空碗遮住了情色想像的重要部位。表面上這像是反東方主義（拒絕展示觀者最想看到的地方），但是這部分作品卻又反諷地維持了東方的情色化。重要部位的欲蓋彌彰恰恰複製了脫衣舞的欲望邏輯，觀客只有在脫衣舞者解下衣衫之前才能成為偷窺者。羅蘭・巴特的著名理論解釋了在脫衣過程的那段時間內，觀客的欲望才會被挑起並得以維續，而舞蹈的結束則帶來了反高潮式的去性欲化

Seen by Photographers and Travelers, 1860-1912 (Millerton, N.Y.: Aperture, 1978), p. 89.

26 見李希光等著，《妖魔化中國的背後》（北京：中國社會科學，一九九六）。

（desexualization）或去情色化（de-eroticization）。[27]遮住重要部分的盒子因此就像是脫衣舞者身上的最後一件衣服，用來挑起偷窺者的欲望。原本批判的用意，最後可能重啟東方主義的情色主義。這就是我所謂一個反東方主義的姿態如何可能變成對東方主義的再度確認。

一個更為刻板的傷害影像，當然就是代表中國女性受到壓迫的纏足。對中國國族主義者來說，為了西方的觀賞而再現纏足，無異於自曝其短；對香港評論家黃碧雲來說，就像前文所引的段落所顯示的，這實際上是屈從於西方消費的邏輯。在一件沒有題名的作品《無題》（*Untitled*）（一九九一，$25\frac{1}{4}\times14\frac{1}{8}\times8$）中，劉虹以一張西方人所拍攝的照片為作品基礎，照片內容是一個纏足女性扭曲變形的小腳。禮儀上，女人不應該暴露她變形的雙腳，所以如此暴露是非常罕見的中國女性「幕後」（behind-the-scenes）形象。從東方主義的觀點來看，纏足既代表了情色幻想，也代表了中國男性的變態行為，因此纏足成為中國以不人道方式對待女性的落伍表現的縮影。藉由暴露戀物對象，作為東方主義者的西方攝影師一方面得到了偷窺的快感，另一方面則獲得道德的高度。劉虹利用她常用的女性主義影像如裝飾性園藝與空碗，似乎在某個時刻裡與西方攝影師對中國父權制度的批判疊合了。

然而，更進一步檢視大約從十世紀開始的中國的纏足論述與實踐之後，我們知道纏足與父權宰制似乎不能輕易畫上等號。歷史學家高彥頤（Dorothy Ko）的纏足研究指出，纏足不應僅僅被視為「絕對與無時間性的意義」，因為這樣的等號其實是十九世紀在中國的西方傳教士所建構的論述，這些論述回過頭來影響到中國的改革派人士。[28]在十九世紀以前，中國內部已經對纏足有很多討論，當中有贊成也有反對的聲音，甚至在清代統治之初還下了禁纏足令。在中國歷史上，從來沒有任何的敕令或規定在任一時間上要求女性纏足。把纏足當作是一種全面的能動性（blanket agency）當然是不適當的說法，但是將纏足視為一種社會實踐的形式，能夠賦予女性某種小規模的能動性，卻未必不正確，就像高跟鞋可以讓某些女性自覺更為美麗與快樂。不論是專注於纏足的畸形狀態的西方攝影師、或者是透過重新銘刻來複製西方攝影師的焦點的劉虹，都賦予纏足一種常見的象徵意義。在中國脈絡中纏足的多重意義，至此被簡化成單一意義：中國男性對中國女性的壓迫。

西方攝影師的凝視被劉虹批判為偷窺中國文化的內層，如此凝視卻也藉著凝視的邏輯巧妙地回到初衷，即西方人觀看藝術作品的凝視眼光再度被視為純真無邪。我們發現西方凝視的種種層次不但不會不協調，反而是和諧統一的，劉虹的重新銘刻成了同一種視野的銘刻的加強版。

如上述推論成立的話，我便證明了劉虹的藝術作品是認同片段的集合藝術，策略性地表達多重的、游離的對抗形式，以抵制四種不同的權力仲介。在某個層次來說，劉虹的國族主體位置（作為中國人）以及少數主體位置（作為美國的少數族裔）都可以視作是抵制的位置，對抗客體化與刻板印象。這些身分認同、主體位置與對抗交錯的地方，就是我所謂女性主義跨國性的可能性。如此女性主義跨國性讓多重主體位置得以對抗多重權力仲介，反映了當代移民經驗逐漸變得複雜，也散播繁衍了各種霸權。透過這些霸權的多重緣起，一個跨國藝術家的畢生志業於是成焉。

---

27 Roland Barthes, "Striptease," in Susan Sontag ed, *A Barthes Reader* (New York: Hill and Wang, 1982), pp. 85-88.

28 Dorothy Ko, "Bondage in Time: Footbinding and Fashion Theory," *Fashion Theory* 1.1 (March 1997): 3-28. 引文見頁二四。

藝術買家或一般民眾逛畫廊，牽涉到至少兩種層次的欣賞與接收。其一是視覺的層次，也就是作品的外觀：看看劉虹一九九〇年代的作品，視覺上具有十足東方情調。對部分觀者來說，這樣自我東方主義化的實踐足以讓他們喜愛她的作品，即便劉虹本人有不同的批判理念。其二是概念的或文本的層次，也就是劉虹創作意念的解說，這使她的作品得以具有批判性，而藝術評論家與學者最樂於見到這個層次的出現。對這兩種觀眾來說，劉虹都能夠為他們的觀賞提供一些滿足。她的畫作銷售成績非常優異——一九九六年「末代王朝」展覽中所有的作品甚至在開展之前就已售罄——而且也獲得著名藝評家像是諾曼・布萊森（Norman Bryson）的高度評價。此處展現出一種與第一章所討論的李安不同的彈性。這是一種可以在不同的層次同時出現，而吸引不同觀眾的彈性。這個彈性可能更具批判性、也可能更視覺導向。諷刺的是，正是劉虹的跨國女性主義主體讓她的作品、藝術市場、以及有關她的作品的評論之間的交易變得可能。史碧娃克在一篇文章中感嘆道，對她來說，離散女性主義作品所代表的跨國性知識論是問題重重的。她認同並引用了珍・佛蘭可（Jean Franco）的話，後者指出：「在多元社會中女性的發聲往往是實際上重新建立——儘管用不同的方式——與特權的相同關係，將知識分子與底層階級分隔開來。」[29]因此史碧娃克尖銳地發問：那些無法成為離散的群體又該如何？

我透過劉虹的作品盡可能闡述了女性主義跨國性的經濟與知識論：此二者相輔相成，阻擋階級不讓其成為生產、積累、與再現的一個類別。再者，我也證明了為批判而批判並不總是合乎倫理。當抵抗與批判這類詞彙成為預設的情節，他們就能夠被不同的策略與目的所利用。政治的內容與時俱進，策略當然也應是如此；一味堅持刻板的反東方主義批判的觀點，很可能成為東方主義而不自知。在多元文化的美國藝壇或中國移民藝壇中出現一種自我民族誌（self-ethnography）的傾向，這有可能走向一個極端，讓受害者情結與自我東方主義化合而為一。賀爾・福斯特（Hal Foster）不無諷刺地批判某些一九九〇年代的美國藝術屬於「悲慘教」（cult of abjection），悲慘被充分拜物化，弔詭地肯定了悲慘的經驗。[30]他進一步指出藝術家作為民族誌作者的後果是，「為藝術家所設定的偽人類學（quasi-anthropological）的角色可能會讚揚一種專橫的、甚至問題重重的民族誌權威，是對體制批判的延伸也是逃避。」[31]經由一種不同的路徑、藉用一種不同的著重點，這一章期望能夠喚起我們留意當今社會中的跨國共謀結構。跨國的華語語系視覺文化也應該體認到在不同的脈絡中及在對抗不同的權力伸介時，自身可能存在的抵制與共謀含義。

29 Gayatri Chakravorty Spivak, "Diasporas Old and New: Women in the Transnational World," *Textual Practice* 10.2 (1996): 245-69. 引文見頁二五〇—五一。

30 Hal Foster, *The Return of the Real: The Avante-Garde at the End of the Century* (Cambridge, MA.: MIT Press, 1996), 153-68.

31 同前註，頁一九七。原文整句用斜體字強調。

第三章

欲望的地緣政治

社會體（socius）的主要功能一直是編纂、題寫和記錄著欲望流（flows of desire），看著它且引導和規範它，使它不會出現流失，而適當地攔阻好。一旦證實了原始的地域機器（primitive territorial machine）不足以完成任務，專制的機器（despotic machine）便會設立一種「反覆制碼」制度（overcoding system）。但是，資本主義機器……發現自身處於一個全新狀況：它面對為欲望流解碼（decoding）和去畛域化（deterritorializing）的任務。

——吉爾・德勒茲（Gilles Deleuze）、菲力克斯・瓜塔里（Félix Guattari），《反伊底帕斯：資本主義與精神分裂症》（*Anti-Oedipus: Capitalism and Schizophrenia*, 1983，頁三三五）

在一九九〇年代中期，台灣、殖民地香港和高速發展的中國之經濟日益一體化，在通俗和學術兩個舞台上，三者成為一個想像融合的實體，稱為「大中華」（Greater China）。[1]學者根據大眾媒體的發展，探討了上述一體化的文化表現形式和後果，例如日益普遍的聯合製作與文化「合資」的流行音樂和電影。[2]一方面，由於需要仰賴市場掌控和超越國界的擴張策略，上述聯合製作往往在表達支持或反對某「國家」的問題上呈現模稜兩可的態度。另一方面，電子媒介的效益大大促進了流行文化產品在兩岸三地的流通。政治上的曖昧以及大眾傳媒生產的文化商品的取得容易，進而合而為一。兩者的結合進一步推動人民思考一個公共空間興起的可能。這個公共空間處於一個不受相關「國家」（states）直接影響的區域之外。然後，與二十一世紀相關的關鍵的問題就是：當文化像經濟一樣，在兩岸三地變得愈來愈一致之時（特別是因為這些地方有相似的文化傳統、語言、和習俗），「跨國中華文化」（transnational Chinese culture），或者是「泛中華文化」（pan-Chinese culture）或「全球華人文化」（global Chinese culture）是否便應運而生？[3]本章會綜合思考一九九〇年代中期，媒體再現裡的台灣、殖民地香港和中國的身分認同問題，並從性別化的跨國欲望論述角度出發，予以詳查。以下是同一個問題的三種演繹：台灣對於中國導彈威脅所產生的焦慮（在第四章中討論）；中國遏抑後期殖民地香港所帶來的威脅（在第五章中討論）；以及本章所提出的，認同協商（identity negotiation）同時也就是一種性別協商（gendered negotiation）。在最反覆無常的情況下，最深刻的恐懼與最強大的欲望，以及自信心最令人嘆為觀止的投射，總是與性別的話語密不可分。

我們幾乎很少觸及性別如何影響我們察覺一個地區的經濟和文化一體化這個問題。反過來，關於這種整合如何影響特定種類的性別經濟則有不少討論。因此我在這一章節的研究將關注性別、大眾媒體和泛中華公共空間的問題。就我而言，整個中國、香港、台灣（當時稱為中港台）[4]區域經營的二

---

1 關於「大中華」一詞的系譜學和其相關爭議，可參見Harry Harding, "The Concept of 'Greater China': Themes, Variations, and Reservations," in David Shambaugh ed, *Greater China: The Next Superpower?* (New York: Oxford University Press, 1995), pp. 8-34。雖然澳門和其他國外漢族華人社區嚴格來說已經包括在更具包容性的「大中華」概念中，然而「大中華」概念的討論，主要圍繞台灣、香港和中國這三個關鍵的經濟成員。

2 例如可參見一九九四年台北金馬影展的官方出版物《一九九四台北金馬影展專題特刊：「斷裂」與「複合」：展望九〇年代中國電影》，把華語電影稱為「中國電影」。這本專題特刊的書名揭示了樂觀的感覺，然後就連結到泛中華文化領域的結構中，而泛中華文化領域在一九九六年三月台灣海峽導彈危機以前，均未有許諾於泛中華民族國家的構成之中。當「中國」在往後的幾年中被「華語」或「華人」一詞所取代後，「中國」一詞的發布亦顯得不多。關於一九九〇年代中期的樂觀主義，亦可參見Thomas Gold, "Go with Your Feelings: Hong Kong and Taiwan Popular Culture in Greater China," in David Shambaugh ed, *Greater China*, pp. 255-73; 以及台灣影評人焦雄屏（Peggy Hsiung-ping Chiao），"'Trafficking' in Chinese Films," trans. John Balcom, *Modern Chinese Literature* 7.2 (Fall 1993): 97-101。

3 何漢理（Harry Harding）列舉這些名詞的流通，以顯示其在二十世紀一九九〇年代中期的盛行。然而，何漢理自己卻對這種文化融合的可能性持保留意見。

4 「中港台」是一個漢語新詞，指的是中國、香港和台灣：「中」來自於「中國」，「港」來自於「香港」，而「台」則來自於「台灣」。這個詞語本身顯示了這三個地方之間的深層鏈接的意義，再次揭示了二十世紀一九九〇年代

十世紀晚期資本主義的大眾媒介文化生產，是透過性別平面上的兩個相互矛盾的姿態來進行：為了最大限度地拓展市場，針對非在地消費者的大眾文化，策略性地壓制了本土父權和民族主義情緒，然而針對在地市場的媒體同一時間又盡力回復及加強在地觀眾的本土父權和民族主義／本土情懷。後者的性別銘刻，特別是台灣和香港媒體中的性別化的大陸主體，從來沒有脫離該地區既存的緊張政治局勢。事實上，性別再現的場域引發最大的政治憂慮；這些文化關聯在日漸升高的台灣文化本土性的呼籲裡，以及一九九七年前香港文化工作者認真建立一個與中國不同的獨特身分裡，清晰可見。那些年來，中國大陸婦女遷移到台灣和香港的數字有所增加，這與該區出現複雜的焦慮現象息息相關，這些焦慮也跟該區一觸即發的政經情勢密不可分。至於大眾媒體（報紙、電視、電影）裡中國婦女的再現，充斥著父權話語批判這些女性所帶來的威脅和污染（在台灣的例子是「大陸妹」），也充斥著將這些控制與同化這些婦女的想像（在香港的例子是「表姐」）。

分析台灣和香港大眾媒體對中國大陸婦女的再現裡頭的焦慮，我認為經濟一體化絕不是一個既成事實，更不用說文化和政治的一體化。在文化和政治領域上的斷裂和爭論，一方面質疑了一個顯淺論述，也就是根據資本邏輯運作的那個連貫的「泛中華資本主義」，另一方面亦明確地質疑了兩岸三地「泛中華文化」的輕率斷言。更具體地說，我認為在大陸婦女形象所呈現出交織的政治、經濟及文化焦慮，始終排除了兩岸三地裡性別公共領域（gendered public sphere）出現的可能，亦系統化地削弱了應允的「跨國界」傾向。在這裡，我們面臨著一個更加複雜的問題，這的確是一個全新的問題，超越了現在性別和國族主義之間的矛盾關係模式。我們發現其中所涉及的婦女，往往受到殖民或新殖民主義（neocolonial）控制下，第三世界民族父權論述進一步的壓迫。[5]在這些早期的性別和民族主義討論上，每個論述的邊界已經大致劃分為地緣政治上的民族國家，被不受歡迎的外來入侵者所侵犯，因此，女性便成為男性殖民者與男性被殖民者之間的二元對立關係裡的第三元（third term）。[6]

然而橫跨台灣、香港及中國的性別調解（mediation of gender），事實上卻是由媒體和人口遷移所創造出來的跨國界和多角度的社會現象。只有在情感上而言，其話語結構有著「國家」的情緒。然而，這個「國家」的詮釋本身卻非常曖昧：香港注定在一九九七年之後與中國愈來愈緊密（儘管有「一國兩制」的政策），而台灣亦將繼續受到直接威脅，逼迫與中國統一，這使得指定的「國家」一詞曖昧地指出台灣廣大民眾感受到的強烈本土意識，這種本土意識對於香港則是愈來愈不被注意。如

中期至一九九六年台灣的導彈危機和一九九七年香港被中國恢復行使主權期間，「泛中華」文化出現的可能。

5 Chandra Talpade Mohanty, Ann Russo and Lourdes Torres eds, *Third World Women and the Politics of Feminism* (Bloomington: Indiana University Press, 1991); Partha Chatterjee, *The Nation and Its Fragments: Colonial and Postcolonial Histories* (Princeton, N.J.: Princeton University Press, 1993); Deniz Kandiyoti, "Identity and Its Discontents," in Patrick Williams and Laura Chrisman eds, *Colonial Discourse/Post-Colonial Theory: Colonial Discourse and Post-Colonial Theory: A Reader* (New York: Columbia University Press, 1994), pp. 376-91; Andrew Parker, Mary Russo, Doris Sommer and Patricia Yaeger eds, *Nationalisms and Sexualities* (New York: Routledge, 1991).

6 參見拙著，Shu-mei Shih, *The Lure of the Modern: Writing Modernism in Semicolonial China, 1917-1937* (Berkeley: University of California Press, 2001), ch. 10, "Gender, Race, and Semicolonialism,"。

果我們假設跨國與國家之間曖昧的互動造成廣義的晚期資本主義世界（當中商品以及人民的跨國移動促成了去國家化以及去畛域化的新高）之中新社會形式的出現，那麼一九九〇年代中期的中國—台灣—香港相互關係脈絡上的具體性別再現，則為一種相反的努力提供了實例：跨國移動帶來了各種不同的政治、文化、經濟的威嚇，促成了國家化或畛域化的政策與文化。最後，「大中華」這一概念的本身，揭示了它著重以中國為中心，然而其他華語語系社群，尤其是台灣，都是反對社會、文化或政治的一體化。[7]

下面的分析將使上述的問題變得更為清晰。我會分析台灣和香港的本土女性主義者在處理有關中國婦女引起的問題上，時而完全容忍，時而又會策略性地對抗「國家」。身處在這些女性主義者身邊的移居到台港的中國婦女，還有那些與台港商人經常傳出性醜聞的中國婦女，均已嚴重損害並威脅著當地婦女的利益。在這個脈絡下，台灣和香港的女性主義者的立場附和了在地社會的文化與經濟本土化的傾向。即便女性主義者面對大眾媒體裡父權輕視中國婦女的問題之時，選擇保持沉默，但她們卻不寬恕相同的父權機制裡，男性與中國婦女的婚外關係如何進一步壓迫本地婦女。與民族主義一體兩面的父權制承擔了一切欺壓婦女的罪責而不是民族主義。她們對民族主義是策略性的容忍，為的是強調本地婦女才是真正的受害者。因此，當代台灣和香港的女性主義得以擺脫「婦女對抗國家」，即國家被等同於父權的二分模式。因為在這二元邏輯中反父權的聲音因此總是被消解、或被視為反對國家和大逆不道。之前這種「婦女對抗國家」的模式，告訴她們民族解放應該優先於婦女解放。[8] 把父權制從國家中剝離出來，父權制的假設將可以更清楚地被界定、解構和抵抗。在此性別關係的多重面相跨越區域，有著複雜的歷史因素，為第三世界裡的性別研究提供了新的典範。某些第三世界國家正快速趕上第一世界的經濟，在國家界線模糊的時代裡，提出了一個新的欲望地緣政治。

鑑於我們對跨國女性主義的日益關注，本章還將討論跨國組織的跨越國界會遭遇到如何難以克服的狀況，其中政治和文化認同問題剪不斷理還亂。儘管男權主義支撐下的資本邏輯似乎是主要的參照框架，但一個簡單的事實是，女性主義者存在於社會，而性別問題亦是身分（不論是政治或文化）的基本構成。當下沒有純粹的跨國女性主義可以從地緣政治上解離自己，而地緣政治亦沒有不含性別面向的。因此，我們必須嚴格審視跨越太平洋（我在此章和第二章討論的）或跨越台灣海峽的女性主義的跨國性問題。兩岸三地出現共有的公共空間的（不）可能性，也因此必會制約跨國女性主義出現的可能條件。

---

7 雖然本章的目的之一是解構擁護有問題的、合併邏輯的「大中華」意識形態，然而台灣和香港面向中國的並置，有可能是透過這種意識形態的一些方法論設定所建構。我的回應是，只有通過他們相互間的直接接觸，「大中華」意識形態的裂縫和矛盾才可以得到最徹底的暴露，亦只有這樣，華語語系意識的形成才可以被追查。

8 Christina Kelly Gilmartin, *Engendering the Chinese Revolution: Radical Women, Communist Politics, and Mass Movements in the 1920s* (Berkeley: University of California Press, 1995); Kumari Jayawardena, *Feminism and Nationalism in the Third World* (London: Zed Books, 1996).

腹背受敵的共同體

一九九六年的農曆新年，一名中國女子謀殺案在橘郡（Orange Country）最高法院進行二審。南加州的華語語系社群因為這遭悲劇而不斷想到台灣人和中國人之間的複雜關係。一審在陪審團出現嚴重意見分歧而無法做出結論的情況下結束。當地報紙在頭版上報導法庭每日的審查進展。這是一則因忿怒而發生的罪案，被謀殺的女子是一名台灣商人的中國情婦，被告的凶手則是該名台商的原配。台商彭增吉離開台灣的妻子和孩子，在中國設廠以擴展他的生意，在中國他遇見了他的情婦，紀然冰。他後來把紀然冰和他們的新生嬰兒遷往南加州的公寓，距離合法妻子所生的兩個「小留學生」孩子的住處並不遠。[9]彭增吉的妻子林黎雲據稱在一次偶然的狀況下遇到了紀然冰。幾年前，她已經知道紀然冰的存在。林黎雲被指控謀殺了紀然冰和她的幼子。

如果不考慮到整個區域複雜的政治、文化和經濟糾葛，事件的內容就像是一宗因父權道德敗壞而斷送了兩名婦女和他們的孩子命運的實例，同時亦是一個妻子的父權價值觀內化、把對丈夫通姦的憤怒投射至情婦身上及情婦的權力象徵，也就是她的兒子身上的典型案例。南加州的華語語系社群包括台灣人和中國人，但是二者對彭增吉的不當行為，卻一致地沉默不語。彭增吉在當地報章上公開聲明他對遭到謀殺情婦的愛戀，讓當地的中國人得以用道德手段捍衛了紀然冰與彭增吉之間的戀情的真誠，這讓他們可以公開同情她，並協助到南加州參加紀然冰葬禮的父親和姊姊。彭增吉因此沒有被中國人指責。對他們來說從道德層面譴責彭增吉會貶低了受害者和她的家人，受害者和她的家人需要的是中國移民一致的同情。另一方面，彭增吉又不能被台灣移民指責，因為台灣移民擔心這將加深長久以來台灣人與中國人之間飽受爭議的分歧。

需要注意的是，由於語言上的相似性，新的中國移民往往會在台灣人密集的社區裡安頓下來，如蒙特利公園（Monterey Park），從而在某種形式上構成了一個不安穩的華語語系社群。[10]與此同時台灣人亦顯示了他們的團結，當林黎雲後來被宣判有罪的時候，台灣人在一九九六年的母親節成立「林黎雲之友協會」，定期到監獄探訪林黎雲，持續予以支持，並尋求州長的赦免並為她和她的家人提供

9「小留學生」也被稱為「降落傘兒童」（parachute children）。這些年輕的學生，往往在初中或高中時期，由於父母考慮到他們的前途而從台灣和香港「空降」到美國。有時母親會伴隨他們而來；在別的情況下，他們會被安排居住於特別的家庭以照顧這些學生的飲食生活。而往來兩地的父親就被稱為「空中飛人」，至於母親的稱呼就是來自「內人在美國」的雙關語「內在美」。這些新詞明顯是華語語系表述，由當代移民的獨特情況所形成。被中國接管（香港）和受到入侵（台灣）的恐懼，因為受到一九九七年的來臨，而達到一個前所未有的高度。這種趨勢還伴隨著資本從這兩個地方外流到美國。

10 對於第一代移民而言，一種離散的民族主義（diasporic nationalism）繼續起著支配作用，而台灣人和中國人之間的緊張關係就以遙遠的政治鬥爭方式在當地進行。例如二〇〇五年台灣人在洛杉磯市政廳前對中國的反分裂法做出抗議。在未來的幾代人中，華語語系空間可能會專注於亞裔美國人以美國為基地的抗爭，其時華人語言或有可能成為討論重點。

法律和心理咨詢。[11]如果在舊中國，男性一夫多妻制已被父權的無縫操作所支持，在南加州的華語語系社群之中，通姦則是無法被指責的。這是因為不同移民群體之間存在著罅隙，他們群體體現了台中之間的政治、文化和經濟緊張狀況。這些緊張狀況使性別角色和功能複雜化，而且也不容許「反父權」（antipatriarchy）的「跨地」（translocal）聲音的出現。

儘管南加州華語語系社群可以暫稱為一個分裂的共同體（相較於其他種族而言），我們不能用同樣的說法來描述兩岸三地。二十世紀九〇年代中後期兩岸三地的互動關係，說明了「大中華」的稱謂只是一個漢民族相似性的想像暗示，透過中港台經濟的互相依存來掩飾強烈敵視。九〇年代中期至今，中國繼續以武力威脅「統一」台灣，其最突出的表現是一九九六年三月的導彈危機。除此之外，中國亦繼續威脅並削弱香港的媒體自由以及香港公民的基本民主權利。「統一」這個偉大詞彙，禁止了「領土分裂」，同時脅迫擁有相似命運的香港和台灣，二者不僅共同屈從於中國的霸權，同時香港「回歸」大陸統治一事被認為是台灣回歸祖國懷抱的藍圖測試。「反領土分裂」一詞顯示了它是作為遏制台灣的宏大敘事，而香港的「回歸」則充當著證明中國的終極權力將凌駕台灣：「這只是一個時間問題。」

在一九九七年前夕的危機和潛在暴力裡，性別是如何被形塑？在薄薄的現實報導文學的姿態下，台灣和香港的中國婦女於報紙、雜誌、以及電影裡的再現，有著多重的決定因素。當中「大陸女人」作為一個類別身受日益複雜化的因素影響，不再只有生物學上和經濟上的意義。在台灣和香港，這些女性的身體被充當為娼妓和妻子；在中國沿海城市（其繁榮程度比「中國」更高）的台港商人眼裡，她們又是情婦和代孕母親，[12]這些婦女的再現因此相當「身體」（bodied），帶有潛藏的政治和文化意義，相當重要。這是身體化（作為婦女被商品化和剝削壓迫的指標）和社會化（作為政治和文化複雜性的指標）之間不安的緊張關係，兩者相輔相成，我認這正是審視性別問題的核心所在。的確，身體化與社會化變得密不可分，而後者更威脅取代婦女身體被剝削的問題。

因此在閱讀媒體裡中國婦女的再現之時，我們需要雙重關注「中國大陸」和「婦女」這兩個有所交疊的部分。換句話說，使用「中國大陸」作為一個主要能指（signifier）需要把九〇年代中期該區域特定關係的格局徹底地脈絡化（contextualization），但是強調「性別」之時，我們也需要參考到「交易婦女」（traffic in women）和婦女越界流動的跨國模式。[13]中港台混亂的網絡中販賣婦女（走私

11《世界日報》（*Chinese Daily News*），一九九六年五月一日。《世界日報》是一份在洛杉磯發行的漢語報紙，其廣泛涵蓋了中國、台灣、香港、美籍華人、南亞和東南亞國家其他華語社區的新聞。我們可以說，這是典型的華語出版物。

12 在沿海城市，例如深圳經濟特區，外商投資和全球貿易都得到鼓勵，它們有稅賦優惠和一些中國其他地區沒有的優惠。經濟特區在中國經濟與全球系統整合上一直發揮著主導作用。

13 參見蓋爾・魯賓（Gayle Rubin）的經典文章，"The Traffic in Women: Notes on the 'Political Economy' of Sex," in Alison M. Jaggar and Paula S. Rothenberg ed, *Feminist Frameworks: Alternative Theoretical Accounts of the Relations Between Women and Men* (New York: McGraw-Hill, 1984), pp. 155-71。在此文章中，魯賓認為在其他方式之中，通過婚姻和其他方式販賣婦女已經成為了維護父權血緣關係系統的手段。

和綁架）和婦女流動（遷移）的「跨國」維度，有助於我們實際注意到中國婦女的商品化、交易、與勒索，但是「國家」之間的歷史衝突會立刻削弱了這一「跨國」的解讀。取而代之的是以文化和政治矛盾的社會化解讀代替了身體解讀。但更相互矛盾的是，鑑於兩岸三地歷史上某一時段上的統一和公認的共同文化遺產之記憶，「跨國」和「國族」亦含混地構成了彼此的存在。這種記憶由三方同時展開：中國政府的圍堵修辭；台灣國民黨政府強調其「中國」文化比起中國共產黨的中國文化更為正統；[14]以及昔日香港民族主義者（親共產黨分子與反共產黨分子）抵抗英國殖民統治與當今許多香港人和平接受一九九七年後中國的統治。面對中國的軍事威脅，台灣愈來愈排斥這種記憶和共有文化，並且在許多方面更加堅持台灣比起中國更具優勢的文化。就香港而言，一九九七年七月一日「成為中國人」（becoming Chinese）一事，香港官方需要藉著儀式性和嘉年華式慶祝，以恢復共有的文化（見第五章的討論），無視自由民主人士頻繁抗議反對中國的統治一事。維持香港現有但搖搖欲墜的文化認同，以及替台灣爭取國際承認成為一個獨立國家，都需要依賴兩岸三地裡「國家」和「跨國」的明顯界線，以各種矛盾的手段突出「國家」和「跨國」的相同與不同。

因此，中國婦女跨越的邊界並不是經常協助劃分國家的語言邊界：那些去到台灣的中國婦女通常能說一點台灣語，即閩南語，因為中國的福建省也說著類似的語言，而那些去到香港的中國婦女經常說著另一種廣東省的廣東話，跟香港的廣東話相像。對於台灣有獨立意識的知識分子而言，每當聽到被警察拘捕的中國娼妓在電視上說著被台灣語影響的普通話時，他們應該會感到非常不安：維持差異和守護國家認同的語言邊界似乎被取消了。在這個意義上，威脅到台灣獨立的便是相似性（similarity）。

如果有大量來自中國的移民非法橫渡台灣海峽，中國就不需要訴諸軍事手段來征服台灣。如果沒有語言或族群差異（在這兩個國家上大部分都是漢人）這些易辨的標記，香港和台灣的文化想像則必須轉向其他方面以便認可、生產和鞏固差異。正是在這一特定脈絡下，我試圖分析一九九〇年代中期的台灣和香港媒體對中國女性的再現，並找出一個新的欲望地緣政治。中國情婦紀然冰的謀殺案是一個中國婦女在台灣和香港的遷移和流動，以至橫跨太平洋的範例。台灣、一九九七年前的香港及南加州，共同構成了一個獨特的華語語系區域，與中國保持著曖昧的文化和政治關係。

「大陸妹」的性別化

在新國家的想像共同體裡，婦女被帶有保留地承認，並且只被視為性。

——周蕾，〈應允的政治〉（"The Politics of Admittance", 1955）

一九九〇年代中期關鍵的歷史時刻在台灣產生了「大陸妹」這個特定說法。這關鍵時刻來自底下

14　參見本書第四章。到了一九九〇年代末期，聲稱擁有真正的中國性已失去依據，因為執政的國民黨逐漸由以大陸為基礎的文化意識形態轉移到本地文化意識形態，被有獨立傾向的、當地的民進黨所取代。當然，之後的發展又有了新的複雜性。

幾點：九〇年代初台灣與中國官方和非官方的接觸日益增加，雙邊貿易也有前所未見的增長。但是中國政府對台灣總統李登輝於一九九五年六月非正式訪問美國感到憤怒，而中國政府激烈的表態讓兩地費心經營的關係面臨崩潰危機。即使是在李登輝訪問美國之前，大眾看法和官方論述都日漸一致地對台灣與中國的關係表示焦慮。在某個程度上《一九九五閏八月》可以為證。此書預測中國將在一九九五年八月入侵台灣，作者的預測引起台灣讀者的焦慮。當《一九九五閏八月》出版之後，政治分析家和報紙專欄作家甚至根據該書的描述，來推測大陸實際入侵的可能性。[15] 一九九六年中國在台灣海峽對岸的軍事演習凸顯了中國征服台灣的決心，入侵的情景不再局限於想像和市場的界線內。此事引發了台灣大規模外幣撤離與移民潮，台灣政府不得不出手干預股市，以防股市大幅下跌造成經濟崩盤。

雖然一九八〇年代末和九〇年代初期，俱有台獨傾向文化生產曾如雨後春筍般湧現，並且孕育出民主進步黨，但是急獨言論日漸失去民心。來自中國政府的巨大威脅讓宣示獨立等同於招引武力犯台。[16] 八〇年代末至九〇年代初，台灣經濟尚占有優勢。台灣當時深具自信並向中國教授現代化技術，藉此進占中國未開發的市場，並利用其廉價的勞動力賺取利潤。從文化的角度出發，台灣當時也自信比「落後」的中國更現代和成熟。然而這種想法很快被矛盾心理所取代：台灣的經濟是否太過依賴中國？台商會否因為持續緊張的局勢而失去了他們在中國的投資？簡而言之，當中國的經濟超越了台灣，身在中國的台商是否仍然可以為台灣維持經濟優勢？換句話說，隨著中國市場經濟的現代化，什麼樣的文化指標可以顯示台灣的優越性？又或台灣是否還有哪一方面，可以令其在兩岸經濟差距逐漸縮小的情況下（具諷刺性的是，兩地經濟差距逐漸縮小的部分原因歸功於台灣商人的努力），安然面對或反抗中國的政治霸權？

中國人持續合法和非法遷移到台灣一事，不但沒有讓台灣減少對中國的敵意，反而加劇了台灣人對於中國圍堵政策的焦慮和接管台灣的恐懼。由於台灣缺乏勞動力資源，而且本地男性漸漸尋偶不易，再加上一些中國男性和女性所謂「淘金」願望的帶動，中國人進入台灣一事成為趨勢。在一九九〇年代中期，中國民眾或合法或非法且成群結隊地來到台灣：這些勞工被招募為船工和建築工地工人，婦女則透過台灣「蛇頭」偷渡到台灣賣淫。甚至有「蛇頭」到中國組織婚姻服務，並幫助中國新娘移民到台灣。中國男姓和婦女移民到台灣也跟台商在中國包二奶（南加州謀殺案的審判可以為例）以及不育的婚姻關係有關。台灣丈夫到中國找尋代理孕母不在少數。一如所料，這些孕母往往造成台

15 一則有關這種妄想的諷刺軼事來自於一套由此書衍生的電腦遊戲，其名為《一九九五年八月跨越台灣海峽的最後一戰》，其自一九九四年發售，每套售價為新台幣六百元（約二十四美元）。此電腦遊戲由位於台灣高雄的智冠科技股份有限公司製作。

16 從以下的發展可以得到理解：李登輝政府的日本主義（Japanism）戰略——台灣的日本殖民歷史的調用，使得台灣有別於中國——並不能像以前那樣可以作為寶貴的政治資本。台灣的差異的氣候和地質理論——台灣作為一個海島，帶有海洋性地理文化形態，這與中國的大陸形態相反——也似乎正在逐漸衰落。甚至民進黨也在一九九五年立法會選舉迫近時，還有在一九九六年的總統大選期間，認知到緩和其激進的獨立議題之必要性。在這個特殊的時局下，新黨這個支持統一意識形態的堡壘於一九九四年成立，贏得了立法委員選舉驚人的議席數量。雖然一個新的、獨立傾向更加強烈的黨——建國黨——於一九九六年成立，但它卻一直未能爭取到民心。

灣夫婦的婚姻危機，因為當中一些孕母同時也是情婦。

「大陸妹」一詞大概是在一九九〇年代中期的社會危機交點上，透過媒體應運而生。但是，究竟台灣的「大陸妹」所指為誰？在報紙上有關性剝削報導的普及化，大多情況下「大陸妹」或自願或被迫成為娼妓。而在某些情況下，「大陸妹」也可以成功地偽裝成一個本地人或工人，如歌手、服務員、酒吧老闆又或美容師。「大陸」一詞代表了經濟落後，因而追求金錢；「妹」則代表了性的誘惑和青春。「妹」在古代中國經常被用來指涉女性情人。「妹」在一個較為負面的語境指涉一個年輕女子身上時，便點明了她較低的社會地位以及可容剝削。「大陸妹」兩個主要的能指（signifiers）是金錢和性，她渴望金錢，所以成為一個容易獲得的性對象。這反過來給剝削者提供了道德上的理由（是她自願的）。因此，「大陸妹」不同於作為台商情婦的「大陸女子」或「大陸女人」，也不同於跟台灣人結婚的「大陸太太」。但「大陸妹」、「大陸女子」和「大陸太太」之在認識論上容易混為一談，因為當後兩者被人詆譭之時，便很容易簡化成「大陸妹」。因此，當「大陸女子」被認為是非法居留台灣，她便會馬上被稱為「大陸妹」；而當「大陸太太」被認為配不上台灣丈夫，她便馬上淪為「大陸妹」。但是，如果「大陸妹」娼妓從性工作中被警方發現救出，她們便被賜予「大陸女子」的稱呼，巧妙地確立警察的仁慈及道德權威。[17]

在報紙和雜誌裡再現的「大陸妹」，通常是一個沒有複雜性的、平扁的角色。她們對「淘金」特別著迷，為此她們似乎願意上天下海，沒有什麼做不到。報紙有時煽情地報導她們是性虐待受害者，此事令她們更引人注意。弔詭的是，這種扮演（performative）的矛盾（報紙報導理應是為了引起人民關注問題）最終卻令「大陸妹」的報導轉變成有關性和金錢的誘人故事。這些報導不斷關切她們（非）自願成為性工作者，乃至她們勞動的貨幣價值。例如報導偷渡費是多少、「大陸妹」如何支付或被迫支付，以及目前有什麼事發生在「大陸妹」身上，以至於她們的財務狀況等等，以上種種是報導常見的。一九九四年九月一條有關「大陸妹」，不起眼的新聞標題為：「來台灣的代價：接客350次。」該文章詳細地報導了兩名「大陸妹」以假護照經泰國抵達台灣的花費。每位「大陸妹」需要接三百五十位客人，每接一位客人就得到新台幣一千元。換言之，偷渡的費用共計新台幣三十五萬（即一萬四千美元）。兩名娼妓以少於五個月的時間付清偷渡費。在被捕前，她們在每一筆交易上能獲得百分之四十的收入。[18]

雖然較早前有關於「大陸妹」性工作者遭受剝削的報導，在一定的程度上關注她們的身心健康，[19]但一九九五年與中國產生政治齟齬後，就連被強迫從事性工作的「大陸妹」都受到幽默諷刺。

17 這裡的中國女性類型是出自於以下的新聞報導：《世界日報》（*Chinese Daily News*），一九九四年八月二十四日，A8；一九九四年九月五日，A1；一九九四年十一月二日，A9；一九九五年二月十六日，A7；一九九六年二月三日，A8。另外也可參見六四期的《時報周刊》（一九九三年三月）：頁八〇—八一；六二期（一九九三年三月）：頁八〇—八一。當二十一世紀到來之際，這個特殊的話題幾乎在新聞報導上完全消失。

18《世界日報》（*Chinese Daily News*），一九九四年九月九日。

19 例如，二十世紀一九九〇年代初對「大陸妹」的同情可以在汪笨湖筆下的流行小說《廈門新娘》（台中：晨星，一九九一）裡反映出來。廈門是其中一個台灣人最普遍的、有很多人前往投資及定居的城市。

一九九六年二月三日，一則新聞描繪了三名「大陸妹」如何在剛被迫賣淫時被警察救出，同時報導也指出其中一人有過隆胸的「冒險經歷」。此處最明顯的打擊是「大陸妹」假裝自己並沒有意識到自己即將要下海；如果沒有打算下海，那「大陸妹」為什麼要隆胸？這些缺乏道德關懷的文章非常引人側目，因為「大陸妹」不再成為同情的對象（這裡反證了台灣的道德優勢），而是被嘲笑的對象。雖然較早前的報導集中探討蛇頭如何以不人道的方法欺騙「大陸妹」賣淫，但一九九五年之後，報導趨向呈現「大陸妹」是心甘情願的賣淫。她們與蛇頭簽下合約，以賣淫的收入來支付偷渡的費用。因此，道德同情或社會支持都是不必要或多餘的。更甚的是，她們實際上無須預先支付任何偷渡費便可來台，暴露台灣的邊界是何等脆弱。她們實際上可以免費來台，隨後才賺錢支付偷渡費。「墮落」的「大陸妹」正在「污染」台灣的警報明顯取代了關注「大陸妹」人權的報導。

廣受歡迎的台灣新聞週刊《時報周刊》刊登了至少兩個有關「大陸妹」問題的專題報告。其中第一則刊登在一九九三年一月，它並不是探討身在台灣的「大陸妹」，而是身在中國的「大陸妹」，包括中國的娼妓和台商的中國情婦。當「大陸妹」這個詞彙在台灣已經被非法性行為和金錢所充斥的時候，「大陸妹」在中國的特點就是對金錢、富貴和物質都貪得無厭。題為〈「大陸妹」愛殺台灣男人〉的文章頗能以「偽解釋」（pseudoanalytic）和「偽歷史」（pseudohistorical）的方法，描述「大陸妹」和台商之間三個階段的關係。記者把第一階段的關係發展定義在一九八八年和一九九〇年台灣企業進軍中國的年份之間。台商被中國女性吸引，而中國女性同樣對「柔情」的台灣男人印象深刻。相對於白人和黑人的男子，中國女子與台灣男人走在大街上並不會引人注目或評頭論足。相較之下，香港男人的普通話往往不太流暢，而日本戀人的大男人主義則令人難以接受。台灣男人會講普通話，而且更重要的是溫柔體貼。族群和語言的兼容，浪漫又匹配。此時的台灣男人容易贏得中國女性歡心。他們只要花了一些金錢和珠寶表現出他們的柔情，女性隨之受到誘惑。第二階段是一九九〇至一九九一年，這段時期的台灣男人較難博取中國女性歡心，因為這些以往願意做情婦的女性，不再滿足於幾百元的外匯券或幾十組絲襪，而是要求大量的黃金和金錢。[20]在第三階段，「大陸妹」變得更加難以取悅。到了一九九二年，包養一個「大陸妹」的每月費用已從一千美元提高至兩千美元。她還通常要求購買公寓（約二十萬美元）。但台商與其在台灣包養一個情婦，仍然願意選擇包養「大陸妹」。因為包養台灣情婦更加昂貴（約三千兩百美元一個月），而且被妻子發現的風險也更大。

文章最後拋給台灣商人以下的問話：「試問：你喜歡誇耀你的財富嗎？你曾經打腫臉充胖子嗎？你有染過頭髮來勾引女人嗎？我建議你進行自我檢討，因為今天的大陸美女不再那麼容易擄獲了。」[21]記者另外提供了一個忠告：用你的錢追求「大陸妹」，吃虧的人是你，因為她將要求你不斷付出。中國人以諧音稱「台胞」為「呆胞」不是沒有原因的。文章指出：「愈來愈聰明的『大陸妹』很高興可以讓『呆胞』精疲力盡。」報導中，台商和中國婦女之間的偽歷史關係，充滿了金錢數字，讀

20 外匯券只提供給外國人，而外匯券比普通的大陸貨幣，即人民幣的價值高，因為某些高檔的商品只能以外匯券在一些特殊的商店，如友誼商店中購買。中國這種雙重的貨幣制度於九〇年代末被廢除。

21《時報周刊》五三期（一九九三年一月），頁八〇—八二，海外版。

台灣媒體中的「大陸妹」形象。史書美提供。

起來更像一個「男人對男人」（man-to-man）的情婦指南或性冒險指南。報導警告台商被逆向剝削成被害者，同時呼籲台商審慎控制財務，才可以更好地操縱中國婦女與避免逆向操縱。

第二個專題報告刊登在一九九五年十二月發行的《時報周刊》。它包括一些「大陸妹」的新信息和她們普遍的活動，也包括了訪問新竹拘留中心五十七名「大陸妹」中三人的內容。報導解釋了「大陸妹」不同的社會背景，但強調她們為了金錢的共同願望，是她們遷移到台灣的首要動力，如當時一句創作諺語便可作為例證：「舊金山是美國，新金山在台灣！」[22]三名受訪的「大陸妹」沒有一絲的羞怯或恥辱，她們吹噓她們賺錢的功力，並發誓要在驅逐出境後盡力回到台灣。「大陸妹」的威脅是一種大規模的遷移。除了五十七名拘留者外，文章指出沒有一個人「敢」找出實際上有多少「大陸妹」在台灣。文章末是一名「大陸妹」與中國政府高級官員有關的故事，指出中國政府聘請「大陸妹」在中國沿海城市那些台商經常光顧的酒吧和餐館從事間諜工作，結論是：一些在台灣的「大陸妹」可能是由中國政府派出的共產間諜。[23]「大陸妹」作為金錢的追求者，已然被國家安全問題的投射所取代，因為此時中國已開始進行針對台灣的龐大軍事演習。

「大陸妹」再現了一個渴望經濟利益的性化（sexualized）身體，因此她的可剝削性和對性行為的從容，俘虜了台灣男性。這反映出台灣經濟實力的幻想當時轉變成了性權力（sexual power）。當這種權力受到「大陸妹」聰明謀略的威脅之時，台商便警覺到自己「呆胞」的身分。「大陸妹」的威脅愈來愈具體，不僅盤算台商的錢包，而且更廣泛覬覦台灣資本和產業優勢，因為台灣愈來愈依賴中國的勞力和市場。「大陸妹」甚至影響到台灣的國家安全。如果台灣政府早點考慮把台灣企業進入中國南部視為一個「南聯北進」的戰略[24]——把台資作為奪取中國南部和令北京放鬆控制——那麼台商現在於中國的投資，逐漸被共產主義政府所控制，並會成為台灣的弱點。台灣富商王永慶計畫在中國而不是在台灣建設大型化學工廠的謠言，令台灣政府官員們緊張不安。而當王永慶在一九九七年初公開

22「金山」一詞由十九世紀從中國而來到美國加州淘金的勞工所鑄造。今天，San Francisco的兩個華語名稱之其一依舊是「舊金山」。

23《時報周刊》九三〇期（一九九五年十二月），頁四一—五一，台灣版。

24 許介鱗、李文志、蕭全政，《台灣的亞太戰略》（台北：國家政策研究中心，一九九一），頁一五二—六〇。

宣布，他已開始在中國建設大型化學工廠時，台灣官員都非常尷尬，不得不宣布，如果王永慶的行為不合法律規定，他會受到懲罰。台灣與中國的經濟和政治關係上的欲望和恐懼，不可思議地與媒體再現的「大陸妹」相似。「大陸妹」是大陸的性別體現（gendered embodiment），透過她誘人的吸引力，以及因遷移、滲透、入侵而來的政治威脅，她成為侵占和消耗台灣資本的表徵。因此，要求台商自制，在此刻需要特別強調事態緊急，因為這跟國家安全密切相關：停止被誘惑！停止受騙！停止令自己更容易受到傷害！

但是所有這些「大陸妹」的轉喻再現，不僅省略了對中國大陸女性實際的身體虐待，也省略了台灣當地婦女的災難。當地的女性主義者非常關心當地婦女的處境，因為「大陸妹」的存在無疑威脅著本地婦女一夫一妻的祈望和公平原則，更不要說經濟安全的問題了。再確切地說，本地父權制可以充分利用「大陸妹」的好處，以進一步鞏固了它任意支配本地婦女。有台灣女子在其丈夫與中國情婦發生外遇導致其丈夫完全忽視他的家庭後，進而殺了她的孩子並自殺的事，並不只是一則海峽兩岸危險感不斷增加的事件，亦是一則現代的美狄亞（Medea）故事。因此，當本地的女性主義者於一九九五年遊行抗議台灣少女賣淫，女性主義者們並沒有把「大陸妹」娼妓包括在她們的議題之上：女性主義者們心中真正的被壓迫者者似乎恐怕早已不是心甘情願地被剝削的「大陸妹」，而是不得不忍受她們丈夫的不忠的當地婦女。這解釋了為什麼台灣的女性主義者不願承擔「大陸妹」的議題，就算是有，也只是促使了較先行的本地女權領袖李元貞說道：「『大陸妹』的問題是我們女性主義的盲點。」[25]因此，中國婦女在媒體上毫無掩飾的父權聲音再現——作為求欲及容易被利用的身體，然後是具威脅的身體——沒有受到當地女性主義者的挑戰。南加州中國女子謀殺審判的回應於是便有了這樣條件反射：台灣女性把台灣妻子林黎雲視為受害者。她涉嫌謀殺中國情婦很可能象徵著台灣妻子的集體報復。

具本地傾向的女性主義者（local-oriented feminist）努力幫助台灣有外遇丈夫的妻子。最有力證明是，台灣著名女性主義律師邱彰與林萃芬對此現象的總評研究。這本書的題目是《一國兩妻：兩岸婚姻白皮書》，它反諷了中國共產黨用於香港的「一國兩制」口號。該書分析了許多邱彰與林萃芬為當地妻子做法律代表的案件及結果。邱彰與林萃芬不僅對南加州謀殺案通姦的丈夫彭增吉做了嚴厲的批評，也建議妻子應該用更聰明的解決方法如將丈夫閹割（castrate），而不是去殺情婦。二人指出殺死情婦已經對林太太造成了非常不利的法律情況（後來被判處終身監禁），然而根據台灣法律，閹割僅認為是一種「傷害」，最大的懲罰只是判一兩年監禁。同樣，他們亦對上述類似問題提供法律諮詢，如財產占有權、離婚、子女監護、譴責台灣的父權法律和受這些法律保護的腐敗丈夫。在這本書中，那些願意遵從台灣男子要求的中國女性被描繪成篡奪者、淘金者和機會主義者，從而激起一些民族主義情緒，然而該書的主要目的是批評台灣固守的父權制。當民族主義情緒滲透至對抗其他（Other）婦女的例子時，本地女性主義堅決的聲音巧妙地從描述了妻子的「雙失」角度出發（亦即失

---

25 出自本人於一九九五年在加州聖塔巴巴拉（Santa Barbara, California）與李元貞的個人交流。

去丈夫和金錢的角度）嚴厲地譴責了父權制。[26]

女性主義的本土關注顯然沒有以單一民族國家為基礎（single nation-state-based），去討論性別和民族主義之間的衝突。取而代之的是策略性地挪用民族主義情緒以提高當地婦女的女性主義意識。這是一場從性別觀點展開的「去畛域化」和「再畛域化」（reterritorialization）兩股勢力的角力；這場角力必須在當地特定的女性主義政治當中進行，以抵抗性別的跨語境理論化（transcontext theorizations）。這並不意味著這個堅定不移的本地女性主義因此無法與不同的地緣政治空間的其他女性主義進行對話。相反，它表明沒有一個女性主義立場能與不同背景產生的不同女性主義的立場在意識形態層面上完合吻合。也就是說女性主義鬥爭不應該，且不能運用一種普遍性規則，假設各個不同地方都有相同清晰的可譯性。

陰性化「表姐」

擁有這種記憶、控制這種記憶、管理這種記憶和指出這種記憶必須包含什麼內容都是至關重要的。

——傅柯，〈電影和人民記憶〉（“Film and Popular Memory”, 1975）

一九九〇年代中期香港的中國女性形象類型非常多樣化，最主要的原因有：香港長期接納來自中國的移民，她們到香港非常方便，以及她們移民散布在香港社會的各個階層。香港社會主要由早期的中國漢族移民組成，近期的「新移民」面對相當大的偏見，他們被認為是「中國人」而不是「香港人」。[27]雖然在社會中偶爾會見到一些成功的企業家和專業人士的新移民婦女，但這個族群主要是一些低下階層的大陸婦女。在香港，有些「大陸妹」亦從事性工作，她們的稱謂往往是根據她們所來之地：來自天津的婦女稱為天津妹，從湖南來的就叫湖南妹，而來自中國北方的就稱為北妹等等。僅僅是一九九五年，就有超過一千名非法大陸性工作者被警察逮捕。[28]

如同台灣的情況一樣，更為迫切的問題是港商喜歡在大陸包養情婦。一九九四年年底和一九九五年年初的大規模外遇現象吸引了媒體關注，當時港商在中國的情婦數字（即所謂的包二奶）一一揭露。據報導，香港男性與他們在中國的二奶共生育有大約三十萬名私生子，數字大約是全港六百萬人口的百分之五。與深圳經濟特區接壤的地方更成為「二奶村」，或諷刺地稱為「二奶供應地」。[29]一個

26 邱彰、林萃芬，《一國兩妻：兩岸婚姻白皮書》（台北：精美，一九九四）。

27 承嬰在香港流行的新聞雜誌《九十年代》中指出，「新移民」是指一九八〇年後的移民，他們移民到香港並不是出於較早前的那波政治原因，而是出於經濟原因，這一群體往往在政治上親中。見承嬰，〈新移民的九七臉譜〉，《九十年代》三〇一期（一九九五年二月），頁一二七—一三一。

28《世界日報》（*Chinese Daily News*），一九九五年十一月三十日。

29 劉新，〈香港檔案〉，《九十年代》三〇二期（一九九五年三月），頁七八—七九；新井一二三，〈蘇絲黃的中國〉，《九十年代》三〇二期（一九九五年三月），頁二〇—二一。同樣地，台灣人對於與大陸婦女結婚的焦慮亦

香港女性主義新聞工作者嘲弄她們，這些二奶易受港商欺騙，成為外遇的受害者。因為她們「價格便宜又美麗」，可以滿足港商的要求，以換取經濟利益。與香港本地婦女不同的是，香港本地婦女需要呵護，而且事事要求平等。[30]舉例來說，三名被背叛的香港母親，一位企圖自殺獲救，一位殺了她通姦的丈夫，另外一位則閹割了她的丈夫。除此之外還有幾則悲劇事件，亦被公開報導。[31]在一九九四年年底，一群憤怒的香港妻子向香港政府抗議，要求遏制丈夫和中國婦女之間猖獗的通姦狀況，[32]同時民間也開始對此議題展開辯論，建議把包二奶的問題通過新的立法來確定其非法。反對的一方則提出了把二奶合法化這令人震驚的建議，其論點是，港商為了經商而長期在外，有必要滿足他們的性需求。[33]

香港本土女性主義者面臨的狀況甚至比台灣女性主義者來得更為緊急，這是因為此類事件大量發生，而且很可能獲得香港居留權的私生子數目難以想像的多。對於一般的本地婦女而言，她們爭取平等的鬥爭已受到女性過多的問題而遭嚴重破壞，香港男性不再需要屈從於本地婦女的要求。歸根究柢，先前兩性平權的改善，部分是因為婦女數目不足，以至於本地男性需要相互競爭。[34]如同台灣妻子，香港原配們也面臨失去金錢和丈夫的命運，她們與台灣婦女的相似遭遇並沒有為人忽視。[35]香港第一本針對婦女服務和婦女團體的書籍，便記錄了一個婦女社區中心如何為丈夫在中國工作的婦女提供協助。香港女性主義的角度就如台灣女性主義者一樣，包二奶現象被認為是一個當地婦女遭受傷害的社會問題。[36]在兩地不同的脈絡下的女性主義，在這樣的情況下，都必須堅持在地立場。

除了台灣和香港當地婦女的情況具有明顯的相似性外，我也注意到一件事：在描述香港流行的假想中，關於「表姐」這一個中國女子的奇特分類。台灣並沒有這種高度意識形態的分類，但有關它的分析就能為理解一九九〇年代中期意識形態的問題是怎樣被性別化這一點提供了有利的角度，甚至更關鍵的是，這一分類是如何成為本土主義者的關心點，以解釋在回歸的陰霾籠罩下，香港文化認同正逐步喪失。台灣一直標榜它的民主化，指它可以象徵性及務實性地否定共產主義制度，而基於馬克思主義等於認同中國的聯想，以往傾向於馬克思主義的知識分子在很大程度上失去了社會的號召力。[37]

引起了數字上的推算，即在現有被承認的大陸人人數之基礎上，每年再增加五十個內地人的話，那麼在二十年之後將有超過一百萬名大陸人居住在台灣（《世界日報》[*Chinese Daily News*]，一九九三年七月二十六日）。這威脅在中國執行把漢人移民到西藏的政策上特別顯得確鑿，上述政策乃是利用漢族移民的策略來壓倒當地居民的人口，從而平息異議。

30 Leung Wu Suet Gei，〈情人節——紅玫瑰與白玫瑰〉，《九十年代》三〇二期（一九九五年三月），頁一〇一一一。

31 劉新，〈香港檔案〉，《世界日報》（*Chinese Daily News*），一九九五年十一月三十日，一九九六年六月十三日。

32《世界日報》（*Chinese Daily News*），一九九四年十月七日。

33 Leung Wu Suet Gei，〈情人節〉。

34 新井一二三，〈蘇絲黃的中國〉。

35 Leung Wu Suet Gei，〈情人節〉。

36 此說法引自由新婦女協進會於一九九五年出版的《香港婦女服務：理論與實踐》（香港社會服務聯會社區發展部婦女服務工作小組編）一書。特別參見頁六三—六四，一三五—一三六。

37 對特殊的台灣共產黨和一般台灣馬克思主義思想更有見解的一個看法表明了，台灣的馬克思主義者無法自動被但對於九〇年代中期的香港而言，意識形態的問題具有迫在眉睫的重要性，因為香港顯然是夾在全球化資本主義和共產主義制度之間，而且持續受到意識形態的束縛。「表姐」這一個意識形態分類其實是出於共產黨幹部的名稱，它的字面意思也正是「表姐」。當與她相對應的男性，即「表哥」代表的是極度無知、老舊或從事不道德的行為，如搶劫及賄賂時，表姐也就往往表示了一系列大部分負面的特性：落後、落伍、缺乏應有的禮儀和裝扮，以及喜歡行賄和打關係。[38]這兩個詞語可能是起源於「表叔」一詞，「表叔」曾用於文革樣板戲《紅燈記》之中，以作為中國抗日戰爭時期，地下共產黨人的代號。[39]當「表叔」一詞在香港流傳時，它恰如其分地充當了「祖國」及其公認的「孩子」——香港——之間的世代差異的轉喻詞。香港於一九九七年前，「回歸」到「祖國」被理解為從英國的殖民統治過度至「祖國殖民地」（ancestorland colonialism）又或是一個「再殖民」（recolonization）的過程，香港與「母體」的親屬關係變得愈來愈有問題。

分析「表姐」的再現，我們需要基本了解香港政治、經濟、人口的脈絡在一九九〇年代中期的重要歷史時刻呈現什麼樣的情景，然後進一步探究其文化意義。毫不誇張地說，九〇年代中期香港民眾最為關切的問題是中國即將重新獲得治理香港的主權。一九八九年六月四日天安門廣場的屠殺，動員了香港反對共產主義政權的民主力量，並為共產主義統治到來之前的民主化努力注入緊迫感。一九九五年九月的立法選舉標誌著支持民主力量的巨大成功。在經濟上，奇特的經濟繁榮促使房地產價格上升，股市也變得熾熱（部分由中國政府「紅色資本」的注入所帶動）。人口結構有明顯的變化，因為香港街道上可以更頻繁地聽到普通話。中國新移民也日漸增加，他們可以獲得所謂的雙程證，或是更容易地偷渡到香港。

相反地，由於「回歸」迫在眉睫，以前徹底商業化的文化場域（尤其是大眾媒體），變得更加著重描述一九九七年所帶來香港獨特的不同於中國的文化身分認同。[40]大眾傳媒希望建構一個香港身分，這個身分反映並且等同於民眾的期望。此事可由一九九五年二月一個民意調查結果略知一二，當中百分之三十六的受訪者聲稱他們是「香港人」，百分之三十二是「香港中國人」，只有百分之二十聲稱他們是「中國人」及百分之十二為「英國中國人」。[41]如果我們認為「香港中國人」當中的「中

否定其作為中國的同情者的身分。而一個著名的適當案例是，女共產黨領導者謝雪紅的觀點和生活故事表明了台灣與中國馬克思主義之間的緊張關係，也表明了台灣馬克思主義與台灣意識的重疊。見陳芳明，《謝雪紅評傳》（台北：前衛，一九八八）。

38 資料由一位從大陸人轉變成香港居民的消息人士提供，一九九五年三月。

39 參見翁偶虹、阿甲編，《紅燈記》（改編）（北京：中國戲劇，一九六五）。

40 參見李歐梵（Leo Ou-fan Lee, "Two Films from Hong Kong: Parody and Allegory," pp. 202-15）、李焯桃（Cheuk-to Li, "The Return of the Father: Hong Kong New Wave and Its Chinese Context in the 1980s," pp. 160-79）和丘靜美（Esther C. M. Yau, "Border Crossing: Mainland Chinas Presence in Hong Kong Cinema," pp. 180-201）在Nick Browne, Paul G. Pickowicz, Vivian Sobchack and Esther Yau所編的*New Chinese Cinemas: Forms, Identities, Politics* (Cambridge: Cambridge University Press, 1994)裡的文章。其分析了香港電影中，香港身分在面對中國的比喻性描述。

41 《新聞自由導報》（*Press Freedom Guardian*），一九九五年七月二十一日。

國人」僅僅是指明了族群（即使「中國人」不是一個族群，正如我在導論所述），那麼有近百分之七十的香港居民或多或少聲稱他們擁有香港身分認同。隨之而來的是認同論述的熱潮，這熱潮策略性地喚起了英國殖民歷史是香港身分認同的建構元素，藉此跟中國劃清界線。周蕾（來自香港身在美國的知名學者）認為英國殖民是兩害當中較好的一個。她將英國的殖民統治定義成「一個機緣。這個機緣裡，日常生活中的壓迫成為積極追尋不同類型自由的契機。」因此，即使英國的殖民統治一直是一種暴力存在，它卻是一個「替代別處更大的暴力」的形式，這個「別處」無疑指的是中國。[42]在另一篇文章裡，周蕾解釋香港的新興文化生產是「不純淨的」（inpure），並提出了一個「另類」文化（或者說是在英國和中國文化體系之間的「第三空間」共同體）的憧憬。[43]她小心地避開了荷米・巴巴主張的「混雜性」（hybridity）一詞，[44]因為「混雜性」一詞像是在慶祝殖民歷史暴力的忘卻。她堅持的是「不純淨」的理念，因為該理念能同時強調壓迫，以及持續不斷的殖民主義底下，被殖民者的能動力。

李孟熙（Quentin Lee）對香港身分認同有不同的看法。[45]他認為混雜性解構了中國民族主義和香港西方主義（Hong Kong Occidentalism）（即崇拜西方）所共同想像的「文化純潔性假象」，從而否定了兩方的支配。[46]李孟熙在這裡把混雜性和不純淨性視為相同的概念。這種不純淨性／混雜性遭受到一些人士的批評，認為跟英國人的凝視（English gaze）重疊纏結，因為正是英國殖民主義選擇性地合理化了香港的混雜文化生產。[47]混雜性／不純淨性論述的其他潛在問題在於：如果中國和香港之間本質上的區別為前者是純淨的和後者是不純淨的，那麼是什麼阻止了中國當代文化元素在一九九七年之後成為香港不純淨性的一部分？當代中國文化元素被融入之後，香港的不純淨性不就變成了不構成任何威脅的多元文化（innocuous multiculturalism）的一部分？在「本土」文化範式的缺席下，任何有關香港身分認同的獨特構成的斷言，即使沒有問題，都勢必是極度脆弱的。這是因為香港從來沒有想像「國家」身分認同（如台灣）的選擇權。

隨著回歸「祖國」被形容為另一個殖民者統治，回歸所承諾的「後殖民性」（postcoloniality）其實嘲諷了前置詞「後」（post）的含義，[48]因為去殖民化（decolonization）並不意味著解放和獨立。然

---

42 Rey Chow, "Things, Common/Places, Passages of the Port City: On Hong Kong and Hong Kong Author Leung Ping-kwan," *Differences* 5.3 (Fall 1993): 179-204. 引自頁一九九。

43 Rey Chow, "Between Colonizers: Hong Kong's Postcolonial Self-Writing in the 1990s," *Diaspora* 2.2 (Fall 1992): 151-70.

44 Homi Bhabha, *The Location of Culture* (New York: Routledge, 1994).

45 譯註：李孟熙是一名華裔北美導演，作品多以同志為題。

46 Quentin Lee, "Delineating Asian (Hong Kong) Intellectuals: Speculations on Intellectual Problematics and Post/Coloniality," *Third Text* 8.26 (Spring 1994): 11- 23. 引自頁一九。

47 Chu Yiu Wai and Wai Man Sin, "Between Legal and Cultural Colonialism: The Politics of Legitimation of the Cultural Production in Hong Kong," 論文發表於一九九五年在台灣淡水，淡江大學舉行的第七屆國際比較文學研討會（The Seventh Quadrennial International Comparative Literature Conference）。

48 Ackbar Abbas, "Building on Disappearance: Hong Kong Architecture and the City," *Public Culture* 6.3 (Spring 1994): 441-59.

而當追尋獨特文化認同越是徒勞無功，緊迫感和欲望越是高漲。尼克・布朗（Nick Browne）把一九九〇年代的香港電影的時態描述為「未來過去式」（future anterior），他指出「香港即將到來的回歸，事實上是未來否定了過去的成就」。他的說法強調尋找文化認同的弔詭。[49]就蘇珊・史都華（Susan Stewart）對懷舊（Nostalgia）的討論而言，這種文化認同的矛盾追尋的前提是，其本身的不可能性又或徒勞。在此我引用蘇珊・史都華的長文：

> 懷舊是一個沒有對象的悲傷，這個悲傷創建的憧憬必然不真實，因為這個憧憬不是來自生活體驗。相反地，它停留在生活體驗的前後。懷舊，就像任何形式的敘事，總是意識形態的。除了作為一種敘事，懷舊追尋的過去從來沒有存在過。因此，過去自始至終都是缺席的，過去只是不斷重新複製過去的缺憾。懷舊對歷史以及歷史不可確知的起源帶有敵意，然而懷舊卻又渴求一個不可能的原初所在，其中生活體驗再純淨不過。懷舊帶有獨特的烏托邦面相，朝著未來的過去，這個過去只不過是一種意識形態的真實。懷舊者欲望的找尋其實是缺席的，而這種缺席恰恰是生產欲望的機制。[50]

弔詭的是，找尋香港身分認同的敘事就如同懷舊，一樣是建構在缺席之上；正是因為不可能，所以香港身分最終是一個令人憧憬的烏托邦式夢想。這個欲望的時態是「未來過去式」或「在未來完成式」：未來的前景產生了失去過去的焦慮，因為過去的失去毋庸置疑。因此，追尋一個物件、一個紀念品的欲望，便成為文化的記憶標誌。在這個層面上，一九九七年之前的九〇年代香港電影於是成了想像的文化紀念品，因為這個文化從來不被視為一個自治實體，而香港電影是一個解消懷舊焦慮的嘗試。[51]

香港影壇約有六部關於「表姐」的電影都可被理解為過去的紀念品。「表姐」再現了中國的形象，香港的文化「本質」得以透過對比「表姐」而確認。然而電影不僅透過懷舊召喚出香港獨特的文化元素，而且也投射出一九九七年之後可能出現的未來敘事。這些電影種類包括了鬧劇、喜劇、浪漫愛情片，乃至色情影片。張堅庭導演於一九九〇至一九九四年間拍攝的《表姐，妳好嘢！》系列電影，以滑稽且誇張的方式明確地投射香港與中國之關係，為政治和文化協商提供了理想的文本。[52]在影片中，「表姐」這敘事人物與香港關係的轉變，象徵了香港的過去以及未來可能出現的情況，儘管手法受到無厘頭風格的影響而有些粗俗。借用佛洛依德（Sigmund Freud）的比喻，這些電影的演繹

49 Nick Browne, "Introduction," in Nick Browne et al eds, *New Chinese Cinemas*, p. 7.

50 Susan Stewart, *On Longing: Narratives of the Miniature, the Gigantic, the Souvenir, the Collection* (Durham, N.C.: Duke University Press, 1993), p. 23.

51 本書第五章將會對一九九七年前的懷舊之情和香港電影有更詳細的討論。

52 張堅庭，《表姐，妳好嘢！》，第一至第四部（香港：嘉禾，一九九〇至一九九四年）。事實上，電影藉著鬧劇和誇張的方式，得以表達出對中國最直接以及不受干擾的欲望（可能代表了香港的廣大民眾的欲望）。導演總是否認該電影系列是真實的再現。然而電影的賣座證明了觀眾似乎與電影有某些程度的關聯。

可以視為兒童的「失而復得」（fort-da）的遊戲，試圖利用符號（電影）控制香港的缺席及即將到來的未來，進一步理解香港的消失和出現。[53]這個操控的意義是透過電影的類型（鬧劇）傳遞，以笑聲取代了焦慮。快感的獲得與權力和操控行使密不可分，儘管這快感並不持久，不過是每部電影的播放長度而已。

表姐在四部電影裡是一個喜劇效果的混合物。在香港演員鄭裕玲的演繹下，她是一個男性化、舞刀弄槍、功夫了得、黨幹部，以及越界到香港追查大陸犯罪分子的女公安。「碩男」[54]是一個典型的去性別的「鐵娘子」，她深受共產主義意識形態的影響。她走路豪邁，說話的聲音響亮具威嚴，且帶有濃厚的官腔。同時一如所料，身為黨幹部的她的所有女性跡象和性徵都被抹去了。她在香港這個跟中國不同的社會裡的一舉一動成了所謂的「意識形態文字誤用」（ideological malapropisms），是影片笑料的來源。儘管她思想正確，語言無誤，但是卻完全不合時宜，這些錯置為觀眾所取笑。然而還有更值得注意的地方：當碩男漸漸意識到自己被共產主義思想支配的言行舉止以及自身的男性化，她深深壓抑的女性欲望便開始醒覺。有些時候，碩男需要有意識地，以不露感情、陳腔濫調的思想言論來處理尷尬的狀況，否則她便會被迫顯示出自己內心的情感和願望。

意識形態的自我（ideological self）和私我（private self）之間的分裂，清晰明確。碩男進入誘惑的、城市化及資本主義的香港之後，她很快的意識到抑制的私我，而且逐步釋放。正是透過她的轉變，我們看到一個對香港文化的明確肯定。這個轉變的過程在該系列的第一部電影中有最為明確的描述，因為這是表姐首次來到香港。一個黨幹部不應該懷有任何「資產階級」欲望，但她卻迅速且偷偷地渴望成為女性——塗抹口紅、穿連身裙，並且墜入愛河。她與十分英俊且受人喜愛的香港警察[55]見面，在一個不經意的時刻裡，她從雙層巴士上層看到美麗繽紛的霓虹燈，並為此驚嘆不已。碩男是一個堅定的共產黨幹部，而且一直非常注意隱藏內心感觸，因此她的驚嘆是對香港文化優勢的肯定。影片前段和後段碩男的呈現，彰顯了這種差異。在她到香港的路上，她實例講解隨地吐痰的藝術，她從公車車窗裡向外吐痰，吐進一個路過的機車騎士的嘴裡。她從一個沒品味、沒鑑賞力的粗魯幹部轉變為一個嚮往美麗及愛情的女性（以及從乘搭一輛舊式巴士改為乘搭雙層巴士這個香港市區的加冕象徵），是對香港文化優勢的戲劇性肯定。影片自始至終強調「布爾喬亞資本主義」令人心曠神怡的普遍正當性，將其視為構成香港文化優越性或普世性的元素。抽象的人道、文明、細心與感情上關心別人的素質，與資本主義的物質情境相互結合：先進的技術、繁華的城市景象、針對不同個體欲望的產品（口紅、有線電視及時尚衣物），乃至由香港警察在電影中所代表的「法治」（rule-by law）法律制度。這些素質在香港文化中累積，與表姐形象所代表的中國和中國性（Chineseness）形成反比。

53　約翰・費斯克（John Fiske）對佛洛依德的「失而復得」遊戲有簡明的摘要：「佛洛依德提醒我們注意嬰幼兒的『失而復得』遊戲，當中孩子不斷丟棄心愛的物件只是為了要求其返回身邊。他的解釋是，遊戲正是扮演了母親的消失和出現，而『失而復得』遊戲中的孩子不僅象徵著對母親返回身邊的憂慮，亦開始了其以運用符號來控制他或她的環境的意義。」參見John Fiske, *Television Culture* (New York: Routledge, 1987), p. 231。

54　譯註：由香港女星鄭裕玲飾演。

55　譯註：由香港男星梁家輝飾演。

隨著電影的推進，表姐愈來愈自然地展示其女性自我。在四部電影當中，碩男都愛上了香港男子。在某方面，這是具有破壞性的，因為碩男的戀愛剛好顛覆了她理應代表的中國。在四部電影最後一部的結尾，碩男期盼嫁給一個香港男子，因為她已決定留在香港成為一個永久居民。由此看來，四部電影的推展象徵了碩男的一個人生旅程：從跨境往返，到定居香港，到誓言要「比香港人更香港」。這位曾在前往香港的巴士上講授隨地吐痰的藝術、這位曾以高亢及革命的、歌劇的聲音唱歌並震碎了卡拉ＯＫ酒吧的玻璃杯、並以「左」手進食以示思想正確、化妝俗氣讓她看起來像文革樣板戲「紅色娘子軍」的中國女公安，現以迅速地吸收並展示了資產階級的價值觀，成為芸芸香港女人之中的其中一人。她的外貌亦發生了相應的變化：在四部曲裡，她那厚厚的黑框眼鏡逐漸變成細框，長直髮也起了波浪；她寬鬆的襯衫和褲子替換成合身的襯衣和裙子；她那高亢及男性化的聲音，變得溫柔及女性化；而她那豪氣干雲的步伐也變得婀娜多姿。為了嫁給一個本地男子，她的「香港化」可以說是徹底完成。香港對她而言，喚醒了一個女性的「普遍」渴望，重新將她性別化（regenders），改造成一個真正的、女性的自我。

除了表姐「現代化」成一個女性、資本主義資產階級，及確定了香港資本主義文化的普及和文明程度外，電影也明確地參與了一九九七年問題的討論。四部曲的第一部（一九九〇年製作）很少援引一九九七年的問題，即使有，九七回歸的威脅還是不能直接被感受。所以在電影最後一個場景，當碩男在邊境和她第一個香港情人告別時，她遞上一張紙條，寫道：「或許在九七年之後，我們可以再次合作。」在第三部電影裡（一九九二年製作），我們看到了香港警察政治部全體員工向到訪香港的大

《表姐，你好嘢！》第4集內，千里正接受訪問。史書美提供。

陸高官千里請罪。[56]他們向千里坦誠反抗中國的罪，並尋求寬恕，因為他們害怕一九九七年後遭到報復。在第四部電影裡（一九九四年製作），一九九七年成為香港人強烈且擺脫不了的困擾和恐懼。另一名大陸女子——小如，被半英半中的警察奧利弗（Oliver）有計畫地引誘，只因小如是將會在一九九七後進駐香港的解放軍將軍的女兒。引誘到她便能夠影響將軍對香港的決策，而這些決策更被看作是直接影響香港股市價格和其他金融狀況。事實上，引誘小如其實是整個警局用以確保香港金融前途以及警察自身的財政安全的一個陰謀。由此看來，影片中位於中國大陸與香港交接的邊境的最後一幕，其含義不言而喻。我們看到奧利弗以中國內地腐敗的「搞關係」制度來確保他的未來。他對小

56「千里」的名稱是模仿了「萬里」，萬里是中國全國人民代表大會常務委員會委員。在另一部題為《表哥我來也》的內地電影上，其中一個女性角色被命名為「江春」（模仿「江青」）。這是直接諷刺大陸政治人物的例子。

如的父親說，「將軍，這是我的身分證，請記住我的身分證號碼。我九七後還會留在這裡。」儘管他說話滑稽可笑，但還是透露出一股不祥的預感。

總而言之，影片投射出與「中國」的一連串談判，儘管中國一概被視為笑聲的來源。碩男的浪漫機遇事實上牽涉到香港不同種族的男人——在頭兩部電影中，她愛上了兩名香港漢族男性，在第三部電影裡，她就愛上了一個混血兒（半英半漢），而在第四部電影裡，她則愛上了一個蘇格蘭人。只有與蘇格蘭人的愛才真正是相親相愛，預期會達到兩人的結合。我在此提出一個寓言式的讀法，即蘇格蘭人（諷刺地意味著殖民地政府）與中國人的結合，模擬了英國和中國政府在決定香港前途問題上沒有香港人參與其中的政治合作。同樣地，另一個誘惑小如那個男子帶有一半英國血統，這便暗示了香港人是被蒙蔽的，他們的命運更是無法由自己掌控。比較之下，表姐實際上易受香港男子誘惑，她迅速以香港文化取代了中國文化，再現了同化的敘事。電影提出「現代的」、「有知識的」和資本主義的香港可以「教化」落後的中國，從而抵消一九九七年香港被中國接管的影響。至少，城市的資本主義誘惑可以「軟化」大陸人的「強硬」，或許一九九七年將不會出現預期的重大創傷。

關於香港文化同化力量的樂觀主義，在當時香港傳媒對中國南部的巨大影響上得到了驗證。導演張堅庭在接受記者訪問時指出，香港電視廣播改造了中國南部六千萬人的意識形態，而且「香港文化區」的覆蓋層面和影響力更是日漸向北方擴張。[57]在香港文化研究學者群的語言中，香港大眾文化是一種強有力的「北進想像」，而且這力量無法遏制。[58]表姐在《表姐，妳好嘢！》的女性化過程也體現了這種樂觀主義，而且奇怪之處是當中的時間上的優勢竟然在香港那一方。一九九七年的恐懼和憂慮被更長遠的將來的願景所取代，一旦中國在香港模式的影響下變得愈來愈資本主義，香港最終有可能避免受到共產主義的單一統治。

這種樂觀主義當然沒有點明在面對政治權力時，維護這種文化力量（來自香港資本主義的普遍力量）的潛在脆弱性。台灣與中國的衝突可以被看作是這一點的證明。香港文化力量的投射在面對中國的政治權威時，很可能是另一個同樣容易破滅的幻象，而且它被同化的可能性相當的大。在中國，所謂的「香港文化帝國主義」（Hong Kong Cultural Imperialism）不僅受到極端保守主義者、民族主義左派人士的批評，而且也受到所謂的中國後殖民評論家（或稱為中國新左派）之批評，這些中國後殖民評論家均對所有外來的文化形式做出批評。雖然他們不同於極左人士，但卻同樣厭惡香港大眾文化入侵中國。十四億人口發放出來的巨大創意能量，現在擁有更大的力量來同化香港的大眾文化，而不是被香港大眾文化同化。由此看來，香港大眾文化在一九九〇年代中期於陰性化力量（feminizing supremacy）的投射，可以被解釋為一個夢幻般的權力和能動性想像，以及是一個取代即將被中國恢

57 引自本人與張堅庭於一九九六年三月在加州聖莫尼卡（Santa Monica, California）的訪談。

58 參閱《香港文化研究集刊》（*Hong Kong Cultural Studies Bulletin*）題為「北進想像：重新定位香港的後殖民論述」（Northward Imaginary: Repositioning Hong Kong's Post-colonial Discourse）之特刊，由香港中文大學香港文化研究計畫於一九九五年出版。對於這個「北進想像」的論述之延伸批判，可參見拙作：史書美，〈「北進想像」的問題——香港文化認同政治〉，收入陳清僑編，《文化想像與意識形態》（香港：牛津大學出版社，一九九七），頁一五一—五八。

復行使主權的恐懼之方式。雖然台灣媒體以訴諸民族主義情緒來拒絕中國女性的誘惑，並由此聲稱台灣具有道德優勢和經濟力量，而香港媒體則以陰性化資本主義為手段，藉此塑造文化認同，但當中國在後毛澤東、後鄧小平，又或所謂的後社會主義年代，積極推動靈活的、以市場為導向的「中國特色社會主義」路線時，其努力終究徒勞。全球資本主義在二十一世紀的一個重要特徵，正是出現了一些新的活動中心，中國便是一個重要範例。這些新的活動中心將其影響力無遠弗屆地伸延至世界不同角落，有力地決定人類各方面的活動。資本主義的陰性化力量不僅為香港所利用，其他資本中心也可以運用。

性別與公共領域

如果台灣媒體對大陸妹的再現，可以被廣泛詮釋為對污染的恐懼，那麼上面分析的香港電影則想像了一個同化和馴化的敘事，以消除中國的威脅。中國女性的不同編碼（encodings），暗示了一九九〇年代中期台灣和香港不同程度的自主性。不論自主性是否為台灣的最終幻象，香港缺乏自主性卻是不可逆轉的，因為香港在一九九七年必然回歸中國。儘管九〇年代初不同的文化圈都對此表示樂觀，而且事實上到了二十一世紀，合資電影亦繼續製作，[59]但鑑於台灣和香港傳媒在中國女性再現上與中國的對立，大眾媒體於中港台地區建設一個泛中華公共空間不但不太可行，而且是不可能的。

在傳統公共空間的經典討論上，哈伯馬斯（Jürgen Habermas）看到了公共空間與大眾媒體的對立關係，[60]而對於這種對立關係的批評一般而言有兩種：盛讚大眾媒體對去畛域化可能性與大眾媒體塑造跨國公共空間的能力，以及頌揚大眾傳媒作為邊緣的文化生產的場域，製造各種另類身分以對抗統治。阿帕杜萊提出的「媒體景觀」（Mediascape）概念和韓森（Miriam Hansen）對公共空間去畛域化的討論，都是基於電子媒體跨國流動這一點上，這是兩種上述狀況的第一種。羅賓斯（Bruce Robbins）把大眾傳媒視為少數族裔或被邊緣化群體發聲的潛在場域，藉此清楚表達他們的文化認同，這是第二種狀況。[61]中國研究學者也曾經就公共空間的問題展開辯論，他們在一九九三年的《近代中國》（*Modern China*）裡詢問，帝制時代的中國是否存在公共空間？而今天又是否能夠在跨國景

---

59 地緣政治如何控制跨區域流行文化的一個有說服力的例子，可以從一個受歡迎的台灣歌手——張惠妹——身上看出。張惠妹是原住民後裔，她被邀請在陳水扁就職典禮上演唱國歌，具有諷刺意味的是，這還是國民黨的黨歌。出席該就職典禮後，中國政府禁止張惠妹前往中國長達數年，而她的音樂亦在中國被禁。

60 Jürgen Habermas, *The Structural Transformation of the Public Sphere, trans. Thomas Burger* (Cambridge, MA.: MIT Press, 1989).

61 參見Arjun Appadurai, "Disjuncture and Difference in the Global Cultural Economy," in Bruce Robbins ed, *The Phantom Public Sphere* (Minneapolis: University of Minnesota Press, 1993), pp. 269-95；Bruce Robbins, "Introduction: The Public as Phantom," in Bruce Robbins ed, *The Phantom Public Sphere*, pp. vii-xxvi；Miriam Hansen, "Unstable Mixtures, Dilated Spheres: Negt and Kluge's The Public Sphere and Experience, Twenty Years Later," *Public Culture* 5.2 (January 1993): 179-212。

觀中，找到一些明確的華人公共空間？杜維明提出「文化中國」（cultural China）的概念。文化中國是一個凝聚華人共識的領域，不受地緣政治所限制。這個概念在當時被認為是一個中華公共空間的可能場域。[62] 關於大眾傳播媒介，楊美惠討論了在大眾媒體自由流通以及離散的年代裡，華人身分建構的跨國化傾向。[63]「文化中國」和「跨國中國」這兩個概念的範圍和強度，對他們來說，削弱了中央集權的權力。雖然楊美惠把對抗中央集權的能動力定位於身在中國都市的民眾，但杜維明卻著重中國地緣政治以外的地點，即華語語系社群，並以此作為文化中國最重要的場域。

即使「中港台」一詞或許指出了兩岸三地的親密關聯，但是作為一個公共空間的可能構成，中港台卻存在著很大的問題，而且這些問題性亦將延續下去。這個名稱的三個部分——中國、香港、台灣——在很多方式上都是相互斷裂的。即便哈伯瑪斯當時的德國和歐洲區域存在的歷史差異問題，可以作為理論化的出發點，但哈伯瑪斯式（Habermasian）範式所要求的「溝通」（communication）和「理性批判的論述」（rational-critical discourse）的基本前提卻是缺席的。一九九〇年代中期，中國政治權力對支配台灣及香港的斷言非常激進與顯著，這與當時鄧小平即將過世，權力重組之後不可預測的後果有所關聯。台灣和香港因此主張採取經濟和文化力量的手段，以抵抗中國的政治力量，但這種抵抗形式都是誇大和守舊的，而且充滿了宿命論和焦慮。在某種程度上，如果台灣和香港的大眾媒體呈現了短暫的權力的幻想敘事，那麼我們或許也可以確認大眾媒體是一種具有潛力的抵抗形式。但是，一方面中國、台灣、和香港殖民地政府的「國家」權力相互重疊，另一方面中國不斷緊縮對台政策，對香港在九七之後則採取圍堵政策。這些情況之中並沒有一個足夠空間，可以真正創造出國際認可的另類身分。如果「大中華」主要是一個經濟實體的比喻，那麼大眾媒體在性別再現上的反向動力（oppositional dynamics），曝露了大中華想像不可能成為一個文化或政治上的實體。中國婦女在大眾媒體上的再現，強調了她們與台灣和香港婦女的文化差異，而且當中充滿了父權色彩，以及資本主義禁令和色情化（eroticizations）的意味。台灣和香港男性與中國女性或合法或非法的關係，最終使這些婦女諷刺地成為兩岸三地父權體制內「親屬制度」（kinship system）的連接媒介。然而她們的「連接」功能，在「大陸妹」這一例子裡引發了污染的恐懼，而在「表姐」的例子裡，則引發了同化的疑慮。

這種狀況也意味著跨地域的性別公共空間的困境。雖然台灣女性主義團體利用了中華文化的某些觀點來強調自身的權力並想像其團結一致，[64]但是國家福祉為優先的命題並不容許（而且會繼續防止）台灣女性主義者團體參與任何針對中國女性受壓迫的普遍性女性主義批判。[65]台灣和香港的女性

---

62 Richard Madson, "The Public Sphere, Civil Society, and Moral Community: A Research Agenda for Contemporary Chinese Studies," *Modern China* 19.2 (April 1993): 183-98.

63 Mayfair Mei-Hui Yang, "Mass Media and Transnational Subjectivity in Shanghai: Notes on (Re) cosmopolitanism in a Chinese Metropolis," in Aihwa Ong and Donald Nonini ed, *Ungrounded Empires*, pp. 287-319.

64 最佳例子是由女書店出版的一本名為《女書》的女性文字創作，得到台灣婦女新知基金會的資助。該會董事長李元貞亦有接受訪問（見註25）。

65 一個很好的例子是台灣女性主義者拒絕參加一九九五年在北京舉行的聯合國世界婦女大會，這是因為中國政府的軍事威脅和中國政府一再堅持她們需要以「中國」代表，而不是以台灣代表身分出席。

主義團體雖然關心中國婦女的福利，但都選擇集中精力協助在地妻子擺脫好色外遇丈夫的父權支配。這些女性主義者不是那些典型的民族主義的第三世界的婦女，也就是說她們不是在等待國家獲得解放，才能宣稱自己是歷史的能動者的女性。她們不是那些跨越國界，尋求理想的跨國女性主義者，不會提供跨國女性主義理論化所依據的引人的資料。這些婦女寧願務實地在本地展現對國家和跨國的自主的立場，並界定自己的政治意義。因此，如果這些地區的特定女性主義者之間可以形成一個想像的女性主義公共空間，那一定是一個以階級分野的事件（classed affair），特別是對那些可以成為普遍主義者的女性主義者而言。最終，政治權力嚴重的不平衡，禁絕了性別公共空間或公共空間在「台灣—香港—中國」這樣一個三角關係中出現。華語語系和台灣文化的在地敏感度將持續對中國和中國性感到不安，而這種不安也將持續性別化。

第四章

曖昧之不可承受之重

作為一個方法，曖昧（ambiguity）本身並不會讓人滿足，所以不需要特別去嘗試；它必須隨著情況的需要而衍生，因而得到正當化。

——威廉・燕卜蓀（Willian Empson），《曖昧的七種類型》（*Seven Types of Ambiguity*, 1947）

一個雨天。在一個北京四星級的旅館大廳裡，一個大約二十來人的男生團體，身穿背後印著「台灣啄木鳥」字樣的T恤衫，正在練習他們為國際合唱團節所準備的歌曲。

坐落在北京市中心高級的金魚胡同裡的台灣飯店，其實是以「亂」聞名，它充斥著妓女及其他問題。和附近的飯店相比，如王府飯店與和平飯店，台灣飯店的客房比較昏暗髒亂，價格也相對便宜。

一個已經放棄了台灣藝術市場的台灣藝術家搬到了上海，並帶頭發起了一個運動，要將蘇州河沿岸舊式殖民時期的倉庫變成藝術工作室，並將當地改造為如同是紐約蘇活區的「蘇河」區。

另一位台灣的藝術家感慨地指出，台灣的藝術已經沒有發展的未來，毫無疑問地，現今的亞洲藝術中心位於上海。

與此同時，一些台灣的當紅電視連續劇充斥著中國大陸的演員，而本地的電影市場已告死亡，除了一些偶爾出現的跨洋或是跨岸的聯合製作，如李安的《臥虎藏龍》，或是侯孝賢、楊德昌和蔡明亮等和法國或是日本藝術製片廠合作的電影。

至二〇〇二年，約有一百萬名台灣人在中國居住或是工作，其中六十萬人居住在上海。一份台商雜誌表示，要在中國取得成功，台灣人必須放棄所謂的台灣人優越意識。另一份雜誌表示，中國人不過是在台灣人還有用的時候利用他們，等到中國的經濟發展得更成熟時，他們就會將台灣人拋在腦後。

我用一連串的實例觀察來作為本章的開頭，以解釋台灣和中國之間盤根錯節及不安定的文化經濟關係，並藉此強調台灣難以處理的認同問題。在眾多「和中國道別」（farewell to China）的聲浪之中，以及台灣本地歷史與文化成功再造的背景之下，台灣的認同問題持續地和中國相互交錯。這個交錯是華語語系的在地性（locality）正在爭取成為「台灣人」的過程。

在一定的層面上，這個是一個語言性的爭取過程，因為台灣的正式官方語言之一的閩南語和中國福建省的語言非常相近，而閩南語意欲取代了國民黨制定的「國家語言」，也就是「國語」。「國語」，也就是中國的官話，它與中國的官方語言，即「漢語」相似。實際上，國語和漢語的不同與英式英語和美式英語的不同類似。也就是說，「國語」是一九四〇年代離開了中國，移民到台灣的離散漢人（即所謂在台灣的「外省人」）所說的標準語言。如同美式英語，「國語」建立起了自己的詞彙、聲調及表現方式，與受到了社會主義意識形態洗禮的中國「漢語」不同。但在某種程度上而言，「國語」是一個台灣的殖民語言，因為它是被放逐的國民黨政府向直至一九四〇年代末都說著閩南語和日語的台灣本地人民身上強加上去的一種語言。由於這個強硬政策，從國民黨執政起至一九八七年，國語的標準化及強勢，視使用閩南語的人為二等公民。梅維恆（Victor Mair）就曾諷刺地說，台灣人說國語是「如何忘記你的母語和如何記住你的國家語言」的一堂課。[1]

如果華語語系是一個能協調國語和閩南語的過渡名詞，那麼它便會將有著完全不同的語言模式的原住民語言排除在外面。原住民文化歷經多個世紀漢化過程，清楚地證明華語語系是一個殖民勢力強制的結果，如同法語語系之於北非原住民或其他地方原住民的關係。無論是台語或是華語語系，台灣的身分認同問題必定是一個多身分、多族群、多語言及多文化的問題。但是，阻礙著台灣多元文化身分認同的，是一個強大的對中國的執迷（obsession with China）。[2]這個現象的產生並不是因為出於對中國文化的效忠，而是因為中國的軍事侵略威脅。事實上，中國性和台灣性之間的協商正不斷地在視覺、文學和其他文化的形式上重演，而它們可以被理解為是中國對於台灣爭取主權的威脅的一種反應，以及是台灣希望建構一個獨特的、不同於中國身分的一個欲望。

就著分析的目的，如果我們能夠把身分認同的問題細分為政治、文化及經濟領域中的各項認同，我們將能看到曖昧和矛盾的因素似乎覆蓋著本土對於明確性（clarity）和特殊性（particularity）的欲望。最主要的政治矛盾在於二十一世紀初，也就是經歷了民進黨八年執政之後，在台灣社會的想像裡，台灣的政治及國族認同已經得到了對抗中國前所未有的獨特性。但是作為一個台灣內部的論述建構，它立即在國際脈絡裡遇上困境。以美國為首的國際社會，在台中關係上，不斷堅持著一種曖昧的政策，一方面支持中國的「一個中國」政策，另一方面又對台灣表示同情，視為保護對象。然而即使美國官方的曖昧政策是透過築起日本、美國和台灣之間的三邊防禦體系，應該去防範中國侵略性，但是該政策並沒有給予台灣太大的空間去實施其「獨立」的政治宣言。

二十世紀末的兩個十年裡，這種曖昧的狀態在台灣領導層眼下愈來愈危險，因此聲稱台灣的獨立國家地位的政治言論偶爾會併發出來，這正如台灣兩位總統，即李登輝的「兩個國家」論和陳水扁的「一邊一國」論所示。這些宣言大聲疾呼，要求明確性和特殊性，並聲稱了台灣的自主性，試圖吸引國際社會注意台灣的困境。如果這些聲明是與曖昧性鬥爭的有效手段，那麼它們亦會引起中國的強烈反應，如導彈危機和二〇〇五年中國人民代表大會通過的反分裂法，當中後者單方面把武力對台合法化，以對付台灣的「獨立宣言」。中國對台灣有效的國際外交封鎖，也導致了台灣在國際政治上極度邊緣的地位。然後在政治領域中，本地的欲望與國際限制發生了直接的衝突，這主要是由於美國在台灣推動民主（邏輯上的極限應該是台灣獨立）和堅持「一個中國」政策（邏輯上的極限是中國占領台灣）的矛盾政策。這個矛盾正是曖昧的關鍵場域。

台灣認同的經濟層面也充滿了曖昧性。面對中國經濟實力的上升，台灣猛然發現，過去兩個十年

1 Victor Mair, "How to Forget Your Mother Tongue and Remember Your National Language," 電子版論文發表於二〇〇五年，見http://pingyin.info/readings/mair/taiwanese.html.

2 夏志清創造了「obsession with China」（感時憂國的精神）這句片語，並且使其廣為人知。夏志清使用這句片語來描述二十世紀中國知識分子對於國家議題的強烈關懷。在二十一世紀初的台灣，「obsession with China」則有非常不一樣的意思。見C. T. Hsia, *A History of Modern Chinese Fiction, 1917-1957* (New Haven, CT.: Yale University Press, 1961), pp. 533-54。

在中國的大量投資，讓台灣的經濟變得過於依賴中國。這是第二個矛盾的所在之處，顯示出為了取得經濟利益而將經濟工具化以及普遍化的狀態以及希望從中國取得政治和文化方面的特殊性的狀態，二者之間的緊張關係。一方面，對於經濟利益，台灣人已將華語語系文化普遍性（Sinophone cultural universalism）也就是台灣與中國的文化和語言的相似性資本化。一九八〇年代以來台灣為了外銷產品至西方國家，使用中國勞工，巧妙地利用了中國對美國與其他國家的輸出配額。近期台灣亦進入中國國內市場，對擴展中國消費市場有所貢獻。台灣的資本主義將中國當成是台灣經濟持續發展與繁榮的一個手段。這樣一種經濟驅力所產生出來的複雜性，雖然策略性地運用了文化普遍性，但也將住在中國的台灣人去國家化，導致他們成為中國的新移民。這些台灣移民不得不在中國定居，並且成為帶有複雜和曖昧忠誠的一種新的「中國人」。這種經濟普遍性顯然破壞了台灣本土主義者的獨立政治主張，因為台灣經濟部門發現這種經濟普遍性的福祉與中國愈益糾纏，同時在中國定居和生活的台灣人也愈來愈多。沒有中國，台灣或許不能維持自身經濟成了一種恐懼，使台灣政府在過去十年嘗試推行遏制台商資金外流到中國的政策，如二〇〇二年八月台灣政府宣布未經政府批准而在中國投資會遭到監禁。

在文化領域上，相似性和差異性的各種曖昧因素亦傳達了認同的問題。在台灣每天的日常生活當中，華語語系文化經常和中國文化混淆，那些一直喜愛古典中國文化的人要冒險被簡化為「統派」，而以台灣為中心的文化純粹者則急欲建構本土文化歷史，以台灣獨特的地理文化、氣候、殖民歷史和考古學為基礎，意在與中國及中國性相互抗衡。簡化的認同政治，很快就將每類人分類，或是否定，為統派或是獨派，此舉嚴重地撕裂了台灣的社會，並在一定程度上導致了在二十世紀的最後幾年，必須建立起一個新的集體意識，以修補這個撕裂。「新台灣人」（New Taiwanese）這個標誌所意味著的，是克服認同政治的分裂，及頌揚多元文化主義、多元語言和多族群主義。

然而，正如任何的多元文化主義，台灣對多元文化主義的加冕，同時隱藏著內部等級劃分及不平等。即使我們暫時拋下這些等級劃分及不平等的問題，台灣的多元文化認同仍未扎根。台灣在政治及經濟領域上的「迷戀中國」造成的文化後果，乃在於台灣為了找尋，以及有系統地編纂其文化價值的新位置，而過度地運用及操演台灣與中國的文化關係。長久以來，「中國」及「中國文化」的意義一直是多元的、相互矛盾及難以定論的，這主要是受到二十世紀後半國民黨的漢化運動所影響。在國民黨的想像裡，相對於社會主義中國在文革期間（一九六六—一九七六）對中國文化的排除及破壞，台灣是一個保有純正中國文化的所在。國民黨政府對世界的自我再現因此是採取「競爭正統」（competitive authenticity）的方式：台灣的「中國」文化比中國的中國文化更正統，因為台灣承繼並保留了被中國共產主義推翻的古典文化。在這個層面上而言，台灣國民黨對其正統的中國性的宣稱，和韓國朝鮮王朝為了和滿族建立的清帝國對立，而將自己視為是捍衛中國文化的最後一個堡壘的「小中華」宣言，在在不無相似之處。

在此背景之下，從稱一個人為「中國人」到稱一個人為「台灣人」的詞語變化，其實需要的是一個藉由民主方式而完成的政治改革，亦即是推翻國民黨政權。經由這個革命，「中國文化」（中國的文化）終於轉變成「台灣文化」。但是因為「台灣文化」和「中國文化」是相對立的，一個將「中國」從所有的台灣文化中毫無區別地去除的傾向便相應而生。一個明確的例子是，在中國出生，而在一九四〇年代末來到台灣的作家們相繼失寵。這些「外省人」因為他們對中國的鄉愁的政治不正確，時而被排除在文壇之外。這是把「中國文化」與「中華文化」或是「華語語系文化」混為一談的結果。在華語語系裡，對中國文化的在地翻譯、修正及再創造才是重點，而不是中國文化本身。雖然我們沒有必要去否認台灣對中國的文化親切感，但是這份親切感並不能成為決定台灣文化的主要因素。反之，有些人甚至會說，當代的台灣文化是更為美國化或是日本化的。

一個比較性的視野能幫助我們更為了解一件事：將中國的中國文化和中國境外的華語語系文化混為一談，是台灣一個相當獨特的現象。東南亞或北美的其他離散華人社群及社會，長久以來將他們的「中國性」（Chineseness）和他們的離散及遷移歷史化及理論化，他們承認其「中國性」僅限於文化傳統，而他們的本地文化不見得和當代中國的中國文化有著必然的關係。譬如說，美籍華人文化就迥異於中國文化。在美國出生的華裔會反抗他們移民父母的文化：世代之間的差異往往轉變為文化及語言的差異。理論上，「華裔」在「華裔美國人」這個詞彙裡是一個多餘的形容詞，它形容了（但是無法界定）這個詞彙裡的核心名詞：「美國人」。亞裔美國人的社會運動和學術研究的主要目的，是宣稱亞裔美國人對美國，而非對亞洲的獻身；對英語，而非對其他的亞洲語言的掌握。說著不同華語語言的第一代移民者形成了華語語系社群，但是當這個語言轉變為英語時，這個社群也轉變為一個亞裔美國人社群。當亞裔美國研究傾向於排除漢語的資料時——一個顯著的例子是拒絕把以漢語書寫的移民經驗文字作品納入華裔美國文學的範疇之中——華語語系就成為美國脈絡上一個必須且有用的類別。

如前所述，在台灣，對於華語語系文化和中國文化的混淆，是承續了國民黨將台灣視為中國正統文化代表的意識形態的不自然結果。從一開始，這個意識形態就顯而易見無法成真。這是一個意識形態如何演變成接近幻想的假意識的最佳範本。它不斷提醒我們第四種矛盾，它讓台灣人對中國文化與中國性感到曖昧，即使是經過一九八〇年代與九〇年代對台灣文化與中國的差異的反覆分析與理論化之後，這種曖昧感還是無法煙消雲散。企圖「告別中國」已被證明比預期的更為困難。

總之，曖昧性環繞台灣與中國的經濟、文化和政治關係，就此而言，「台灣認同」（Taiwan identity）的概念便必須是彈性的。如果對晚期資本主義來說，彈性是生產和再生產的主要模式，需要彈性的主體來遵循並領導它，[3]那麼台灣的不可承受的曖昧性便使它成為本質上無法避免的條件，故此本章以此為命題並展開討論。當以彈性為核心的資本主義國家贏得了前所未有的利益之時，彈性則成為了如台灣這些半邊陲（semiperipheral）但又不是真正那麼微不足道的經濟實體的一個斡旋手段，藉以保持其經濟、文化和政治生存（survival）穩定性的最低限度。這裡的彈性與其說是一種選擇，倒不如說是一種必須：當經濟生存依賴於中國的時候，台灣資本主義必須在文化和政治忠誠層面上能做些什麼？除卻屈服於中國的「統一」要求外，如果曖昧性和彈性是安全和繁榮的最佳保證，那麼曖昧性和彈性的意義與價值便和它們一貫的含義背道而馳，必須依賴背景脈絡的在地詮釋。當曖昧是當前的價值，當曖昧保障了目前的安全，那麼我們又如何能奢求清楚明白？究竟台灣人可以容忍或發明

3 參見本書第一章內有關全球化脈絡下的彈性和可譯性。

多少種曖昧（諷刺地附和了本章之始引自新批評派成員威廉・燕卜蓀的說法），而不會持續深陷認同危機或文化混亂之中？

在本章裡，我會提供一個「中國大陸」又或「大陸」比喻的選擇性系譜，因為它在台灣的文化論述上具有強大的代表性，尤其就電視旅遊節目而言。這些旅遊節目主要來自一九九〇年代，這些節目在各大電視台播出時，是中國旅遊開始普及的時候。這些節目顯示了視覺媒介中，九〇年代裡台灣與中國在文化、政治和經濟上，最初的友好關係。最重要的是，這些節目記錄了台灣與中國及中國性的關係系譜裡的重要時刻。

「大陸」簡史在台灣

自一九四九年以來，「大陸」一詞便在台灣的社會和文化想像中載有不同的含義。為了動員國民黨的政治、意識形態和文化的自我合法化，以及治理台灣人民，「大陸」一詞直至一九八〇年代中期，都在官方論述和大眾媒體上，受到了從共產黨人手中「光復」烏托邦式過去的土地、童年和懷舊的論述的緊緊支配。作為未來的土地，它是憧憬的對象，而且它亦承諾了回歸的願望。維護傳統文化的宣言以及政治統一的期盼都與懷舊緊密相依，上述兩者皆有助於鞏固國民黨統治台灣。因此，直至一九九〇年代初，孩子們從小學開始便被灌輸「反攻大陸」、「三民主義救中國」和「拯救大陸同胞於水深火熱之中」等等的政治口號，以確保政治正確。「大陸」一直是國民黨官方明確保衛的欲望對象，通過意識形態的灌輸，台灣人民大都亦步亦趨而沒有太多的質疑。[4]那些質疑的人——如一九五〇年代和六〇年代的白色恐怖時代期間的台灣共產黨人——都立刻遭監禁或殺害。

在一九八〇年代末和九〇年代初，「大陸」的比喻經歷了徹底的變化。這種變化反映了各種並行的發展：中國和台灣之間的個人和商業聯繫增加，尤其是在一九八七年正式解禁，允許台灣民眾參訪中國；民主進步黨於一九八六年成立，預示著多黨系統的形成；大眾呼籲國民黨承認其對台灣人民的侵害，特別是一九四七年二月二十八日的大屠殺，而且亦呼籲國民黨自願向「二二八事件」的受害者進行補償；以及一九八七年解除戒嚴，為公開表達多元文化和意識形態的可能性鋪路。上述各個方面的發展，允許了一個更具個人性的，以及具體的而不是官方鼓勵的，和想像的「中國」關係的出現。與「中國」的關係的開放，也引起了有關自我認同的新問題和定義這個認同的要求，促進了兩個相關的本土議程的出現——其一由李登輝和民進黨政府發起，旨在抵制中國的政治霸權，另一由台灣本地的文化工作者傳播，他們期望能從中國手上取得文化的獨立性，可稱為一種新的「台灣文化本土主義」（Taiwanese cultural nativism）。

---

4 我在這裡所使用的「台灣人民」一詞，指的是身在台灣的人。然而，指出這些人之間的非單一的人口組成是很重要的，因為身在台灣的人包括了原住民、所謂的台灣人（一九四五年前已移民至台灣且居住超過一個世紀的中國移民）、外省人（一九四五年後來自中國的移民）、客家人，以及所謂的華僑（近期來自中國以外的國家的漢族移民）。

在台灣文化本土主義這個新論述裡，中國被否定作為台灣的文化來源和領導者。國民黨傳播的中國文化和傳統被批判為「中國文化帝國主義」（Chinese cultural imperialism）和「中原中心主義」（central plain centrism），旨在邊緣化和支配台灣人民。台灣人民因此便需要一個「反支配論述」（counterdomination discourse／discourse of dissidence）。[5]這種反支配論述以「台灣文化的自主性」、「文化的台獨論」又或「自主文化體系」的意識形態為基礎，由眾多知識分子帶頭闡述，這些人的訴求跨越了傳統的省籍概念，也跨越了文化和政治差異的種族界線。[6]在反支配論述發展的過程中，「台灣文化」指的是台灣「本土文化」，它包括了台灣所有種族和在地文化，它的邊界由台灣的地理文化空間（geocultural space）所確立，而台灣的地理文化空間則是在中國和中國文化之差異中得到明確的勾勒。因此，一個年輕的第二代外省人文化評論家，如其他人一樣表明：「我們需要堅定地闡明中國大陸和台灣之間的領土差異……中國文化已不再是台灣文化的母親文化，而是像美國的文化，是一個『他者的文化』（Other's Culture）。」[7]

台灣人努力地重寫台灣史，以對抗國民黨的故意忽視和遺漏，並且重新想像台灣文化是建基於其特定的地理、領土、氣候和其他條件之上，進而描繪出相對於中國的台灣性的邊界。一九九〇年代一些如雨後春筍般出現的書籍，如「新台灣系列」、「台灣文學和歷史系列」和「台灣公民系列」等書系均可為證。上述系列書籍來自「前衛出版社」這所特別以台灣本地觀點為宗旨的出版社所發行。其實同一時間有其他出版社如「自立晚報」和大眾化的出版社如「皇冠」都出版了大量有關於台灣「新」主體的書籍。

然而，台灣文化本土主義論述的蓬勃發展卻帶來了矛盾的後果，這是因為它和文化商業化及文化產業的商品化變得難分難解。一九九〇年代台灣的文化批評浪潮，一方面獲得台灣文化本土主義論述的支持貢獻，另一方面無可否認地受到了帶有挑釁性標題和亮麗封面的書籍和雜誌煽動。外交家錢復的父親——錢思亮——的名字，因為聽起來像是「有錢就亮」而被廣泛挪用。透過這個黑色幽默，我們注意到台灣社會的商業化。事實上，這個原本是知名教育家（菁英文化的領導者）的名字進一步體現了大眾人民的想像力如何為股票市場的升降所操控。[8]

台灣文化本土主義另一個具體的威脅來自國民黨對其政治反對派的收編及中立化，因為國民黨也尋求自身「本土化」（nativize），以作為一九八〇至九〇年代中期的自我辯解的手段。故此，國民黨的本土化辭令便受到了文化本土主義的敏銳批評：根據李健鴻所指，國民黨表明它是一個「本土政

---

5 見李喬，《台灣文化造型》（台北：前衛，一九九二），頁一四四、三三一。又見蔡詩萍，〈一個反支配論述的形成〉，收入孟樊、林燿德編，《世紀末偏航：八十年代台灣文學論》（台北：時報文化，一九九〇），頁四五二。

6 在這次努力上，原住民的參與可以說是微乎其微，參與的大多是台灣人、外省人（特別是第二代）和客家人。在文化和政治代表性方面，原住民雖然已經試圖讓他們的聲音包括在主流文化場景的成員的一部分之中，但原住民仍然在很大程度上被邊緣化。

7 李健鴻，《文化游擊兵》（台北：自立晚報社文化出版部，一九九二），頁一七〇。

8 在一九八〇年代末和一九九〇年代初，台灣股市暴漲的時候，大量台灣人（尤其是在城市地區的台灣人）均參與了股市投機活動。

權」（native regime），它試圖盡量模糊本土與非本土之間的界線，從而正統化自身的政權。與此同時，國民黨底下的議題則是把「台灣本土」收編入「中國本土」之中。[9]例子還包括了國民黨於官方層面支持一本專為學童而設的新歷史教科書，其名為《台灣史》，該書於一九九六年開始使用。另一個例子則是作為大學入學考試科目的三民主義於一九九五年廢除。此舉的部分原因是出於國民黨對大眾要求的回應，部分原因是本土台灣人李登輝就任總統期間的「本土化」欲望，還有另一部分原因則是透過難以捉摸的姿態來拒絕北京政府以軍事威脅反對台灣獨立（無論是文化或政治上）。李登輝新外交政策的各種修辭，包括了「彈性外交」、「務實外交」，或具有諷刺意味的「渡假外交」。他亦於一九九四年進行了旋風式跨國外交之旅。此次外交之旅期間，他嘲笑大陸政府為「土匪」，同時國民黨政府亦積極展開外交努力，希望以國家之名義重新加入聯合國，這進一步表明了國民黨在當時的國際舞台上正逐步擺脫中國的政治霸權。雖然國民黨批評台灣文化本土主義是分裂的和不切實際的主張，但國民黨的本土化運動卻藉由一個稍微不同的方式納入了本土化議題。

在一九九〇年代這個複雜的背景下，台灣媒體對中國大陸的再現，乃是一個無可避免地受政治和經濟的雙重支配影響的各種投射的場域。事實上，那個時期台灣三個電視台或多或少都受到政府的直接管轄——「中視」由國民黨擁有以及提供資金，「台視」隸屬於被稱為省政府的幽靈實體，而「華視」則由國防部及教育部所管理——並由政府決定節目內容，雖然這些有關內容的規定往往暴露了許多自身的漏洞。台灣媒體對「中國大陸」的建構，顯示出一個商品化的衝動，以類似跨國公司的模式運作，為了經濟利益而結合了中國的原始性、本地性和原始的文化材料，並計畫把不同的文化和政治論述銜接起來。台灣開始把目光自中國為文化和地理的發源地和政治他者之上移開，取而代之的是把中國視為大眾消費和經濟機會的來源——台商可以在那裡「登陸」、「廣拓大陸市場」，甚至「強攻」。[10]台灣雜誌和報紙所使用的那些膨脹、誇張的軍事隱喻，諷刺意味濃厚地呼應並曲解了國民黨「反攻大陸」的修辭。[11]而這些浮誇的言辭也反映了台灣在九〇年代初的經濟優勢所產生的信心和樂觀。當然，這是一個短期的信心，很快就被焦慮和曖昧所取代。

即使國民黨在李登輝的帶領下逐漸本土化，但它的政治和意識形態基礎在這段期間內依然相當穩固。因此，在台灣幾乎所有文化形式的討論都著眼於文化經濟之上，不可避免地與國民黨正逐步轉向的文化表達的政治參數做出協商。特別當文化表達關注到中國的時候，如同有關中國的電視遊記所顯示，這種協商可以說是再顯著不過。對於國民黨政府而言，無論這些協商是積極的（合作）或負面的（反抗），它們都會進一步被捲入所謂的後現代主義、晚期資本主義的文化邏輯之中，為商品化徹底

9　李健鴻，《文化游擊兵》，頁一七〇。

10　這些軍事隱喻被廣泛應用在主流報紙和雜誌之上，如《中國時報》、《聯合報》和《時報周刊》。例如，一九九三年七月三十一日出版的《時報周刊》第八十三期的封面上，印有以下一行文字：「開放和發展內地市場的新戰略：攻擊城市和奪取領土。」而一九九三年七月二十三日出版的《時報周刊》第八十二期的封面上則印有：「侵略和征服武漢市：掌握大陸內銷市場。」

11　對香港的出口（台灣的中國貿易媒介）在一九九四年六月首次超過了對美國這個半個世紀最大貿易夥伴的出口量。《世界新聞網》，洛杉磯版，一九九四年六月十四日，C8。

滲透。倘若我們查看文化以及視覺產品裡的政治思想和意識形態，我們通常可以發現市場經濟裡對利益取向的深度重視。商業和政治優先權之間的你來我往，在台灣媒體的「中國大陸」再現上變得尤其劇烈。

可以肯定的是，經濟的驅力一直在加強台灣對中國的興趣，因為台灣人在這個時期發現了中國是廉價勞力的保證，也是未來可能的巨大市場。首先，台灣有其自信，儘管這自信只能短暫維持。這信心由台灣的經濟奇蹟（此經濟奇蹟在一九九〇年代中期達到最高點）以及過去十多年的文化本土化驅力所支撐。在整個八〇年代，台灣曾有過一個與中國意識（China consciousness）又或中國情結（China complex）相對的台灣意識（Taiwan consciousness）又或台灣情結（Taiwan complex）的持續的辯論。[12]一九八七年，美國最突出的馬克思主義理論家及後現代主義和後現代性理論家詹明信訪問台灣之後，正式授予台灣「後現代」（postmodern）的資格。在他經常被引用的有關台灣電影的文章裡，他具體地討論楊德昌的電影《恐怖分子》；詹明信斷言，台灣的城市文化具有典型的後現代特徵。台灣在一九八七年被宣布為「晚期資本主義的國際都市社會」（international urban society of late capitalism），清楚地表現了經濟如何徹底滲透各個文化領域。[13]台灣的後現代性宣言，證實了它不再是一個第三世界國家，同時台灣的經濟自信亦助長了它對中國前景的好奇。

媒體於一九九〇年代對中國大陸比喻的使用，揭示了其持續把「中國大陸」商品化為圖像、文化、商品目錄和把「中國性」視為有市場價值的產品的一個強烈的後現代推力。台灣文化場景的商品化欲望已經具有中和的效果，甚至連政治議題也被中和為娛樂形式，媒體變成了欲望的活動場所（儘管它們通常是相互矛盾的）。商品化的欲望可以說是同時加強了商品拜物教（commodity fetishism）和突出了文化情結（cultural complex）。[14]關於中國的電視旅遊節目，在不同程度上受到國民黨的審查，也需要與各種機制協商，例如國民黨建構的意識形態、中國政府、台灣的本地狀況，當中最重要的就是市場。特別是在政府資助的節目《大陸尋奇》的案例中，國民黨的意識形態巧妙地通過建構一個模糊的本土立場來反抗中國大陸的文化和政治霸權，同時又巧妙地地駁斥了台灣文化本土主義宣稱台灣文化是不同於中國文化的說法。換句話說，它一方面為台灣建構了一個獨特的身分，以作為中國傳統文化的繼承和維繫，同時又小心謹慎地區分了由台灣文化本土主義者所倡導的身分。

---

12 台灣本土主義或台灣意識的議程或多或少都集中於呼籲民眾關注本土、人民、文化，以及被國民黨所制度化的中國文化霸權的支配。在一九七〇年代末所發生的鄉土文學論戰中，曾出現過以馬克思主義的角度抵抗西方文化和經濟霸權的呼聲（如陳映真的作品），但今天的本土主義者很少考慮到西方文化帝國主義（Western cultural imperialism）作為該議程的一個重要爭論的問題。對於台灣的本土主義情緒或台灣意識的象徵主義，請參見黃光國，《台灣意識與中國意識：兩結下的沉思》（台北：桂冠，一九八七），頁三五—四七。

13 Fredric Jameson, *The Geopolitical Aesthetic: Cinema and Space in the World System* (Bloomington: Indiana University Press, 1992), pp. 114-57. 另見Fredric Jameson, *Postmodernism, or, The Cultural Logic of Late Capitalism*, pp. xxi.

14 我在這裡使用「情結」一詞，是有意識地與一九八〇年代裡的「台灣情結」和「中國情結」辯論上的心理狀態命名相呼應。參見黃光國，《台灣意識與中國意識》，以及楊青矗編，《台灣命運中國結：政治批判》（高雄：敦理，一九八七）。

一九〇年代「永恆的中國」

在此期間，三個主要的旅遊節目——《大陸尋奇》、《江山萬里情》和《八千里路雲和月》——透過把「中國大陸」轉變成一個主題或娛樂來源的方法，充分地展現了意識形態或政治內容的無效化（neutralization）。這些節目通過對中國領土的不同敘事，並覆蓋上土地、人民、習俗和歷史的圖像，帶領觀眾觀賞不連貫的及零碎的旅遊。這些節目其中一個驚人的相似性是大多數情節皆令當代中國的政治和意識形態場景的符號缺席，恰恰表現出詹明信對華語電影的討論上所提出的「一種意識形態標記的內容的再現性淡化」。[15]另外，這些節目往往會刪去中國社會經濟制度的符號，即中國當時仍然明顯可見的社會主義經濟的痕跡。而節目場景和情節方面主要包括兩大類：少數民族的文化和風俗，以及一九四九年以前中國傳統文化的宏偉歷史遺產。換句話說，這些場景情節充滿技巧地抹去中國被共產黨人占據這一事實，因此旅遊觀光的中國並不是共產主義中國，而是質樸的、實質的「中國」，遠離中國共產黨的政治和意識形態污染。[16]中國在這裡並不是一個民族國家，而是自共產黨接管政權以來或是自古以來文化上沒有太大改變的中國。舉例來說，我們注意到這三個節目的名稱，都成功地避免提及中國作為民族國家的確切意義，而是以「大陸」、「路、雲、月」以及「江山」這些指涉自然的詞語來取代中國。然後，通過目前的中國（被建構成一個延續傳統、文化、地理的中國）以及作為國民黨所建構的、台灣民眾所想像的中國兩者之間的相似處，中國之旅象徵性地（儘管形式零碎地）宣示了中華民國在中國領土層面上的權利。鑑定台灣對於中國所擁有的權力的過程，將中國共產

翻攝自《大陸尋奇》VCD光碟封面。史書美提供。

黨錯置為一個不存在之物（或是在僅有的訊息裡的一個充滿問題的存在），同時凸顯中國景觀和風俗的傳統特質，一片一片地被搜集，拼湊起來。這樣的「中國」成為了文化片段的聚集或是一部百科全書，也成為了旅遊景點的合輯和中國文化的庫房。同一時間，百科知識又轉變為看似容易操控的數據。如果中國作為一個領土被一片一片的旅遊景點組織為中華民國的所有，那麼中國作為商品目錄般的百科全書將更易於管理、存儲及消費。

《大陸尋奇》大部分情節之所以能夠建構起這樣一個不受時間影響的、永恆的中國，實有賴於策略性地運用一系列敘事聲音及鏡頭。

15 Fredric Jameson, *The Geopolitical Aesthetic*, p. 119.

16 這並不意味著節目完全沒有任何當代中國的社會政治制度的資料。當該節目指涉到該制度時，其經常用上一種轉彎抹角的、模稜兩可的方法，而且是為了表達堅決反對中國政府的明確目的。

擔任影片旁白的熊旅揚是一位著名的媒體工作者，她運用輕柔及優雅的女性聲音，使整個敘事充滿著清晰的古典詩意表述。該節目一直堅持充滿異國情調、傳統豔麗以及風土民情的路線。「尋奇」之中的「奇」一字，一般意味著異國情調，與「獵奇」上的「奇」帶有同樣意思。從字面上看，「獵奇」是指狩獵異國情調，而「尋奇」意味著尋找異國情調——兩者帶有一個親密的語義相似度。由四部分組成，題為〈千里西遊〉的特別系列是一個很好的例子。整個系列裡，絲路線上的道路和城鎮，都在中國地圖上被標記著比當代名稱更為古老的舊時名稱。有些人認為，這些少數族裔的村莊「幾百年」來一直保持不變，「他們以傳統的方式生活」，人與景觀均鎖定在一個古老的時間和空間。在其中一集裡，四川的彝族人同樣被描繪為抗拒改變，因為他們「滿足於跟隨他們祖先的平靜的生活方式」，對村外的「現代文明」毫無興趣。

中國各地那發展前的（predeveloped）、永恆的和田園鄉村的描繪，帶有多重啟示。首先，作為歷史驗證的一部分，這種永恆性（timelessness）複製了國民黨版本的中國歷史——一九四九年至目前之間，沒有什麼真正改變過；中國抗拒共產主義帶來的變化，而且這抗拒仍然一直持續著。國民黨對中國的殘餘懷舊，體現於其對中國文化和歷史的想像，這在第三集的敘事中得到證實。這種懷舊的形式已成為較早前國民黨「反攻大陸」意識形態的心理藉口。其次，透過強調拿著相機的旅客兼人類學家（遊客通常穿著西方風格的衣服，帶著西式配備，訪問「本地」服裝打扮的少數民族）的現代特質，中國同時成為一個原始化以及異國化的旅遊景點。把中國建構為一個存在於與台灣不同的時間之中，恰恰是他者化（othering）的一個典型實踐，亦即是約翰內斯・費邊（Johannes Fabian）所指的「異時性論述」（allochronic discourse），其中人類學家的對象被放置在另一個時間之中，而且否認了這些對象的同代性（coevalness）。[17] 相同的「異時性論述」適用於有關中國城市的高度選擇性描述，其科技上的現代性表現被策略性地隱藏起來，取而代之的是凸顯食品、工藝品和草藥——這些物品被放置於商品目錄中，專為那些有高度選擇興趣和需求的旅客準備。

此般通過隱藏而不是揭示當代中國進而否認同代性的做法，是台灣能動力的一個錯誤的投射，很快就被證明是不穩定的。隨著愈來愈多台灣人前往中國，在中國經商和建造工廠，並在中國定居和生活，他們認為需要認真正視當代中國，特別是沿海發達城市如上海和廈門。通過一個常見的異國懷舊（exoticist nostalgia）的運作，而將中國放置在現代性對原始主義（primitivism）的線性、現代化軌道上，這些台灣旅行節目促成了台灣將中國現代性視為一種威脅的論述建構。在這種想像中，中國現代性的發展會威脅到台灣的技術和資本主義的優越感，因為這些是在一個在原始中國（primitivized China）前提下所取得的優勢。當台灣必須面對的不僅是絲路沿線或偏遠地區的「族裔」中國又或農業中國的時候，當台灣面對的是一個社會主義暨資本主義現代化已熾熱發生，並取得巨大成功的中國的時候，台灣現代化的想像必然會受到傷害，最終遭到揭穿。對於中國來說，與其說它是現代化的後來者，倒不如說現代化理論已經在中國占了優勢，中國已經、也一直是全球現代性的一部分。這樣子

17 Johannes Fabian, *Time and the Other: How Anthropology Makes Its Other* (New York: Columbia University Press, 1983), pp. 143-65.

《江山萬里情》攝影棚。震宇傳播公司提供。

的一個中國原始主義（China primitivism）的局限恰恰表現當時台灣對中國缺乏另類的想像力，除了把中國放在現代化發展的軌道之上。

當這些旅遊節目在一九九〇年代初播出時，命名為《江山萬里情》的文化益智節目也同樣大受歡迎。該節目由兩位知名節目主持人主持，每一集節目都會邀請藝人隊和名人隊兩隊參加，以遊戲的方式來進行比賽。節目的布景牆上掛著一幅巨大照亮的中國地圖，兩側是古式建築風格的裝飾性支柱，而兩塊記分板就設計成中國傳統的瓦片屋頂。節目上，「中國」被劃分為不同的知識類別，如歷史、風俗、音樂、地理、典故、趣味、人物、建築、食品等等。當參加者做出類別選擇後，便有相關的類別短片播放，並在片末提出問題。參加者需要以最準確的，又或是以幽默的方式作答。

值得注意的是，這個遊戲節目的參加者並不是因為他們對中國的了解而被選中，而是依據他們的

「明星」地位。他們很快暴露了對中國認識的匱乏，而節目的遊戲方式又不安地令人想起以前課本上有關於中國的所有知識，這些剛剛好是國民黨政府要求適齡學童必須修讀的。台灣人住在台灣，但卻要修讀中國歷史作為其「國族」歷史，以至於台灣史為意識形態教育所取代。這種意識形態教育，要求台灣人忽略台灣，並把國族憧憬投射於中國之上。中國歷史和文化的知識又因此變得非常重要——學生可以在重要的考試，如大學入學試上，藉此獲得好成績。然而在該益智節目的脈絡裡，參加者是否知道正確答案都不重要，因為問題往往都很刁鑽；最重要的反而是讓參加者以一個搞笑的方式作答。一般來說，參加者經常發現自己對中國很無知，但是因為他們提供了有趣的答案，所以加強了節目效果／笑果。總而言之，節目的幽默性取代了昔日有關中國知識的神聖性（sanctity），而且暗示了對中國及其狀況的不了解並不是一件可恥的事。就好像是說，節目趣味弔詭地來自參賽者的孤陋寡聞。這裡的中國又再一次成為一部百科全書，然而有關中國的零碎知識並不像過去是為了宣誓中國歸我所有或是販賣文化懷舊，而是為了間接地暗示，不了解中國其實沒有什麼大不了。

事實上，以遊戲節目來暗示無知作為一種能動力的形式是一把雙刃劍。此處的搖擺介乎於國民黨對中國知識的強加和知識被諷刺地揭穿之間，然而這個揭穿亦顯示了一種文化精神分裂症（cultural schizophrenia）的運作。在對個人的中國認識的誇大考驗裡，一種自虐的回憶機制（masochistic recalling）被強行附加；雖然它產生了深具諷刺的回應效果，但這個考驗恰恰不斷上演了創傷性意識形態的哄騙（traumatic ideological imposition）。參加者在節目上的笑聲和觀眾的笑聲，均充滿了曖昧和不安，因為台灣在一九九〇年代初尚未大力要求從中國身上奪回獨特的身分。這些電視節目擔當了見證人，見證著國民黨意識形態正由以中國為故鄉（China-as-homeland）逐步轉移到以台灣為故鄉（Taiwan-as-homeland）之上，該轉移適當地在神經質的笑聲中，以及隨之而來的如釋重負感覺中凸顯出來。

二十一世紀的「親密敵人」

進入二十一世紀，台灣面對中國的信心規模已顯著地被對方超過。二十一世紀早期，台灣政治和經濟狀況的最諷刺之處，乃在於「認同」作為一個特殊性的形式已變得愈來愈奢侈。如前所述，台灣企業已經從利用中國勞動力來滿足西方市場，轉變成充分參與中國市場的本身，這意味著台灣企業已經在中國發展了一段長時間，而且很多台商已經在中國成為了一種新的台灣移民。台灣人家庭——台灣商人在中國的情婦（參見第三章）——早期的主要問題是，這些商人的短期旅居心態。現在，他們或許已經永久地進入了中國市場，這些台灣商人不是把整個家庭都遷移到中國，就是與當地婦女結婚，衍生了各種專門為這些商人的子女而設計的小學和中學，這情況在上海尤其明顯。一些台商寧願讓自己的孩子到上海本地的學校就讀，以便更充分地融入當地社會。起初，這些「海外同胞」（overseas compatriots）有金錢消費和投資，但希望把賺取的金錢帶回台灣，以支持台灣的家庭；現在，在上海的台商愈來愈像當地人，他們像其他當地人一樣經營生意和過著日常的生活。當「永和豆漿」——一間帶有台灣特色小餐館，以往只在台灣出現——在上海淮海路主要的購物地段乍然出現時，台灣的日常文化已然抵達上海，並與當地的生活融合起來，就像台灣人通過吸收當地文化，試圖本地化自己一樣。

中國的發展創造了經濟機會，導致台商在中國與當地人的經濟和文化融為一體，進而讓媒體不斷再現這些來自台灣的移民，紛紛報導他們在中國的起伏。一方面，這個狀況引起了中國流行和消費文化的「台灣化」（Taiwanization），那些幾乎是直接從台灣移植過來的台灣式商店、餐廳、時裝、流行音樂、電視節目和通俗小說均顯而易見。另一方面，中國愈來愈被看作是振興台灣多年來的經濟衰退以及市場飽和的所在。台灣政府愈是希望減少資本和商業技術流出到中國，飽受經濟衰退蹂躪的台灣企業就愈是希望認真地進入中國市場。商業書籍、遊記（大型書店已經有多達一整個書架的中國旅遊書籍）、中國的各種故事、在香港和其他地方出版的有關中國的雜誌、直接從衛星接收中國主要電視台（後來被禁）、乃至中國電影明星和歌星的廣受歡迎，以上種種都讓台灣人逐漸認識到，中國確實已成為一個「親密的敵人」（intimate enemy），帶給台灣人許多曖昧的情感。親密性之所以產生，是有鑑於經濟的必要性、商業機會和文化的相似性，然而這種親密性卻受到了中國政府長久以來文攻武嚇的限制。

此外，台灣本土主義論述的建構在一九八〇年代非常熱烈，但隨著二十一世紀的即將到來，本土主義論述已然在九〇年代的台灣失去了部分民心。這有兩個原因，其一是中國的威脅（擔心台灣本土主義會導致台灣獨立，這反過來又會導致中國武力犯台），其二是台灣本土主義的排外特性（台灣本土主義的部分起因是基於對國民黨過去的不公義行為的憤恨極端者，有時會展示「台灣本土沙文主義」[Taiwanese nativist chauvinism]），兩者均讓台灣內部不同族群和認同群體之間的認同政治變得更加複雜。在政治方面，如果一個本土主義的新形式對台灣與中國的關係有其必要性，那麼我們需要的無疑是一個新的、多種族和多文化的本土主義。然而，到目前為止，這個新的多文化本土主義都沒有得到有力的表述。知識分子和政治家似乎都對充滿爭議的認同政治感到力不從心。於是，如何定義台灣的文化、政治和經濟的特殊性一事，持續含混不清。或許這與台灣比起大陸更為「現代」、更為「民主」，與更為「先進」等模稜兩可的修辭也有關係。

這些修辭沒有地緣政治的特定性，它們說明了一種認知：為了讓台灣繼續對中國保持優勢，台灣必須更加全球化，而且必須更加融入全球經濟。這裡的弔詭是，中國是一個正在崛起的經濟大國，台灣無法和它的規模以及活力相比擬。雖然台灣的企業和流行文化目前似乎擔當著一個仲介者的角色，然而中國已在全球化的遊戲中迎頭趕上，而且還有可能比台灣走得更快。日本文化在二十世紀早期的殖民地台灣所擔當的角色，提醒了我們關注日本文化是如何在輸出自身的文化產品之餘，仍然能夠為台灣中介西方文化。這樣的中介系統充斥著文化權力的糾葛。許多人已經聲稱，上海將取代香港和東京作為全亞洲的經濟重鎮，而且中國未來對全亞洲及亞洲以外地區的經濟、政治和文化影響，也預期會日益加深。

曖昧性似乎協助台灣維持現狀，但是世上沒有不變的現狀。無論人們努力維持各種不同程度、各式各樣的曖昧，台灣的親密敵人都有可能變好或變壞。雖然許多台灣人不願意與中國如此親近，但最後都利用了這種親密關係來獲得經濟利益。雖然台灣人或許希望把這種敵對和親密狀況看作是一種曖昧的形式，也希望它的部署可以長長久久，但是這種被建構出來的親密性，恰恰合理化中國政府在台灣問題上的苛刻要求。面對中國有力的崛起，台灣二十一世紀未來的發展取決於如何有效說明中國大陸這個親密的敵人在台灣的社會、文化、以及政經想像裡的位置。

華語語系的艱難處境

就與中國的親密關係而言，台灣的情況與南迪（Ashis Nandy）在其著作《親密的敵人》（*The Intimate Enemy*）一書所描述的印度殖民狀況表徵沒有太大的分別。南迪的主要論點在於，對當地人而言，殖民主義已經把「西方」的概念，由地理上的因素轉變成一種心理上的因素。準此，「西方」是「無處不在的，它既存在於西方之內亦在西方之外，它存在於社會結構之中，亦徘徊在思維之內。」[18]因此，對殖民主義照本宣科式的抵抗，便常常成為「對勝利者效忠尊崇的形式」（forms of homage to the victors），他們的反應邏輯乃陷入在以西方為中心的殖民互動性之中。這是因為殖民主義是殖民者和被殖民者兩者的共同文化，而且為了「對抗西方」，被殖民者倍感壓力，還可能讓他們

18 Ashis Nandy, *The Intimate Enemy: Loss and Recovery of Self Under Colonialism* (Delhi: Oxford University Press, 1983), p. xi.

「更加無法擺脫西方」。[19] 蘭迪的解決方案多管齊下：印度人無須注定成為西方的反面命題或對立者；印度文化的獨特性在於其「與文化曖昧共存」的能力，而這種能力可以用來「建構抵抗文化侵略的心理或是形而上的防禦」。[20]

台灣的島嶼文化包含歐洲人、中國人和日本人的多重殖民經驗，是一個多重互動的所在，與南迪所說的殖民和後殖民（postcolonial）印度的狀況相似。如果「中國」文化是今天台灣焦慮的主因，那麼其他的殖民地過去（特別是荷蘭和日本）所產生的文化混雜性，便不知不覺地被壓抑下來。我們可以斷定「中國」是台灣人的一個心理因素，由此看來「日本」這個前殖民者至少——日本在台灣的殖民在半個世紀之前結束，但其影響仍然相當顯著——也必須是同樣的分類。台灣文化的華語語系面相是台灣文化整體性中的一面，而日語語系（Japanophone）文化也亦然，因為一些老一代的台灣人繼續講日語，同時當代城市文化亦明顯受到東京流行的影響。套用南迪「印度並不是非西方；印度就是印度」的說法，[21] 我們可以說，「台灣並不是非中國；台灣就是台灣」，或同樣地，「台灣並不是非日本；台灣就是台灣」。台灣深受西方文化全球性的影響，我們也可以說，「台灣並不是非西方；台灣就是台灣」。

南迪討論印度文化和英國殖民統治，與我們討論台灣跟中國的關係有不同的背景。但是南迪對印度的描述異常貼近台灣的狀況，此事提醒我們今日台灣的後殖民狀況。印度和台灣的主要區別是，英國不再對印度構成軍事威脅，但是中國則繼續對台灣文攻武嚇。印度人可以將西方作為一個心理類別，轉移成自我強化的文化資本，藉此與文化曖昧共存。但是對台灣人而言，要把「中國」轉移向文化資本則相對困難。台灣人還是必須在每一天裡與政治曖昧過活，因為這些曖昧看起來似乎能夠（脆弱地）確保台灣在可預見的未來裡的生存和安全。由此看來，曖昧性的重擔令人難以承受——曖昧性存在的必要性同時破壞了台灣爭取國際公認的主權的努力。台灣的華語語系文化正是這種曖昧性的載體，亦是這種曖昧性發揮的場域。

19 同前註，頁xii、一一二。
20 同前註，頁七三—一〇七。
21 同前註，頁七三。

第五章

國族寓言之後

人們說，野蠻不再存在於我們之中，因為我們正處於文明階段（civilization）的最後部分，而所有的一切都已經被制定，現在才顯示出野心為時已晚。但是，這些哲學家們大概忘記了電影的存在。

——維吉尼亞・吳爾芙（Virginia Woolf），〈電影的力量〉（"Power of Cinema", 1926）

一九九七年七月一日那個盛大且壯觀的交接儀式過後，香港沉澱於一種奇怪的平靜氣氛。在傾盆大雨之下，人民解放軍進入香港，而中國移民作曲家譚盾的交響樂，使香港人都浸泡於公元前五世紀的中國帝國（主義）那莊嚴的音樂鐘聲和現代主義的雜音之中。接下來就是不可或缺的煙花表演。根據陳果《去年煙花特別多》電影中的一名皇家香港警察所指，煙花據說可以「在天空上寫字」。那些假設奇觀（spectacle）是驗證權力的主要方法的理論，似乎在一九九七年七月一日的事件裡，找到了教科書上的例子。

所有對一九九七年的焦慮、精神官能症、恐懼和困擾，理應在一九九七年七月一日那一天起，失去其對象。香港回歸中國的統治，對一些人而言是從一個殖民權力轉移到另一個殖民權力，此事不待贅言。不管是什麼憂慮（例如，從天安門大屠殺之後「出走中國」[escape from China]）的移民狂潮，到許多這些移民「回流」香港），事到如今應該早已煙消雲散。這並不是指香港自政權移交後，一切不變通通照舊，而是指這些憂慮既無用又不切實際，因為香港人什麼也不能做（如同刻板印象指出的，如果真的能做，還有誰會比香港人更腳踏實地？）。「香港文化研究」（Hong Kong Cultural Studies）又或「香港學」（Hongkongology）的熱情與風華早已不再。在全盛時期裡，香港的學者、藝術家和評論家面對步步逼近的一九九七，人人充滿深刻的使命感和失落感，紛紛對香港投注臨別眼波，表達「再見鍾情」（love at last sight）。[1]在香港出生的巴基斯坦裔學者阿巴斯（Ackbar Abbas）抒情但具有諷刺意味的描寫裡，「已然消失」（dis-appearance）的香港文化似乎再次在消失之前翩然現身。[2]若我們可以再次援引蘇珊・史都華的理論，這臨別一瞥恰恰複製了懷舊作為一種沒有對象的、充滿嚮往的心理結構。正因如此懷舊需要在這些歷史學、文化批評、考古學、自我民族誌以及在香港最為顯著的電影形式上，留下歷史的紀念。[3]所懷舊的當下（nostalgia for the present）終究會消逝。果真如此，香港文化研究和交接儀式奇觀的狂熱之後，會出現些什麼？懷舊之後又是什麼？我們如何理論化「之後」（after）？

如果在前九七的香港文化想像裡，我們可以暫時將懷舊的特定結構解釋為對當前殖民時代的懷念以及對未來的恐懼，那麼這種懷舊的消逝便暗示了：在後九七的文化想像裡，不同的時間意識（different temporal consciousness）有其存在必要。對當下的拜物（fetishism for the present）讓最平凡的日常實踐充滿了歷史和象徵意義。對當下的拜物主義來說，如果這當下不再是一個懷舊的場域，我

1「再見鍾情」是阿巴斯（Ackbar Abbas）創造的短語，參見*Hong Kong: Culture and the Politics of Disappearance* (Minneapolis: University of Minnesota Press, 1997)，第一及第二章。

2 同前註。

3 Susan Stewart, *On Longing*。電影作為主要的文化體裁，似乎能捕捉到一些獨特和重要的香港文化，其可以在香港電影的英語學術研究遽增這一點上得到證明。按順序參見：Stephen Teo, *Hong Kong Cinema: The Extra Dimensions* (London: British Film Institute, 1997)；David Bordwell, *Planet Hong Kong: Popular Cinema and the Art of Entertainment* (Cambridge, MA.: Harvard University Press, 2000)；Esther Yau, *At Full Speed: Hong Kong Cinema in a Borderless World* (Minneapolis: University of Minnesota Press, 2001)；Esrher M. K. Cheung and Chu Yiu-Wai ed, *Between Home and World: A Reader in Hong Kong Cinema* (Hong Kong: Oxford University Press, 2004)。

們須用不同的時間邏輯取而代之。這個新的時間需要抗衡懷舊的時間，它最能描述出未來過去式（future-past）的時間性（temporality），以及那個已經到來，而且未來亦會無限期持續的、中國統治的、可預見的、線性的時間。[4]事實上，人們驚訝一九九七年是如何非常地反高潮。一九九七年沒有流血、香港人沒有公開叛亂，中國政府亦沒有明顯的壓制，同時大部分的日常活動也如常進行。自一九九七年以來，香港大多數人都聚精會神於亞洲金融危機以及網路股的上升和下跌，而不是著眼抵抗中國統治，除非中國政府在香港明顯的倒行逆施，例如具爭議性的反顛覆法和提高對媒體的審查等等。究竟香港學的文化熱在一九九七年後的當地知識領域中發生了什麼變化？

我們需要把這個問題擴展到跨地的知識領域上，因為在某種程度而言，所謂的「西方」在前九七的香港學文化熱上扮演重要的角色。由於西方渴望尋找香港的獨特性以對抗中國性，所以西方直接和間接地鼓勵了香港學。藉著這個最後的努力，西方希望堅持冷戰時期的反中國情緒，以及維持這個世界上最後剩下來的西方殖民地之一的殖民地懷舊表述。這就解釋了為什麼在一九九七年前的那些年裡，會有這麼多來自英國殖民地政府的資金支持香港學，從而協助開創一個早前被看作是帶有殖民蔑視的學科。然而，這並不是說在晚期的殖民之前，並沒有本地意識的出現。只是本地意識在殖民主義統治結束的最後幾年，才得到殖民機器（colonial apparatus）的支持。如果香港文化工作者熱衷於保存和記錄香港的獨特性，那麼殖民地政府也同樣渴望（如果不是更渴望）去保存和記錄香港的獨特性。

這種殖民懷舊的機制如何牽涉我們在美國的地位，乃與國族寓言那眾所周知但令人煩惱的問題有關。雖然香港不是一個民族國家，但它隱約期待著帶有國族寓言的敘事，而這種期待正是香港境外的香港學的一個必要部分。這些敘事把香港整體化為文化研究的對象，而一九九七年就是最為根本主要的參考框架。在一些有關香港的學術刊物裡，香港特輯曾經是學術圈裡的流行商品。跟長時間大眾只對香港動作片的關注對照起來，這些學術商品提示了不一樣的邏輯。雖然香港動作片在被同化和同化的層面上愈趨主流，因為成龍、周潤發和李連杰近年來都在好萊塢取得成功，而吳宇森亦在導演上功成名就，但是香港文化研究在學術界特有的限制主流化（limited mainstreaming），卻標誌著一個非常不同的合法性邏輯（logic of legitimation）。這是說香港動作片似乎變得愈來愈「普遍」（universal），[5]但是香港文化研究反而是一個獨特性不斷增生的場域。香港研究要求歷史和文化的特殊性，因此帶有「國族」寓言形式的文學和藝術作品，有更高的能見度。全球多元文化主義的訴求眾所周知。它指示香港一方面要貼近本身的特色，一方面要活用本身的特色。特別是在圍繞一九九七年的政治緊張時刻裡，全球多元文化主義配合香港文化工作者以及英國殖民者，共同尋找真正的「香港性」（Hongkongness）。於是從香港人、英國殖民者和西方學術界而來的種種重疊的懷舊，便同心協

4 尼克・布朗應用了詹明信「未來完成的時態」（future anterior temporality）的概念，來形容香港對未來的恐懼的後殖民心態，這種心態擾亂了現在，其把現在當作為未來的那一刻的過去。參見我在第三章的討論。Nick Browne, Paul G. Pickowicz, Vivian Sobchack and Esther Yau eds, *New Chinese Cinemas*。

5 經常被引用的例子是電影《駭客任務》（*The Matrix*）。該電影把港式武術的連續鏡頭混合到未來主義的科幻驚悚體裁之中。

力製造出所謂的香港性。

我所說的西方學術界的懷舊，跟詹明信國族寓言的見解，也就是詹明信那個口碑載道（又或惡名昭彰），假定「所有第三世界文本都必定是……國族寓言」[6]的論述有關。當中，我注意到詹明信把國族寓言視作為美國已經失去的懷舊產物，而這個懷舊產物卻可以在他所謂的第三世界上找到。詹明信在阿赫默德（Aijaz Ahmad）對他的國族寓言理論做出激烈批判後做出了簡短的回應。他自己承認他的理論是為了指出「某些文學功能以及知識分子的承擔，在當代美國業已消失」；例如文學和知識分子如何可以將個人的故事跟「族群的故事」（tale of the tribe）以及「文化知識分子的政治角色」（political role of the cultural intellectual）合而為一。[7]這些功能和承擔的喪失，提醒了詹明信要到別處去尋找，而這個別處便是想像上的第三世界。詹明信在第三世界找到了相當豐富的，在西方已經消失了的功能和承擔。這是對自我過去（self's past）的一種懷舊的方式。即便詹明信表明了它是對第一世界的批判，但它還是確定了第三世界是過去的化身。這些五花八門的懷舊的共同特性，以及其具有的豐富啟示，構成了一個話語語境（discursive context）。我們因此可以就此分析一九九七年左右的香港電影。如果我們假定寓言在時間和空間徹底斷裂的領域裡，捕捉到不同懷舊的共同特性，那麼我們便需要問，在優待寓言的同時，又失去了什麼？而那容許了繁複並且時而相互矛盾的懷舊欲望出現的寓言，其表面又該如何理解？這個寓言表面如何運作？而它又取代了什麼？

當然，寓言只是意義生產（meaning-producing）的一種形式，同時寓言也不過是多種詮釋學符碼（hermeneutical codes）中的一種，協助我們閱讀文本。我認為，一個聰明的讀者只要他／她願意，那麼他／她便可以把任何文本讀成寓言。一個文本之字面層次的意義和寓意之間的時間差距（temporal gap），提供了解讀工作的場域。到最後，這便與寓言詮釋的政治（誰去詮釋、誰被迫詮釋、誰擁有優勢可以不用詮釋、誰背負詮釋的重擔、誰有詮釋的特權）有關。它是一種價值創造的勞動形式，藉此我們可以看出第一世界理論家的懷舊，並予以建設性的批判。[8]

爭論於是回到寓言形式的內部問題上。當我們專注在寓意而不是字義上的時候，字面的意義便被忽略而逐漸逝去。我們於是要問，寓言化的時刻（moment of allegorization），是否可以令真實的「香港」消失？如果在寓言表層上繁複的懷舊之情剝落之後，只剩下平庸的日常生活，我們該怎麼辨？如果在英國的殖民統治後，後九七香港最先被建構成後殖民（postcoloniality），那麼後殖民從來沒有到來又該如何理解？而繼懷舊、國族寓言和後殖民之後到來的又會是什麼？以下我會嘗試通過細讀一些以「一九九七年」作為主要參考依據的電影，來回答上述的問題。藉此，我期望進一步描述，在香港與中國和中國性的關係夾縫之間，華語語系的矛盾處境。

---

6 Fredric Jameson, “Third World Literature in the Era of Multinational Capital,” *Social Text* 15 (Fall 1986): 65-88.

7 Fredric Jameson, “A Brief Response,” *Social Text* 17 (Fall 1987): 26.

8 這幾段有關國族寓言的文字，摘自Shu-mei Shih, “Global Literature and Technologies of Recognition,” p. 16-30。

寓言時間與城市國家

《香港製造》（一九九七年）是陳果「香港三部曲」的第一部，它是一個相當直接的寓言敘事。在最明顯的背景層面上，這部有關於四個青年人在一九九七年後相繼死去的故事，隱約地呈現了中國接管香港的凶兆。雖然電影上的寓言並不是立即能被識別為國族建構的寓言——因為香港並不是一個擁有自己的軍隊的民族國家，也不一定擁有因為國族想像的共同體（national imagined community）的要求而願意為它而犧牲生命的人們——但是電影內個人和集體敘述之間的一致性，卻表達了近似於國族的憧憬。換句話說，寓言作為一個都市願景（urban vision），正尋找一個想像的共同體。這個共同體在政治憲法上雖然並不是國族的，但它卻展示了類似於一個國家的共同想像的特性。

《香港製造》在苛刻的條件下，於一九九六年秋季進行拍攝：它的拍攝預算只有五十萬港元（相當於大約七萬美元）、只有無償的業餘演員和女演員參演，以及使用了從兩間不同的電影製片廠收集而來的過期而不完整的空白膠卷。然後，電影在一九九七年上映，而該部獨立電影就在一年之內，囊括國內和國際二十九個電影獎項（包括香港電影金像獎和香港電影金紫荊獎的最佳影片和最佳導演獎），而且它可能是當地文化界在香港主權交接儀式過後，那個沒有重要事件發生、而且是驚人地沉靜的一年裡，最廣為人所討論的一部電影。電影由三個不相關的場景展開。第一個場景是十六歲女學生許寶珊從一個高台上躍下死亡。她的身體滲出的血，延伸成樹根狀的線條。這種詭異的根莖（rhizomatic）設計，並不是用來讚揚流動的晚期資本主義世界上的彈性公民（flexible citizen），反之是代表那些深深扎根在當地，從來沒有地方可以逃離的人。[9]

然後鏡頭場景移動到一個身分不明的人用紅色油漆濺污了一戶公寓的牆。一名少女和她的母親住在那公寓裡。這名少女叫作「阿萍」，為末期肝癌所困。下一個場景則切入到一個籃球場上，那裡我們看見了主角——屠中秋（因為屠中秋在中秋節出生，所以以此命名）。他正與朋友打籃球，而他的智障搭檔「阿龍」就在那個時候帶著臉上的傷痕和腫塊，來到屠中秋的身邊。許寶珊、阿萍、中秋和阿龍是電影的四個主角，電影以一個不連續的形式跟蹤著他們的故事。許寶珊的死是另外三個角色之死的預兆，他們一個接一個遇到厄運；或自殺，或患上絕症，或受到幫派的暴力對待。在這之間是中秋和阿萍那令人心痛的戀愛故事、中秋被他的母親拋棄、各種幫派暴力的場景、青少年被成年人控制的社會背叛、以及聯繫到英國和中國的父親（fatherhood）符號。

中秋的父親早前為了一個大陸情婦，放棄了已有的家庭。正如我在第三章所說的，那是中國對香港所產生的威脅的一個典型例子，即中國對香港的威脅已全然滲透到香港最私密的空間，亦即家庭之中。阿萍和中秋都是沒有父親的（阿萍的父親為了逃避沉重的債務而一走了之，而阿萍和她的母親則留下來面對濫用暴力的討債者），另一方面，智障的阿龍之出身則無從稽考。由於被父親遺棄，這些青少年被迫在殖民地末期的香港的危險環境中漂泊。中秋企圖殺死他那拋棄和背叛家庭的父親，但當

9 對於「根莖」（rhizome）的概念，可參見Gilles Deleuze and Félix Guattari, *A Thousand Plateaus: Capitalism and Schizophrenia*, trans. Brian Massumi (Minneapolis: University of Minnesota Press, 1987), ch. 1, pp. 3-26。

他目睹一個與他境況極為相似的年輕男生，用屠夫的刀子在一個公共廁所砍斷了該男生的父親手臂之後，便因太過震驚而失去了殺死父親的念頭。最後，取而代之的是中秋射殺了父親形象的代理人，即出賣了中秋和阿龍的幫派「大佬」——榮少。中秋揭穿了榮少的虛假承諾：「你說，現在的世界由年青人主宰，那麼我就主宰給你看！」然後子彈便從中秋手中的手槍射出。誰是新的父親？誰將承擔現在再次騰空的角色？電影在一個以香港遠景為畫面以及人民廣播電台的廣播旁白之下結束：

世界是你們（年青人）的，也是我們（大人）的。但是歸根結底也是你們的。你們年青人朝氣蓬勃，正在興旺時期，好像早上八九點的太陽。希望寄託在你們身上。你現在收聽的是「香港人民廣播電台」。以上播放的是毛澤東同志對年青代表的談話。現在讓我們用普通話來學習。[10]

影片揭露了由英國、穿梭於中國和香港之間的黑社會流氓、通過電台廣播再現的中國的毛話語所共同建構的修辭，即像父親般保護青年人的修辭和那個被遺棄和受破壞的現實之間的差距。中秋在其中一次反思的內心獨白中說道：「每個人都有一個故事，不止我有，阿龍、阿萍、阿珊，甚至在廁所裡砍爸爸的學生都有。有時我覺得大人一有事就躲藏起來或出走，真是沒用。我真的想挖他們的心出來，看看究竟是什麼顏色。說不定連屎都不如。」

影片的象徵主義把香港視為青少年，而殖民權力則視為父親，相當有力地比喻香港人為年輕一代，注定要經歷一個暴力的成長儀式。甚至可以說那些不法的幫派成員，只不過是複製了那些所謂

「合法」的父親對年輕人的謊言。所有生理上的、代理上的、以及象徵意義上的父親也全都活在同樣的謊言之中。[11]這些年輕人都在愛情（中秋和阿萍）、友誼（中秋和阿龍）、英雄主義的行為（很酷的行為）和極度剛陽的特質（supermasculinity）——揮舞著槍、刀和螺絲刀——中尋找父親那邊找不到的意義。最後剩下來唯一可以做的就只有內爆（implode），這是因為他們破壞的權力局限於自我摧毀（self-destruction）的範圍裡。在暴力的父親世界裡愛情和友誼太過脆弱，而英雄主義和極度剛陽的特質則加速了他們的死亡。中秋站在公共房屋之樓頂上，說了自己對自殺的看法：「真沒想到，我中秋也有這樣一天。我開始明白，阿珊為什麼會這樣做。當你走投無路的時候，你就會選這條路。跳下去真的一點都不可怕，死……原來是不需要勇氣的。講就容易，但要你做起來就真的很難。」透過這個自白，中秋強調許寶珊因為單戀她的體育老師而跳樓自殺的勇氣。最後他沒有跳樓而以另一個方式結束自己的生命：他坐在死於癌症阿萍的墳墓旁，對著自己的頭顱開槍。

被父親遺棄的痛苦，終在死亡之下結束。中秋的死可以令他不再受到折磨。相反的，被父權的遏抑也在死亡之下終結。中秋無須再被英國、黑社會流氓又或中國工具化（instrumentalized）。死亡勾銷了遺棄和遏抑，因此超出了連續的殖民主義（successive colonialism）的典範性時間。更確切地

10 陳果，《香港製造》（一九九七）。

11 需要注意的是，該電影與香港早期的黑幫電影頗為悖離。香港早期的黑幫電影裡，黑幫成員往往在殖民統治和中國內地的統治者之虛偽上，提出了另一種道德觀和英雄主義，如吳宇森的《英雄本色》系列。

說，死亡闡述了另一種時間性。這個時間性並不是象徵性地固定了過去或未來。同時，它也不將現在當成過去和未來的連接。

這個時間性不為英國或中國所定義的歷史左右，得以在電影的視覺結構中調整。電影在過去、現在和未來的各個點之間流暢地移動，沒有時間標記或解釋。例如，電影雖然由許寶珊的自殺開展，但是情節的次序就在各個不同的倒敘中變得錯綜複雜，許寶珊甚至在中秋的夢境中騷擾他。這些如夢似幻的排序，讓我們看到許寶珊跳樓前後的不同時間點。許寶珊的影像片段不斷重複，成了即將來臨的自殺的一種敘事預告，象徵性地增加了事件的重要性。電影對時間性的操控如同左右徘徊於電影人物之間的幽靈，在朋友之間徘徊的許寶珊。我認為這恰恰顯示了電影連接了不同的時間概念。中秋說：「但世事實在變得太快了。當你還來不及改變時，這個世界已經完全不同了。」換言之，直線性的追趕根本無濟於事。

在電影裡，這種非歷史的時間體現在一個淒美的場景上，當時中秋受到幫會指派執行一項謀殺任務，以幫助阿萍還清父親的債務。在這個謀殺任務裡，中秋理應在太平山上殺死兩個中國男子。在這裡，你會看見中國人明顯的被他者化（othering），成為香港未來的占領者。他們可以從英國殖民主義的殖民地理（colonial geography）所提供的優越位置上，享受鳥瞰香港的樂趣。太平山頂是英國殖民統治的制高點（high ground），它現在象徵性地被中國人所擁有。在這個連續鏡頭中，時間毫不費力地穿梭在歷史的時間和想像的時間之間。鏡頭當中亦混雜了中秋圓滿完成任務的假想。這個假想與現實裡中秋謀殺失敗沒有明顯關聯。在開槍（或沒有開槍）之前、之後和之間所呈現的，是沒有依照時間前後排列的倒敘之中的倒敘，又或者是預示之中的預示。如果被當作謀殺目標的那兩個中年中國男子象徵了即將到來的未來——其中一人對另一人說，一九九七年後他應該到香港的城市中心開拓業務——那麼中秋在假想中殺死了他們，則代表了斷然拒絕了中國未來的幻想。伴隨著這一幕的是吳宇森風格的音樂和黑幫英雄的動作。然而具諷刺意味的是，攝影機下的中秋所穿的不是風衣，而是時髦的紅色帆布鞋、牛仔褲、太陽眼鏡，並聽著隨身聽音樂。在假想的電影鏡頭中，中秋像一個黑幫英雄般炫耀著他的手槍，雄姿英發。他充滿自信，從容不迫地完成了對抗中國人的入侵。但是，實際的敘事卻恰恰相反：他用槍指向兩個中國人，但未能開槍。中秋的猶豫不決給了兩名中國男子逃生的機會，隨後中秋驚惶失措地沿著太平山的纜車車軌逃跑。

顯然，這部影片並不是一九九七年前主導香港電影市場的懷舊電影之一。當時的後期殖民地香港的種種——香港公共房屋計畫的現實環境和飄盪的青年——都不足以成為浪漫嚮往和情感歸屬的源頭。相反地，這部影片建構一個俱有替代性質的私人和非線性時間，來否定懷舊模式（過去和即將失去的當下讓人不捨）和歷史模式（未來無法避免），並且最終拒絕了被授權的或具權威性的時間性的定義。

如果這部影片可以被稱為一個寓言，那麼它的寓意的主題是時間本身。影片否定了受到殖民統治所影響的懷舊的時間性，以及歷史的中國時間性（「未來屬於中國」），並且藉由另一種超越、逃逸規範性語言定義的時間性，來取代上述的時間性。通過這種時間性，香港文化認同的曖昧感便呈現在雙重拒絕的形式中：拒絕殖民地懷舊的時間性，以及拒絕被中國接管的時間性。這就是所謂的「香港製造」。電影中的時間最容易為創意地塑造，因此電影是建設不同時間性的最佳舞台。在電影中的國族寓言裡，我們可以讀出一個結論：英國和中國強行推銷殖民主義和國族主義敘事，然而陳果在敘事中操控時間，將城市的諸多意義從英國和中國的手中挪用、查封、並奪取出來。換句話說，這裡的寓言可以被看作是一個游擊戰術、一個顛覆行為，亦是一個最終的挑釁姿態。

這部電影在一九九八年被選為香港電影金像獎和香港電影金紫荊獎的最佳影片，並且囊括了歐洲和亞洲各種電影獎項，並不是因為歷史的偶然。即使在這部影片製作之前，影片中的國族寓言啟示是可以預測到的：在沒有任何反抗之下，香港回歸中國一事，即便不是徹徹底底的被動，也是不清不白的。來自不同國界的觀眾，需要來自一九九七年香港的國族寓言。這個國族寓言為電影的廣大好評做出貢獻。然而，我上文中分析的電影片段還有另一個解讀的可能。槍殺事件事實上是一則商業交易、一件謀殺案和一件契約謀殺，它為中秋提供了擺脫阿萍家庭債務的救急資金，而不是挾著民族主義情緒的一個象徵性的、反殖民主義的行為。如果我們把槍殺解讀為反殖民主義的行為，那麼槍殺的失敗便帶出了更具諷刺意味的效果，一方面表明了反對殖民主義的行為終究功虧一簣或毫無可能，另一方面表明了反殖民主義行為的商品化本質（commodified nature）。到頭來，電影的連續鏡頭未必是國族寓言；更確切地說，它挫敗觀眾對國族寓言的欲望，從而暴露出寓言式解讀乃一種詮釋性的勞動。這個勞動與詮釋者在非西方文化產品的賞識制度裡所帶有的獨特癖好與發言位置息息相關，電影片段難以言喻繁複跳躍的時間，褫奪了懷舊的權威性，因為懷舊的「未來的過去」的時間性只存在於線性時間的規範裡。這裡我再次引述蘇珊·史都華所言，國族寓言的懷舊欲望在在是一個「沒有對象的嚮往」，因此作為懷舊的紀念品的「香港」並不存在，「香港」也不能簡化成一個來自過去的紀念品。

寓意與平凡

陳果「香港三部曲」的第二部是《去年煙花特別多》（一九九八），它是另一部明顯帶有寓言和政治性的電影。電影的敘事由一九九七年三月開始，於一九九七年七月政權移交儀式之後結束。電影通過英國對香港的殖民統治即將結束，香港軍事服務團（Hong Kong Military Service Corps）解散之後，五個前英國華人士兵的生活，去展開具體時段上的雙重抗拒的討論。一方面，英國殖民政府對這些退役軍人的工作培訓、就業和住屋的承諾，統統變成了空話，而這些退役軍人則在街上做散工、當銀行護衛、地鐵助理又或出售軍用物資，靠著上述工作的微薄收入，掙扎求存。另一方面，電影內的幾個場景亦表述了對中國的抗拒，其中一個場景是在迪斯科舞廳裡，一個看似是中國大陸男播音員以麥克風對在場人士大聲叫道：「生活在水深火熱之中的英國香港人民，you will be entering a brand new era！」這種對香港建構中國國族主義敘事的援助修辭，必然是不妥當的，然而這樣的不妥當卻在一個不恰當的迪斯科派對場合上變得更加嚴重。一九九七年政權移交後，這些退役軍人和影片中的其他工人階級的生活狀況沒有得到改善，此事也反映了援助修辭的虛偽。援助和承諾只是中國遏抑政策的說詞，實際上中國對這些退役軍人不聞不問。

電影沿著五個退役軍人展開，而五個角色裡尤其以「家賢」一角最為重要，家賢的道德和正義感不斷受到一九九七年政權移交後，香港社會之改變的威脅。家賢有一個弟弟，名為「家璇」，家璇是一個年輕而又殺人不眨眼的黑幫成員。家璇由李燦森所飾演，李燦森同時飾演了《香港製造》中的「中秋」一角。家賢在電影中是一個失業的退役軍人，他的父母不斷奚落他，又將他與年輕的黑幫兄弟家璇做比較，只因為家璇的收入幫助了一家人支付貸款以及其他家庭開支。家賢試圖堅持住他的道德感，但其道德感卻深深受到變化的困擾：「當我們還年幼時，父母就教我們做人最重要是腳踏實地。現在就教我們不要太忠直，最重要是賺到錢。原來不僅香港正在變化，就連最親近的人也在變化。」那是一個深沉的失望（demoralization）的感覺，好像香港人快速進入了不道德的區域，甚至守法的退伍軍人也被黑幫活動所吸引，最後甚至策畫打劫銀行。家賢在這個不道德的新世界裡，極度困惑；他一方面羨慕他的弟弟，但另一方面認為應該拯救其胞弟不再從事不道德的行為。

打劫銀行是一個重要的場景。當中，當銀行護衛的退伍軍人兄弟Bobby充當內部聯絡，另外四個退役軍人和家璇則認真地計畫搶劫，其中甚至包括了在軍事訓練營內進行複習課程。之後，他們在預定的時間抵達銀行，卻看見另一群劫匪帶著贓物離開銀行。這些劫匪各個年輕，他們比那些退役軍人們更快到達。他們有真正的槍，而不是假的槍，他們殺人亦毫不手軟。相較之下，退役軍人們在時間上、甚至在作為一個有效率和有實力的銀行劫匪上，都顯得非常落伍。相對於在《香港製造》裡，青年與成年人是各據一隅相互對立。《去年煙花特別多》裡則特別是那些最公正守法的成年人（例如退役軍人和家賢的父母）跌入了無法無天的世界之中。其中，他們根本無法與青年匪徒相對抗。影片描繪了政權移交前那帶有世紀末（fin-de-siècle）的滅亡感覺的時間。政權移交儀式當天，在雨水和煙花之中，暴力的潛在傾向到處蔓延。在影片的結尾，家璇和兩名退役軍人死了。家賢則精神崩潰，將一個青年黑社會成員誤認為他的弟弟，折磨和射擊他。一顆子彈穿透了該青年的臉頰，而該青年的同夥則對家賢開槍反擊。青年那被子彈洞穿了的臉頰事實上是個伏筆，出現在電影開始之連續鏡頭裡。一九九七年在他身體上留開了一個大洞，這道疤痕非常明顯，沒有辦法不被注意。

陳果在這部電影裡非常認真地提供了國族寓言的解讀，映照出加諸在個人生活上暴力行為，以及更大而又潛在的中國入侵的暴力。這個解讀充分意識到各種指向一九九七年的參照，在電影再現的層面上是非常重要的。然而陳果卻也在同時解構了這樣的解讀。電影一開始令人印象深刻的地鐵場景裡，年輕男孩被子彈洞穿了的臉頰上的孔洞就猶如單筒或雙筒望遠鏡，藉此一個好奇的孩子得以觀看事物。一道暴力的印記竟然可以平凡無奇至此。蒙太奇的運用下，這個孔洞與地鐵隧道的洞並列，一股諷刺感覺油然而生。如果這個孔洞是一個創傷，那麼這個創傷亦似乎被一種平凡而毫不稀奇的感覺所克服；這個孩子通過孔洞的視線位置，觀看那個正在往後消失的景物。當家賢從槍傷中恢復過來後，他成為了一個工人，而他亦似乎樂於過平凡的生活。當一位在一九九七年香港最痛苦的日子離開，而剛剛返回香港的舊相識走近家賢時，家賢說道不認識她。電影最終沒有透露這是真正的失憶還是假裝。但是當那名舊相識離開後，他臉上慢慢出現笑容。準此，電影似乎暗示了家賢選擇了不去聯想過去，反之他著眼於目前平淡無奇的日常生活。這彷彿像是青年黑社會成員臉頰上那異常的孔洞。雖然喚起了小孩子的好奇心，但這孔洞最終只不過是一個毫不稀奇的細節。簡而言之，他拒絕了懷舊。

電影鏡頭亦捕捉了中國人民解放軍於一九九七年七月一日的進駐過程。這個連續鏡頭也是阻礙了電影的國族寓言解讀的，另一個有說服力的例子。香港警方高度關注香港人或許會在解放軍進入香港時做出激烈的反應，於是成立了一個密集的監控和安全系統，以遏制潛在的暴力和衝突。陳果近距離捕捉了這些警察的高度緊張狀態，他們深信香港即將有所動亂。在一個緊張的時刻裡，一個警察注意到一個穿著簡樸的旁觀者，他攜帶著一個看起來是炸彈的物件。大批警察立即搶去該物件，試圖在安全區域裡引爆炸彈。然而，炸彈扔出去之後，卻沒有爆炸。我們所看到的只是一個被砸爛的西瓜：炸彈竟然是一個西瓜。在這個最具諷刺意味的點上，我們看見了被誇張的暴力預感，它把平凡和司空見慣的事過度解讀（overreads）並泛政治化。將解放軍進入香港一事過度穿鑿成國族寓言，其實是一種懷舊欲望的投射。這個懷舊的欲望可以來自學者、知識分子、或香港、英國的政治家、美國學術界和其他不同的地方。對香港普通百姓而言，中國人民解放軍進入香港只不過是另一個事件，不至於阻擋旁觀者帶西瓜回家。

撇開摩尼教式的黑白分明的對立政治（Manichean mode of politics），電影對英國和中國的抗拒並沒有導致一個被動邏輯的出現，即在權力鬥爭的二元結構下束縛住香港人。抗拒英國並不是意味著與英國進行暴力的戰鬥；同理，抗拒中國亦並不是意味著與中國進行暴力的鬥爭。因此，抗拒英國和中國亦是拒絕在行動（action）和反應（reaction）的二元結構下被糾纏（imbricated）。這種非反應式（nonreactive）的想像力，從而也拒絕了第一世界理論家心中所傾向的國族寓言的詮釋衝動。所謂的詮釋衝動意即香港的文本「必然」是「國族寓言」，而這個國族寓言又必定牽涉到集體和個人層面上的一九九七年的暴力。

另一幕重要的電影場景深入地描述了面對中國和中國性的非反應式模式。在電影的中段，家璇、家賢和他的同伴們坐在一輛電車的上層。他們看到兩個很像「大陸佬」的乘客。在資本主義或現代主義優越性的典型敘事下，他們推斷這些老土必定是從中國來的。當家賢正想騷擾他們的時候，兩名乘客便開始以道地的廣東話談論股市。這個對中國人他者的判斷是誤判，因為並沒有非我族類的他者在此。這個誤判為接下來的劇情埋下伏筆。家璇剛剛從便利商店偷了太陽眼鏡，要給幾位他的退役軍人朋友。每一個退役軍人都把仍掛有價格標籤的太陽眼鏡戴上。這些退役軍人的打扮理所當然地不合潮流，加上他們害羞地展示出太陽眼鏡，以至於一群穿校服的跋扈女學生將他們誤認為是大陸人。家璇非常憤怒地站起來，但是他並不是為了證明他是一個香港人，所以不應該被充滿偏見地對待。相反地，他說起普通話，並要求一個女生以普通話作回應。當她沒法以普通話回應時，他便抓起那個女生的手臂，將她從電車的上層甲板窗口拋了出去。其他的女學生不但沒有生氣，反而開始拍手，認為他真的很酷，甚至向他索取簽名。在這裡，對中國大陸人的過度敏感，正如其他場景一樣，都被幽默（儘管是讓人震驚的極度性別化的幽默）所取代，一如家璇具有諷刺意味地扮演「大陸性」或曰中國性。這樣的扮演減低了對中國的嚴重偏見，同時這樣的扮演也以反諷手法開放了香港人成為一個「中國人」的可能性。這些都是日常生活存在的平凡面向，其中（反）英雄主義就是一個表演行為，可以超越真實或虛假的爭議。在上述兩個實例中，本地人身處偏執（對中國統治的恐懼）和偏見（對落後中國的厭惡）的整體氛圍下，經常被其他本地人誤以為是中國大陸人。

這就是我所指的，陳果電影中的平凡的政治（politics of the mundane）。這個平凡的政治擺脫了香港與中國和中國性的關係上的二元和摩尼教式的對立邏輯。同時也結束了一股懷舊之情。香港連續殖民主義大論述（走了英國來了中國）裡支配和反抗的二元對立邏輯正是這股懷舊的起源。於此，中國性無須斷然排除在外，中國性反倒有了反諷的新包裝。這個反諷解消了退役軍人和家璇的生活故事的高度緊張，也減低了其悲慘性，同時更提供了一個輕鬆幽默的慰藉形式，擾亂了詮釋者的寓言衝動。於是陳果的電影便上演了一齣雙簧（double-voiced act）：一方面通過一個自我的商品化行為（act of self-commodification）（陳果充分地認識到政治電影在藝術家市場上的價值）積極贊同和允許了國族寓言的解讀，另一方面諷刺地認同了日常生活上的平凡細節和實踐。他對第一世界理論家的國族寓言解讀，做出了反諷的回應。這個反諷同時以一種惡作劇且極具創意的策略反駁了這些理論家。正因全球觀眾極其渴望地將一九九七年視為創傷，影片策略性地順從了這樣一個國族寓言解讀，提供了一個量身定做的範例。與此同時，那個潛伏的、平凡的一九九七年敘述，則從旁削弱了這個渴望。這正是巴赫汀（Mikhail Bakhtin）長久以來令人信服的複音理論。對於詹明信而言，陳果並不是另一個阿赫默德。阿赫默德仔細地批判了詹明信的理論，並揭露出其理論背後的整體性（totalistic）和簡化（reductionist）邏輯。[12]相較於阿赫默德對詹明信的強烈攻擊，陳果的批判顯得輕柔。陳果採取的角度沒有當紅的國族、反殖民、後殖民論述的基礎，儘管如此他的批評自有其力道，重寫了常見的國族寓言敘事。這個重寫帶著諷刺意味的嘻笑，向理論家做出了反擊。這個重寫雖然認識到國族寓言可以作為香港電影的有利條件，但在同一時間亦以諷刺的雙聲特質，揭露了國族寓言的局限性。這個重寫透過自我反涉（self-reflexivity）的歡呼，假裝服從國族寓言、認識到國族寓言的權力，但最終卻以嘲諷的扭曲對其做出回應。

「香港三部曲」的最後一部，於一九九七年的兩年後推出，名為《細路祥》（一九九九）。陳果把他的關注延伸到香港兒童和工人階級的日常生活。三部影片呈現了部分工人階級、青少年、中年退役軍人、被忽視的兒童和老人等等不同代人的生活。這四個人口群組的觀點及看法不常有人討論，即使有，殖民和後殖民的論述依舊是香港大論述的主要部分。透過攝影機以在學兒童眼睛的高度進行拍攝，「祥仔」[13]提供了觀看世界的不同觀點。對這些兒童來說，日常生活很少包括有關英國或中國的後殖民討論。

相反地，影片敘事的重點之一在於關注香港的菲律賓女傭和那些與她的苦況相似的人。他們都是香港社會的新成員，他們可能在很多方面受到雇主的虐待，然而在某些時候，他們又會成為破碎和疏離家庭背後的支撐力量。在電影的結尾，當香港的工人階級社群在暴力浪潮下互相撕裂，菲律賓人則聚集在一個大廣場進行宗教慶祝活動，表示了後者是一個強大的集體，亦是一個另類的共同體，可以在香港人的階級壓迫下團結依舊。

除此以外，對工人階層兒童而言（如祥仔這些在感情和物質上都受到剝奪，且在街頭被黑幫玩弄

---

12 Aijaz Ahmad, "Jameson's Rhetoric of Otherness and the 'National Allegory'," in *In Theory: Classes, Nations, Literatures* (London: Verso, 1992), pp. 95-122.

13 譯註：《細路祥》一片的主要角色。

的人），他們有的只有互相安慰以及一些別出心裁的事物。在影片中有幾個鏡頭描述了海港的平靜。兒童可以騎單車到海港，也可以在那裡一起喘口氣。幾個鏡頭描述了頑皮的祥仔，偷偷地把一個染經血的棉球放到一個黑幫的茶杯裡以報復他們。

香港島和它的天際線可能被注入了大量的象徵意義，學者們不得不趕緊進行分析。但對於孩子們而言，香港島和它的天際線只是一個美麗的背景，與他們的生活似乎沒有連接或相交的地方。電影的大部分內容都是在狹窄的小巷裡，以一個低的角度拍攝；鏡頭從不捕捉天際線。如果天際線記錄了香港的歷史以及殖民主義和後殖民主義的競爭，那麼狹窄的小巷就是平凡生活發生的地方。這些平凡的生活均擺脫或超越了國族、國族寓言和後殖民性的大論述。

重塑香港性

在本章的剩餘部分，我會談及其他文化類型之作品如何處理類似問題。我會集中探討一本有關設計和時裝的書籍，以及一個考古展覽（archeological exhibition）：在這兩個領域裡，香港性（Hongkongness）有了時尚的確實塑造，而真正香港人的起源，亦有了考古方面的追尋。

顧名思義，Yuk-yuen Lan的《中國性的實踐》（*The Practice of Chineseness*）一書講授了在香港的香港人如何實踐中國性。這本書充斥著視覺圖像，以及設計和香港流行文化符號系統的學術分析。Yuk-yuen Lan在書裡提出了「新中國性」（nouveau Chineseness）的概念。新中國性推翻了古典主義

（classicism）與本真（authenticity），並支持了假想、反諷、拼貼、融合與調皮的懷舊。準此，中國性可以「在歷史的範疇內，積極和無負擔地」運用。[14] Yuk-yuen Lan透過對「上海灘」商店和其產品做詳細的案例研究，分析了這種新中國性，而當中的中國性是對傳統的一種模仿和修飾，如旗袍都被染上非正統和濃豔的黃色、綠色和橙色。相反，從旗袍、商店裝飾和其他種種小玩意，都在不真實和潮流的中國性下，成為了香港身分的具體化物質，這些消費導向的中國性，就像微型的索尼隨身聽，應用了「小就是美麗」的日本文化美學原則，從而體現出日本文化身分。[15] 就此看來，香港的文化認同包含了一種可消費的、自由流動的、去歷史的和去脈絡的符號的中國性，能被香港諷刺地重新塑造。

Yuk-yuen Lan也提到了香港歷史博物館以及區域市政局文化博物館等展覽館，在香港歷史、考古和文化的博物館藏化（museumization）的方面，對尋找香港文化身分所做出的努力。在這些博物館中，香港成為研究、展覽，和民族誌（ethnography）的主體。它們都是為了探索香港的本真性，因此這些研究與一九九七年的「香港學」非常相似。我認為正是這種傾向，使香港學（追尋香港版本的本真性）自動成為抵抗中國統治的所在。一個被命名為「盧亭」的為期三年的藝術裝置項目恰恰對這個狀況做出了敏銳的批評。如果中國性的本真性可以被拆解，那為什麼香港性的本真性就不可以？

---

14 Yuk-yuen Lan, *The Practice of Chineseness* (Hong Kong : CyDot Communications Management & Technology Ltd, 1999), p. 34.

15 同前註，頁六〇—六五。

一系列的「盧亭」裝置藝術品連續在一九九七、一九九八和一九九九年三年中展出。其首展覽是「九七博物館：歷史、社群、個人」聯展的一部分，於一九九七年六月二十三日至七月十二日在香港藝術中心舉辦，時間上涵蓋了七月一日香港正式「回歸」中國的重要日子。「盧亭」展覽屬於該聯展項目的「史前香港博物館」（Prehistoric Hong Kong Museum）的部分。而盧亭的起源故事，一如展覽場刊的文章所示[16]：

盤古初開，南方有魚曰盧長於咸淡水間，活躍大溪山（今大嶼山）一帶。後來盧魚汲納天地精華，漸得人身。盧魚遂招南方赤龍王所妒，下毒咒，使其回復魚狀，惟赤龍王法力不隸，盧只有半身成魚，遂成半人半魚怪物。毒咒更使盧所居地，住上三日即成焦土，所居海域亦魚蝦盡失，盧遂居沿海不停流徙，顛沛流離數千年。六朝期間，奇僧杯渡禪師經孟津沿長江南下，復乘巨杯抵屯門，禪師憐盧身世，遂於四世紀的前半期，為其解咒，設石陣廣布今港九大嶼山一帶，於急水門（今汲水門）製大石碑，左右以石橋相托，由兩巨盧魚守護。禪師石陣解咒果成效，盧亦復人身，禪師回天竺前警告盧必須安份，毋離所居海域，一百年內切忌北上。在眾多歷史記載上，古人均稱盧為「盧亭」。在公元四〇〇年，即東晉末年，朝廷敗壞，禍及盧亭人，盧亭人盧循聚眾造反，勢如破竹，勝利之餘將杯渡警告置之腦後，乘勝追擊直上廣州。惟盧離所居地無靈石解咒，回復半魚身，兵敗如山倒。盧循被殺，餘眾逃回大溪山一帶已未能回復人身，生活在極端貧困中。而那些倖存下來的盧亭則與蜑家人通婚，漸得人形。

公元一一九七年，宋兵屠殺大溪山蜑民，企圖接管產鹽行業，盧亭和大部分蜑民幾被殺絕。然而，仍有少部分盧亭至今仍存，而今天的漁民還可以在香港附近的偏遠島嶼碰到他們。[17]

這個展覽的主要圖像乃是台灣藝術家侯俊明以木刻版畫創作的盧亭以及附加其上的文言文題詞：

西元一九九七年。白雲蒼狗。人心惶惶。有港人懼玖柒將居。恐不能再暢所欲言。乃以膠布封咀。自縛手腳。遊街滋事。時人以其將激怒玖柒。惹來更大禍害。合力將之推落海域。不死。腐身化作盧亭。在島嶼周遭徘徊不去。啼泣如嬰。

展覽的假設是：由於香港人是盧亭的後裔，所以他們至今都被中國漢人所排斥。為了使這一點更為明確，這個說法還不只假設了香港人和中國漢人之間存在族群上的差異（ethnic difference），而且更有物種上的分歧（divergence in species）。在第二個展覽裡，盧亭的敘事變得更為複雜，而且得到學術界更大的關注。而在第二個展覽中，對於第一次展覽的捏造性的指控給予了回應。在第三個展覽裡，

16　譯註：引文為求與英文原文的意思更為貼近，故此在文字上略作刪減及修飾。

17　香港藝術中心，《九七博物館：歷史、社群、個人》，展覽場刊，香港藝術中心，一九九七年六月二十三日至七月十二日。

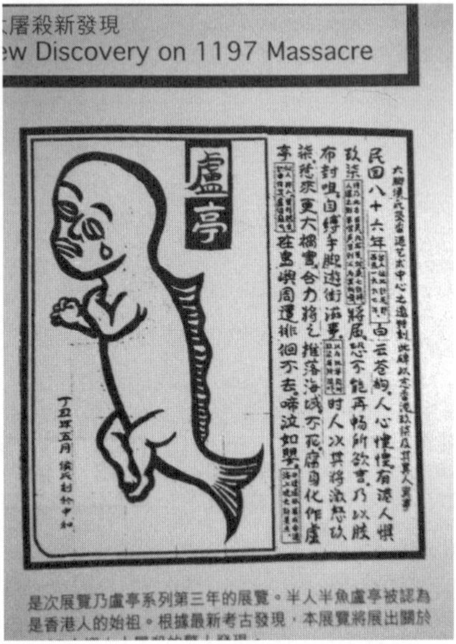
屠殺新發現
ew Discovery on 1197 Massacre
盧亭
是次展覽乃盧亭系列第三年的展覽。半人半魚盧亭被認為
是香港人的始祖。根據最新考古發現，本展覽將展出關於

侯俊明以木刻版畫繪製盧亭，發表於1997年香港藝術中心的「香港三世書・九七博物館」展覽上。史書美翻攝、提供。

考古被視為具有展演性質（performative）：人們可以看到文物考古工作和文物的博物館藏化的所有程序及機制。同時展覽也包含了假想的考古學權威人士、目擊者的電視訪談，也展示了考古發掘的照片、發掘出的文物、盧亭在歷史上各個時期的圖案和描述，甚至還展出了一個真人大小的盧亭模型，以上種種皆透過場面調度（mise-en-scène）演示出香港性。那具真人大小的模型，諷刺地呼應了比利時超現實主義者芮內・馬格麗特（René Magritte）繪畫的油畫中（特別是一九三四年那題為《集體創造》[*The Collective Invention*]的油畫）那個顛倒的美人魚圖像（上半身是魚，而下半身是人）。但是香港藝術家所集體發明的盧亭究竟是什麼呢？在展覽裡，一張海報宣布了市民可以在旅遊局主辦的香港一日遊行程中看到盧亭。這個情況就如在美國西北太平洋地區觀看鯨魚一樣的，諷刺的強度不言而喻。

芮內・馬格麗特（René Magritte）的《集體創造》（*The Collective Invention*, 1934, 35×113cm）。C. Herscovici, Brussels/Artists Rights Society, New York授權重製，史書美翻攝、提供。

這些展覽具有多方面的含義，而這些含義的本身就需要在它們各自的展示時刻上接受歷史化。在第一個展覽裡，我們可看到一個渴望尋找史前的香港性的嘗試，從而導致了展覽的主要策畫人（即何慶基）的虛構和神話創作的極端案例。這裡的敘事可以解讀成向中國政府的民族主義敘事做出挑釁。在中國敘述裡，香港的歷史僅僅是從一八四二年，即鴉片戰爭結束後開始。該展覽的虛構性嘲笑了中國敘事的高度嚴肅認真（seriousness），而且也暴露了後者以中國為中心的史學。而第二個展覽就在回歸一週年（一九九八年六月二十日至七月十四日）舉行，其明顯的政治姿態，表明了中國大陸仍然是其批判展演的目標。然而，第三個展覽並沒有在之後的

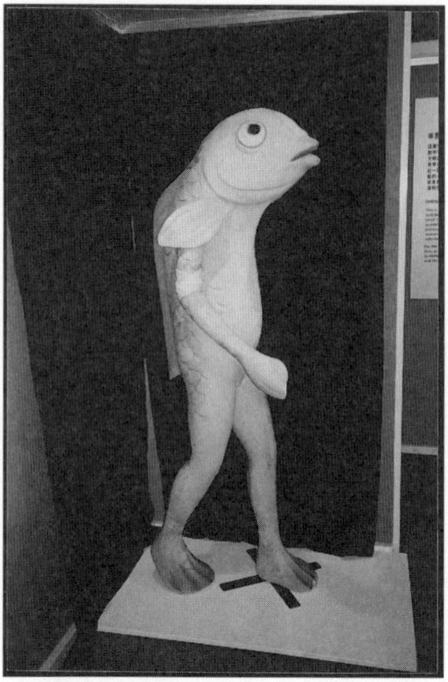

圖5.3
人體比例的盧亭。史書美攝影。

回歸週年上舉行，而是選擇了從一九九九年八月下旬至九月中旬舉行。這個展覽舉辦的日期選擇似乎很明顯，即展覽的目標可能不是中國性，而是香港性。在後九七對建構和維護香港文化認同議題的反思脈絡下，一九九九年的盧亭展覽亦似乎投入到這種自我反省的趨勢之中。盧亭的最後一次展覽，顯然是一種自我嘲諷，它把樂趣放置於找尋與中國具有絕對差異的真實起源之上。它暗示了上述真實的香港文化認同的本體論，只是虛假或偽造的。對中國性開始做出反思，便成為了一種自我反省和帶有諷刺意味的自我評註（self-commentary）。

而由一位匿名的獨立藝術家所創作的「漫畫偽術」（Fake Art of Comics）系列，則進一步強化了這種自我諷刺，暗示了一九九七之前香港的文化認同論述，是一種自我宣傳、自我商品化和自我妄想的形式。雖然這一系列漫畫是以崇高的文化建設目標為前提，藉此劃分中國和香港的差別，然而香港

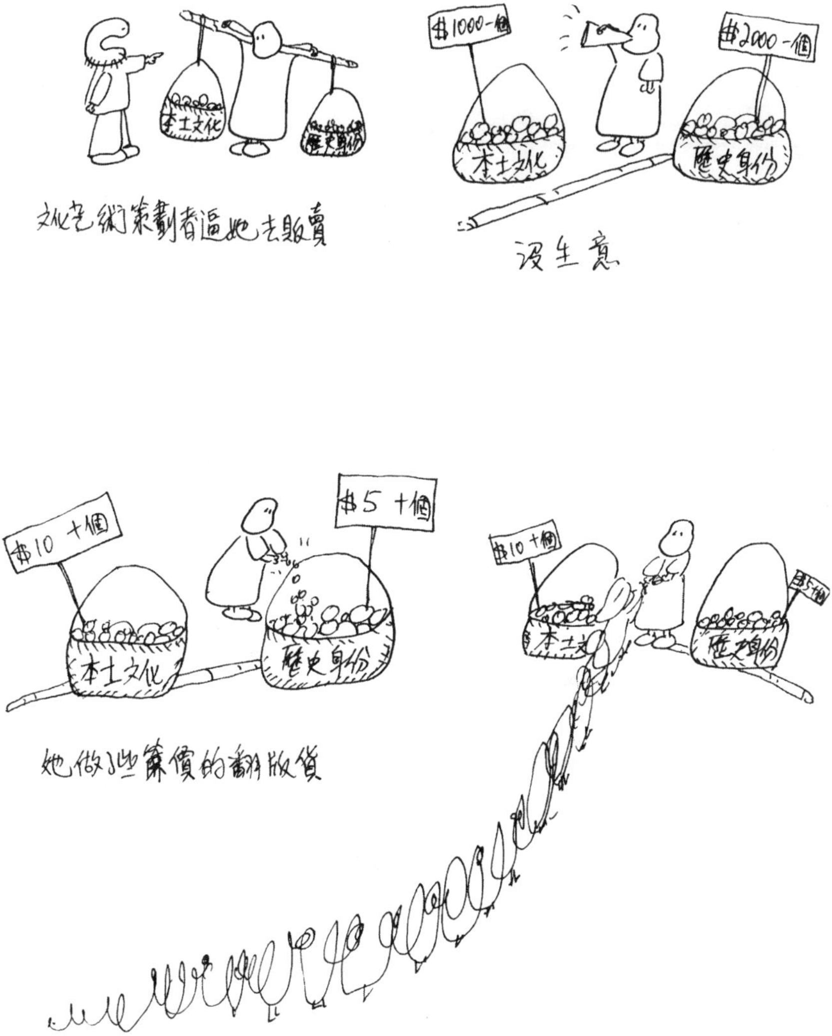

《漫畫偽術》（Fake art of Comics）一例。史書美提供。

認同的論述還是很容易成為商品化的犧牲品。因此，這些漫畫的基調，並不是激起憐憫或同情，而是對那些尋找後殖民性和國族寓言，而最後成為文化認同的販賣者做出的諷刺戲謔。

我發現在這些不同體裁的文化表現形式中，都有一個去本真（deauthentification）的雙重過程。雖然真正的中國性被揭穿和修改了，但真正香港性的追尋卻被嘲諷為一種不可能的任務。一個純粹的、真正的、未受污染的香港性絕對可以從中國裡區別出來的說法，其實不過是一個很容易就被揭穿的單純幻想和虛構想法。香港性仍然是曖昧的，而且它巧妙地躲避了文化國族主義者試圖為其劃定邊界。如果不是如此，香港性也只是演繹或表演的行為。考古發掘、訪問、手工藝品等等都只是演繹的道具。然被演繹或表演的，就是香港在其浪漫和懷舊的欲望中，對身分以及對諷刺性的後設評論（metacommentary）的追尋。

撇開懷舊和國族寓言的層面，在陳果的「香港三部曲」和本章所分析的其他文化作品裡，香港性其實是一個與它的殖民地過去和中國性所進行的複雜的協商過程。同時香港性也是在殖民—後殖民—新殖民的連結上，有著不確定的位置性（positionality）。就挪用和占用國族寓言、玩弄本真性的方面，一九九七年後的香港電影製作人和藝術家拒絕急於命名、收集和保存香港性或香港文化的本質性的概念，並且以自我反省的嘲諷來重新思考「香港學」的前提。華語語系香港在中國和中國性之間繼續曖昧地遊走，其充滿活力的文化，排斥了純潔無瑕的本真性，包括本土主義和各種自我本真化的動作（self-authenticating）。隨著普通話的使用更為普遍、香港與中國的融合更加徹底，香港可能無可避免地會脫離中國與中國性邊緣的華語語系社群，進而從中國境內的立場參與新形式的中國性想像。

第六章

帝國夾縫間的世界主義

殖民地無名有實。帝國原來沒有衰落過，幽靈一直在盤旋。

——黃碧雲，《後殖民誌》（二〇〇三）

在最後的分析裡，一個人成為世界共同體的一個成員的根由就因為他是一個人；這就是一個人的「世界性存在」（cosmopolitan existence）。

——漢娜・鄂蘭（Hannah Arendt），《康德政治哲學演講》（*Lectures on Kant's Political Philosophy*, 1982）

帝國的年代（age of empire）似乎又在我們身邊出現了，我們必須在當代的歷史脈絡下細想這個帝國年代的返回，以追問台灣的世界主義（cosmopolitanism）是否可能。這個脈絡化的目的，是為了尋找理解華語語系文化——如台灣華語語系文化的世界性表述方式。與此同時，大都會的世界主義展現出日益龐大的帝國意向，新形式的帝國主義也正在施壓緊縮邊緣空間。本章會從對抗跨國認可（transnational recognition）的法規邏輯和政治的邊緣之處，分析世界主義的倫理責任形式（ethically responsible form）。本章也希望證明華語語系文化是台灣文化的一個面向。台灣多元文化的口述、書寫和視覺語言一方面展示了華語語系抵抗中國中心主義，另一方面亦顯示了華語語系如何轉變成台灣性（具有多元種族和多元文化的特色）。他們的構成關係是部分與整體之間的關係（華語語系文化是台灣文化的一部分）。我在下文設置了兩個理論框架，一個是帝國和帝國主義框架，另一個則是世界主義框架。

帝國的年代與其規模

我們必須思考當代帝國形成如何牽涉到艾瑞克・霍布斯邦（Eric Hobsbawm）《帝國的年代，一八七五—一九一四》（*The Age of Empire*, 1875-1914）一書深具權威性的分析。如果我們大致斷言一九一四年後，帝國形成的特點與美國的持續崛起並成為了世界上單一最強大的帝國有關，那麼我們可以與以前的帝國年代，也就是英國作為世界的帝國中心的年代，做出有用的比較。霍布斯邦認為，前一次的帝國的年代必須集中從經濟和政治方面去了解。他列舉了七個世界經濟的主要特點。上個帝國年代中，帝國所採取的特定形態便是以這七點作為基礎：廣泛的地域擴張；日益多元化；革命性的技術；集中的資本和合理化的生產；大規模生產助長了消費經濟的崛起，當中人們可以消費來自遙遠地區的商品，而且消費數量愈來愈大；辦公室和其他服務行業的興起；最後，是經濟和政治之間的日益結合。[1]換句話說，經濟的地域擴張既是帝國的領土擴張的原因，亦是其效果，而合理化的大規模生產所引起的生產過剩，促使海外市場的成立以及海外資源的收集。這就是資本主義真正全球化的時刻，我們所謂的全球資本主義乘勢興起。當時和現在的全球資本主義，都在尋求廉價以及可以極度剝削的勞力，並通過一個不平等的國家和國際分工尋求最大的利潤。[2]

在同一時間，六大主要帝國——英國、法國、德國、義大利、俄羅斯和美國——瓜分了世界上大部分的資源。英國的經濟更是與殖民地經濟密不可分，在這個意義上而言，英國最受惠於其殖民地。霍布斯邦指出對於其他帝國來說，政治動機有時比經濟因素更重要。正如義大利、德國和美國的殖民地擴張，並不是為了經濟利益，而是為了擴張後所帶來的純粹國際地位。[3]

我們不能忽視上個帝國的年代和我們這個時代之間的明確連續性，特別是因為全球資本主義持續

---

1 Eric Hobsbawm, *The Age of Empire, 1875-1914* (New York: Vintage Books, 1989), pp. 50-55.

2 同前註，頁三四—四五。

3 同前註，頁六七—六八。

蔓延，沒有任何人事物可以置身其外（externality）。市場和廉價勞動力的搜尋，比起從前更強大的力度持續著，而第三世界更多偏遠的地方都納入勞動力之中。勞動力和生產的國際分工正變得徹底的理性化。這種連續性的最明顯的例子是中國。早在上個帝國的年代，中國已被看作為西方商品的樂土，而現在來自西方資本家的相同欲望，繼續懷抱著對中國極大的熱情。在二十一世紀，全球資本主義（首先以歐洲為中心，然後以美國為中心）的最大歷史諷刺，就是崛起的第三世界國家可能成為帝國。從一個低層次製造業工作的集中地，到成為一個高科技產品的生產者，運用其新積累的硬通貨（hard currency）競投最高象徵性資本，中國已成為一個全球性的經濟和政治力量，它更是美國霸權的唯一潛在威脅。到了二十世紀末，我們目睹了歐洲聯盟作為抗衡美國霸權的無力。公認的唯一潛在威脅是來自中國，因此廣為流傳的新口號是「中國威脅論」。例如，大衛・哈維指出，美國入侵伊拉克，可以解釋為美國在中國崛起和中國巨大的石油需求脈絡下，意圖保持其超級大國的地位。[4] 霸權的鬥爭在下一階段的全球權力配置上，將取決於石油的控制程度。譚若思（Ross Terrill）的著作《新中國帝國和其對美國的意義》（*The New Chinese Empire and What It Means for the United States*）[5] 帶有聳動的標題。他在書裡表面上提供了一個學者對「中國威脅論」的實證，但該書的實際內容著重前現代（premodern）時期的中國帝國主義的歷史概述，以及當代中國諸多問題的冷靜分析。[6] 雖然東南亞國家處於一個不同的「中國威脅論」之下，但它們已經開始動員聯盟以化解中國的影響力和權力，同一時間裡，也沒有其他國家像台灣那樣，明顯地陷入了與美國和中國帝國時而互相爭鬥，時而合作的關係之中。台灣身處在這兩個帝國的邊緣，這種狀況不是一個比喻，更是一個直白的描述。[7]

或許是對「中國威脅論」懷有相同恐懼，法國哲學家雷吉斯・德布雷（Régis Debray）在二〇〇四年所發表的小說《帝國2.0》（*Empire 2.0*）上，對泛西方帝國聯盟（pan-Western imperial union）做出了嘲諷，而該書的副標題就恰恰題為「一個西方聯盟的謙虛提案」。[8]這本小說對當代帝國形成規

---

4 David Harvey, *The New Imperialism* (Oxford: Oxford University Press, 2003).

5 譯註：由雅言文化所出版的中文譯本名為《一中帝國大夢》。見譚若思著，《一中帝國大夢》（台灣：雅言文化，二〇〇四）。

6 Ross Terrill, *The New Chinese Empire and What It Means For the United States* (New York: Basic Books, 2003).

7 近期湧現的一種學術研究專注於中國在清朝期間作為一個帝國的探索。我們可以從上述研究的視角推論出在漫長的帝國傳統下，二十世紀的中國顯得較為異常，而且我們可能會在二十一世紀裡發現中國最為陌生的表現形式。例如可參見Peter Perdue, *China Marches West: The Qing Conquest of Central Eurasia* (Cambridge, MA.: Harvard University Press, 2005)、Laura Hostetler, *Qing Colonial Enterprise: Ethnography and Cartography in Early Modern China* (Chicago: University of Chicago Press, 2001)。這個學術研究風潮亦說明了清朝帝國主義之所以突然成為一個熱門話題，只是因為適逢中國正開始在國際舞台上展示它的權力和力量。

8 Xavier de C***, *Empire 2.0: A Modest Proposal for a United States of the West*, prologue by Régis Debray, trans. Joseph Rowe (Berkeley, CA.: North Atlantic Books, 2004). 德布雷的著作以某種方式捕捉了一種西方早期的意識結構。事實上，這種意識結構可見於葛頓・艾許（Timothy Garton Ash）的著作*Free World: America, Europe, and the Surprising Future of the West* (New York: Random House, 2004)。葛頓・艾許在書中提議聯合西方，並且建議西方以最認真的態度和一致的傾向來傳播民主思想。

模的闡釋，深具啟發性。該小說由名為Xavier de C***的人物所寫的長篇書信組成，但雷吉斯・德布雷在書中沒有提及Xavier de C***的全名，而這封長篇書信體的小說，實質上是建議把美國和歐洲聯合成一個更大的「終極」國家，亦即「西方合眾國」（the United States of the West），並對該西方合眾國的政治、文化、經濟等各個方面都表達讚美。這個西方合眾國被提議為對抗西方和其餘地區之間的壓倒性人口不平衡的唯一防禦聯盟。它將會復興活躍民主制度，以回應伊斯蘭教和其他威脅。也即是說，它帶有一個明確的敵人意識。在當今的後九一一脈絡裡，最明顯的敵人是伊斯蘭教，但是西方合眾國更為擔心的是中國會成為支配世界的「超級大國」。簡而言之，泛西方國家的必然性前提是來自伊斯蘭教和中國的潛在威脅，因為正如Xavier de C***所說，「孔子＋真主阿拉＝地球的石油儲存量的百分之七十和地球人口的三分之二」。他希望自稱為「西方文明的無私推動者」的合眾國可以維持歐美國家的優越性，並強化這種優越性。[9]

該小說有兩點與即將浮出表面的問題最為密切。其一是國際權力鬥爭上的規模增值（increased value of size）：規模愈大，國家便似乎更強大。一方面，這種規模的意識形態是由對中國崛起的普遍恐懼所引發；另一方面，它沒有留下多少空間讓處於弱勢的台灣在其小國的境況中找到價值。如果我們同意世界各國正朝著組成愈來愈大的集團，以解消中國的潛在威脅和力量，那麼一些小國——尤其是在國際政治上沒有太大的影響力的小國例如台灣——又能夠做些什麼？他們的文化可以做些什麼？在這個競相擴大規模的時代裡，他們的文化重要嗎？

第二點是小說中認為台灣在實際上形同美國的第五十二州，一起的還有作為美國第五十一州的以色列和第五十三州的土耳其。Xavier de C*** 稱這些國家被美國「實質上合併了」（de facto annexations）。[10] 這些被實質合併的國家為西方合眾國添加了非西方元素，令其文化更為多元化（儘管薩依德[Edward Said]向我們展示了猶太國家的類似情況乃具有相反的意圖：象徵性地與非西方的不同部分分開，從而成為歐洲人）[11]，並且令其更具活力。台灣是美國遙遠的一個州的說法，已經不是什麼新鮮的看法了，因為「五一俱樂部」的活動，在台灣和美國的華語報紙都有報導。五一俱樂部希望說服美國國會正式納入台灣，令台灣成為美國第五十一州，將其從中國的威脅中解放出來。[12] 無論這個舉動是否完全荒謬，都值得我們深思，特別是連虛構人物 Xavier de C*** ——一個距離台灣遙遠又漫不經心的觀察者——都提出了相同的見解。從某個觀點來看，台灣也許可以被看成是美國的新殖民地。如果遵循殖民主義的說法，我們便能聯想到殖民地在危險的時刻，有權利依靠宗主國的保護。佩里提督（Commodore Perry）的時期開始，一些美國人便不斷建議占領或吞併台灣，乃至美國透過創造經濟買辦階級，積極地將台灣轉變成一個資本主義社會。美國與台灣實際上的新殖民關係都相似

---

9 Xavier de C***, *Empire 2.0*, pp. 34, 43, 131.

10 同前註，頁五三。

11 Edward Said, *Freud and the Non-European* (London: Verso, 2003).

12 有關「五一俱樂部」更詳盡的資料可參見本書第二章。

於美國和其他更為明顯的殖民地——例如菲律賓和波多黎各的——關係。[13]從這個方面而言，一些人就把台灣想像成美國的保護國。[14]事實上，恰恰是美國的「軟實力」——「政治思想、知識教育和無所不在的流行文化的傳播」——把以前的歐洲帝國和美帝國區分開來。[15]上述的軟實力深具說服力。因為它不僅僅單純地指出了台灣現在是一個模範的民主社會（或稱為模範少數族裔），其中有極高比例的官僚菁英在美國獲得高等學位，同時也指出相對於本地導演的電影，台灣青年們更為熟悉好萊塢的影片。

海峽兩岸的局勢緊張，美國繼續保持曖昧的政策亦即默許了中國擅自宣稱自己是台灣的父權國（father country），以為數眾多的陽物（phallic）導彈對準台灣。[16]台灣被迫以巧妙地且熟練的手法，斡旋在兩個擅自為台灣說話、擅自代表台灣的姿態，又或者擅自為台灣做出決定的帝國之間，試圖爭取建立自己的話語權（discursive authority）。台灣的歷史是一個連續受到殖民主義統治的歷史，而且亦是一則與中國的關係曖昧不清的歷史。在這個意義上，目前的狀況並不是什麼新鮮事。新鮮的只是在特定的帝國形態中，尤其是台灣的經濟和一般福祉已變得極度密切地依賴美國和中國。台灣在經濟上並不能夠擺脫任何一種關係。即使台灣人的文化國族主義描畫出自己的文化系譜乃連接但不同於中國，但由於台灣與中國的經濟親密性，台灣當局出現了可觀的遊說聲音，要求向中國做出政治讓步。

最後，台灣與美國和中國的關係是建基於深刻的經濟和政治糾葛，這些糾葛恰恰描繪了當前形勢的特徵。這種緊張的狀況每每隨著美國曖昧立場的動輒轉變而加劇。實際上，這種曖昧立場就是一個矛盾政策。美國矛盾政策促進了台灣的民主（其合乎邏輯的終極結果應是致使台灣得以獨立），又承認「一個中國」的原則（其邏輯的終極結果應是台灣被中國占領）。這個矛盾掩蓋了美國對其「保護國」台灣的虛偽的態度。因此，台灣剩下來的少許影響力，不能向美國施壓令其做出認可，也不能向中國施壓，要求中國放棄其對台灣的領土野心。

在這種情況下，台灣所擁有的，可以做出較大的周旋以產生變革的可能領域，是文化領域。正如當代台灣論述表明，文化既是生活經驗，也是論述，它提供了肥沃的土壤和有效的手段，以建立新的身分認同和想像新的未來。台灣意識與台灣身分認同的論述在不到二十年裡，在在證明其力度和有效性，而且仍然處於持續（重新）建構和（重新）書寫的過程之中。有許多跡象表明，台灣人民正生活在一個變革的時代，這個變革由歷史書籍的重寫，延伸至街道和公園的重新命名。一個大規模的意識改造正持續進行，儘管這個改造似乎只能緩慢前行。台灣性的重塑正以其爭辯（contestatory）和矛盾的種種方式，經歷蛻變應有的過程。例如官方論述趨向採用一個多元文化、多元民族和多元語言的方式進行。在這樣的情況下，台灣文化可以做些什麼呢？更確切地說，台灣文化該怎樣做呢？為了回答這些問題，我會在下一個部分建構第二個理論框架，即世界主義的框架。

---

13 V. G. Kiernan, *America: The New Imperialism* (1978; repr., London: Verso, 2005), pp. 67, 114, 291.

14 Perry Anderson, "Stand-off in Taiwan," *London Review of Books* (June 2004): 12-17.

15 V. G. Kiernan, *America*, p. 364.

16 請參閱本書第三和第四章裡，台灣與中國錯綜複雜的關係。

世界主義、多元性、危險

有關帝國主義和帝國的研究，一直忽略了審視殖民地的文化。霍布斯邦在書中所討論的內容，顯然集中於經濟層面，因為他試圖從多方面的生產關係，包括市場的擴張，解釋帝國的崛起和其相對應的轉變。當他對文化做出分析時，他雖然注意到大都會的文化必定受到帝國的形態，如那為人熟悉的異國情調和東方主義的技術所影響，然而帝國年代的特徵，卻是大都會中心總是一概將世界其他各地視為「低人一等的、討厭的、拙劣落後的，甚至是幼稚的」。[17]這意味著，除了幾個顯著受到影響的例子外（如非洲的原始主義和日本的異國情調），大都會帝國文化並沒有受到殖民地的影響。薩依德的《文化和帝國主義》（*Culture and Imperialism*）顯然不同意這樣的視角，反而指出凸顯根深柢固的殖民主義和帝國主義是如何在帝國年代塑造出經典的西方文學，只是薩依德這本書的分析重心是帝國的敘事心理，而不是被殖民者的敘事心理。[18]薩依德的巨大影響始自《東方主義》（*Orientalism*）的出版，他結合了底層從屬人民研究團體（Subaltern Studies group）的研究成果和史碧娃克的一連串解構（deconstruction）研究，最終產生了後殖民研究（postcolonial studies），包括了對殖民地的文學和文化研究。然而，後殖民研究在幾十年來所抱有明顯的二元對立和摩尼教式的對立批判（Manichean models of criticism），產生了對抵抗和圍堵模型的過度重視。當第三元（third term）被引入到二元主義（binarism）之中（儘管很少發生），那麼這個第三元就會被描繪成悲殘的（abjecthood）和沉默的（根據史碧娃克所指，底層從屬人民者畢竟不能發言），或者是模仿和混雜的（根據荷米・巴巴所指，其包含了被殖民者和殖民者兩個方面的性質）。[19]

在一篇題為〈女性的差異〉（Woman in Difference）的文章中，史碧娃克的分析指出殖民地女性的身體就如同一個「不能確定的意義」（aporia），超越了由二元主義所動員的國族主義、殖民主義，以及資本主義所強加的意義。然而，為了拒絕強加的意義，殖民地女性的身體必須處於極度悲慘的狀態：這個殘骸「因為性病而腐爛，她自乾涸的肺部吐出了所有血液」。[20]底層從屬人民無法以讓人明白的語言發言，因此她無法發言；她腐爛的身體可以自強加的意義中逃脫，但最終它只不過是一具悲慘的殘骸。果真如此，那麼第三元就只可能處於一種極度悲慘的狀態。在巴巴的框架中，第三元即混雜性是殖民者和被殖民者的混合物，它破壞了兩者的邊界，從而威脅到殖民者的權力。但這個框架的問題是，如果這個第三元沒有被看出是對殖民者權力的挑戰，那麼混雜性就只會被單純地當成被殖民者的殖民地化的一個表徵，也就是說，它只是在殖民地所強加的壓迫下變得文化混雜。被殖民者的混

---

17 Eric Hobsbawm, *The Age of Empire, 1875-1914*, p. 79.

18 Edward Said, *Culture and Imperialism* (New York: Knopf, 1993).

19 Gayatri Chakravorty Spivak, "Can the Subaltern Speak?" pp. 271-313; Homi Bhabha, *The Location of Culture* (New York: Routledge, 1994), 特別參見第四章。

20〈女性的差異〉（Woman in Difference）探討及引用了瑪哈斯瓦塔・黛薇（Mahasweta Devi）的故事。收入Gayatri Chakravorty Spivak, *Outside in the Teaching Machine* (New York and London: Routledge, 1993), pp. 77-95。引文引述自頁九四。

雜性不一定對大都會構成任何威脅；如果有的話，它可能只是大都會文化的同化能力的有效證明。

現在讓我們轉移到台灣的狀況之上。台灣人平均國內生產總值可比得上一些第一世界國家，它位處帝國邊緣的方式，和殖民地印度非常不同。史碧娃克所指的底層從屬人民是一個經濟上的絕對從屬者，其最終與台灣可能出現的各種主體屬性相去甚遠。我們發現在台灣的文化領域裡已包括了悲慘屬性和混雜性，但是我們也注意到一個特定的世界主義出現的可能性。那麼我們該怎樣理解一個小國在面對當代帝國的時候，所產生的世界主義憧憬呢？它是如何在帝國的陰影之下，渡過接連不斷的心理戰爭和政治戰爭的危機？

從不同的主體位置審視多樣化的世界主義過程裡，我們可能會採取以通俗的形式（vernacular form）對抗大都會的形式（metropolitan form）。「通俗」（vernacular）一詞往往被定義為與標準的、主要的、主流的、或占主導地位的相對立，正如非菁英的語言或邊緣化知識分子和殖民地的語言。因此，如果大都會世界主義的核心被大都會知識分子定義為擁護多元文化和多元語言的能力，那麼通俗世界主義或許是一個描述邊緣群眾的文化互動主義（interculturalism）的方式，這種方式與大都會世界主義相似，但本質上卻是相異。通俗世界主義可能會通曉兩種語言；可以是大都會的語言和台語、印度語、韓文、或其他非大都會的語言，但是大都會的雙語主義（bilingualism）只能說大都會的語言。這裡必然有一個語言的等級制度（hierarchy of languages）以及每一種世界主義所蘊藏的意味因此都不一樣。在通常的情況下，無論是任何一種語言，想要被承認為世界語言都很容易引起爭議，因為沒有語言得以倖免於話語權政治（discursive power politics），或是世界主義政治（cosmopolitics）

的影響。如果我們接受以上通俗世界主義的廣泛定義，那麼通俗世界主義便是建立於與大都會世界主義相互對立的位置之上，它可以從幾個方面挑戰大都會的世界主義：

一、藉著相似性（similarity）和混雜性的威脅動搖它的統治權（我們也可以是世界性的；是的，我們當中有些人可以說法語和／或英語——這就是上述討論所指的巴巴的策略）；

二、藉著擴大其用語，以包括非標準和邊緣的語言和文化（一個文化挽回的計畫[a project of recuperation]）；

三、藉著憤怒的抗議和熱烈的憎恨（ressentiment）表達，令通俗世界主義在認可的黑格爾式的辯證互動之下，得到「認可」；

四、徹底推翻大都會世界主義（如果可能的話）。

在美國的脈絡裡，少數民族的通俗世界主義的目標是獲得認可、創造出一個差異的表述，以及最終要求成為中心的一部分。在國際的脈絡裡，邊緣國家的通俗世界主義的目標，不僅在不平等的世界文化領域上標榜其成員的資格，即我在他處討論過的「非對稱世界主義」（asymmetrical cosmopolitanism），[21]也同時將各種可能性帶進西方中心的文化標準與規範。諾貝爾文學獎得主的印度詩人泰戈爾（Rabindranath Tagore），就是非西方地區的通俗世界主義的一個明顯例子。

在不平行的世界主義政治領域裡的鬥爭（cosmopolitics），在這裡並不是被理解為橫跨世界的民

21 Shu-mei Shih, *The Lure of the Modern*, ch. 5.

主政治鬥爭，[22]而是世界主義之間的政治鬥爭，它是美國的印度後殖民研究的研究對象（雖然「真正的」論述對象是英國），[23]亦是美國族裔研究的對象。每一個鬥爭都是文化抗爭的模式，而每一個鬥爭一方面是表述被壓迫的境況，另一方面則是表述反抗論述（counterdiscourses）。鬥爭的一面是委屈和悲傷，在另一面則是透過通俗的挽回來得到論述權（discursive empowerment）。

但是，表述和挽回的工作可能會危險地融合了被害者學（victimology）的論述，從這個層面而言，通俗世界主義確實需要審慎實踐。藝術史家賀爾・福斯特對這種傾向的消極方面做出了辛辣的諷刺評論：「自我他者化（self-othering）一如既往地成為自我感覺良好（self-absorption），其中『民族誌式的自我塑造』（ethnographic self-fashioning）的計畫，成為了自戀的自我翻新（self-refurbishing）的實踐……有誰沒有在學院或藝術世界見過這些新移情知識分子（new empathetic intellectual）或是漫無目的（flaneries）的新游牧藝術家？」[24]作為民族學家的藝術家是福斯特在這裡的嘲弄對象，但大體而言，他的嘲弄要點卻是有關於濫用利己（self-serving）的可能性或是虛偽的身分認同政治，以及有關於自我他者化變成自我感覺良好、自我塑造變成「自我翻新」，以至於所有的批判內容都化為烏有，所有的藝術創作都成為自戀的創作和身分認同的自我提升。阿里夫・德里克對後殖民理論也有同樣諷刺的批判，他批評當下的後殖民知識分子已經安然抵達由跨國化（transnationalization）的資本所資助的美國學院——對英國殖民主義的自私批判推動了後殖民研究學者的事業[25]——由此有危險附和被害者學的評論。雖然很多身分認同政治的批判可能在理論上缺乏了根據，而且也存在經驗上的缺陷，正如琳達・艾爾蔻芙（Linda Alcoff）所指出，[26]但是黑格爾式辯證互動卻持續地把鬥爭的形式視為二元的行動和反應、支配和對抗、邊緣化和集中化等類似的二元對立鬥爭，試圖藉此尋求昇華。

這個特定鬥爭之下的多樣性（multiplicity）問題，在這裡其實具有理論上的重要性，因為多樣性不只是一個多種二元主義的集合體。多樣性意味著一個特定行動者或能動者得以被調解（mediated）以及調解出多種來源的可能性，因此多樣性的意圖和說法便需要通過多元框架、多元脈絡和多元指涉

---

22 世界主義政治作為世界上一種民主政治，恰恰是羅賓斯（Bruce Robbin）和謝永平（Pheng Cheah）在他們的著作 *Cosmopolitics: Thinking and Feeling beyond the Nation* (Minneapolis: University of Minnesota Press, 1998)上，對該專門名詞所應用的方式。

23 這裡的替代過程涉及到（後）殖民地對英國的憤恨表達正成為美國學術界一個流行的理論。

24 Hal Foster, *The Return of the Real*, p. 180.

25 Arif Dirlik, *The Postcolonial Aura: Third World Criticism in the Age of Global Capitalism* (Boulder, CO.: Westview Press, 1997). 此處引用的標題章節是第三章。

26 參見琳達・艾爾蔻芙（Linda Alcoff）的 *Visible Identities: Race, Gender, and the Self*（New York: Oxford University Press, 2005）。這本書的其中一章題為〈為身分認同政治辯護〉（In Defense of Identity Politics），在二〇〇五年一月十一日於加州大學洛杉磯分校的跨國和跨殖民地多校研究小組（Transnational and Transcolonial Multicampus Research Group）的系列講座上用作演講。亦可參見琳達・艾爾蔻芙在〈誰害怕身分認同政治?〉（Who's Afraid of Identity Politics?）中對身分認同政治的早期批判。"Who's Afraid of Identity Politics?" in Paula Moya and M. Hames-Garcia ed, *Reclaiming Identity: Realist Theory and the Predicament of Postmodernism* (Berkeley and Los Angeles: University of California Press, 2000), pp. 312-44。我在導論中亦討論過這篇文章的某些細節。

來進行分析。而一個特定藝術品的多元調解亦需要以一個多元關係的開放性來取代二元對立的模式，這個開放性或許帶有不太明確的理解視野，但它又同時承諾新意義和新的意義生成方法可能性。這裡的多樣性並不是沒有責任的多樣性（multiplicity without responsibility），如同都會的世界主義那樣。多樣性是那些夾在多重帝國結構之間的能動者的一個必然結果和選擇，同時亦是這些能動者的一種策略。這裡的多樣性也並不是一種由憤恨驅使的通俗世界主義的多樣性，世俗的視野往往對占有主導地位的大都會文化帶有恨意，而且那種的多樣性的多元語言和多元文化雖然持反對的姿態，卻在在展示了對於西方大都會的迷痴。例如，我們常常看見一些自稱為邊緣主義者（marginalists）比起任何中心派（centrists）在骨子裡更靠近歐洲中心主義（Eurocentric）。那些處於社會上層的邊緣主義者聲稱他們的邊緣性（marginality）來自他們的種族差異，與此同時他們卻非常樂意向被迫進入邊緣的弱勢人士炫耀他們歐洲中心主義的譜系。這說明了即便是通俗的領域也無法完全避免階級政治的出現。

正如後殖民理論家早前的討論所指出的，一個多元調解的世界主義無須預設二元對立再去尋求第三元，它的概念在帝國的邊緣容許了特定藝術品又或文本的更寬廣的討論，也無須犧牲複雜性。這樣衍生出來的某些意義，也許會讓人感覺不安。一次又一次地，理論家作品中的不恰當觀點（如海德格和納粹主義的關係和賈克・德希達與海德格的作品之關係）帶給我們震撼、懷疑及倫理難題，因為美國學者大多傾向意義的純粹性（purists of meaning）。

回到台灣的情況，後殖民模型和世界主義政治模型雖有裨益，但亦有限制。雖然台灣處於全球帝國構成的邊緣之上，而且又是一個處於多個霸權陰影下的微小國家，但台灣也是美國十大貿易夥伴之一。台灣雖然受到各方的政治排斥，但它卻擁有一個充滿活力的文化工作者隊伍，在多個領域與多個傳統中奮力不懈。在帝國們激烈的大小競爭和霸權的背景之下，台灣視覺文化的輕便性（portability）和可視性（visibility）就因為它的輕盈微小，卻充滿了改變觀念和轉變想像的力量。這恰恰是因為台灣靈活運用多樣的指涉，超越了自我受害者化、中國以及西方。台灣的世界主義源於台灣的多元文化以及世界文化，有不同的形式和對話對象，擺脫壓迫和邊緣化的線路。在一個具有諷刺意味的意義上，這種世界主義可以和危機共存，但這並不是因為某種自虐的需要而去確保一個人的權力「不會沉睡」（may not slumber）（正如康德[Immanuel Kant]的理論試圖說明的[27]），而是因為危機恰恰也是生活於帝國陰影下的台灣的生存條件。台灣面對的生存條件，其實是沒有多餘的空間可以去思考下述的康德式哲學命題：有了永久戰爭的必要先決條件，我們才能克服這些條件避免戰爭邁向和平。康德描述兩個階段的進程，假設了戰爭的前提。在他看來，戰爭的前提才能確保在結構上從法律以及從其他合乎理性的方法建立和平。對於台灣的狀況而言，永無休止的戰爭狀態並不只是前提更是結果，每次台灣海峽出現危機的時候，這個永無休止的狀態就又被提醒。危機並非確保世界主義的一個奢侈的前提，而是在緊箍咒的控制之下，台灣的世界主義想要喘一口比較深、比較輕的一口氣的生存境況。

27 Immanuel Kant, "Idea for a Universal History with a Cosmopolitan Intent," in *Perpetual Peace and Other Essays*, trans. Ted Humphrey (Indianapolis: Hackett Publishing, 1983), pp. 34-36.

不可譯的倫理性

這一節要探究的主要人物是裝置藝術家吳瑪悧，她的創作挑戰了所有已知的權威，包括政治意識形態、性別壓迫和第三世界的勞工剝削，以及上述各項的交疊影響。她的一組對抗性作品，與第二章中所討論的劉虹的作品有些相似，吳瑪悧在作品中表述了她對台灣社會、政府和其性別偏見（sexism）的文化的批判。這些早期作品之所以和劉虹的作品有所區別，是因為吳瑪悧一直不忘面對台灣內部具體的本地觀眾和聽眾，表達出強烈的政治與社會批判。吳瑪悧與其他跨國的藝術家、電影製片人和作家們有所不同。上述這些人士不是立即承認那個帶有策略性部署的政治或國族寓言意圖，就是以後現代的形式，創造性地利用了本質化（essentialized）的文化素材，把異國情調曲解成當代的和政治正確的。然而，吳瑪悧的政治寓言和文化的具體表述，卻是針對本地消費、本地觀點和本地批判。她在國際間展出的藝術作品往往與剛才提及的那些人士的作品存在相當大的分歧。不同於我在第一章對李安早期作品裡的彈性和可譯性的分析，本章我們所看見的是一個在不同的社會脈絡為基礎（context-based）的再現之間，原則性地展現出的不可譯性（untranslatability）。

這些作品包括了一九九八年在台北伊通公園的展示裝置，經常為人所討論的《寶島物語》系列作品。這一系列的五件作品之中，有三件裝置藝術以女性為中心，分別是「墓誌銘」（一九九七）、「新莊女人的故事」（一九九七）和「寶島賓館」（一九九八）。在「墓誌銘」裡，吳瑪悧在一個U形的展覽空間的兩邊展示了一九四七年「二二八大屠殺」男性受害人的女性親屬的見證，在正中央則展示了海浪不斷撲打岩石的錄像畫面。吳瑪悧的政治批判相當明確：她挽回了紀念「二二八事件」裡，被壓抑的女性受害者歷史、一個女性歷史（herstory）對抗女性在男性歷史中被缺席的部分。從這個層面進行閱讀，這件作品便是一個典型的女性主義者的作品，其認為歷史書寫應該包括女性的書寫。然而，中間的錄像裝置卻要求超越這樣的一種閱讀方式。在海浪不斷撲打岩石這個單調而且反覆的動態和聲音下，吳瑪悧喚起了大自然的廣闊、深度和堅持，它洗滌掉痛苦，又或逐漸去除或磨去痛苦的硬度，藉以令痛苦可以被接受和被超越。這件作品的創作目的不只為了批判——進行一切可能的無情批判——更是為了超越該批判的可能性。憤恨的模式不應該是一種永久的存在方式。

在「新莊女人的故事」中，吳瑪悧把新莊紡織女工的故事，紀錄在掛於U形展覽牆的三面織布之上。這三面織布都編織著文字，展示出文字的字型、紋理和物質性。如果歷史是男性英雄的記錄，而這些男性英雄乃擁有印刷品與其他媒體的一切權力和再現的方式，那麼有組織地捕捉女紡織工人經驗的媒介就是織布本身。因此，這些織布所挽回的不僅僅是服裝的生產者，更是女性歷史的生產者；這些女紡織工人的工作不只是為了交換價值（exchange value）而存在，更是為了性別意識形態和文化價值而存在，換句話說，這意味著一個更大的象徵意義。在數量和密度上都顯得極為冗長的紀錄，揭示了這些女性工作者為自己發聲（不是由他人發聲，又或發聲常常遭到忽視）的強烈的、隱蔽的欲望。縫紉於織布之上的故事不僅記錄了她們的艱辛、她們的抗議，而且更通過這種表達形式，把她們的生活故事轉變成藝術的再現。這就像佛洛依德的說話治療（talking cure），故事的再現具有治癒的作用。於是，縫紉便成為了書寫的形式，織布上的圖案就是女紡織工人們的生活模式。

而「寶島賓館」則是吳瑪悧最具諷刺性和挽回性的裝置藝術品。「寶島賓館」從性別的角度說出由十六世紀開始的台灣歷史，這個台灣歷史建基於女性身體的剝削和商品化之上。吳瑪悧把殖民地國家強姦女性的男性主義者隱喻（masculinist metaphor）銘刻為多種父權勢力（patriarchal forces）依靠台灣女性性工作者來得到政治和經濟利益的女性主義者批判。來自殖民主義者、民族主義者或者台灣人的國家的大敘事（grand narratives），背後隱藏了最難以言說的勞動者們的血汗。因此，挽回這段歷史便可以揭露出台灣在國家和經濟成就的敘事的虛偽。又因此，吳瑪悧便把孫中山那句具有儒家思想的「天下為公」[28]的書法句子諷刺地裝置於牆上。藉著這句宏大說辭的戲仿，吳瑪悧暗示了男性民族主義者呼籲女性以性服務男性來作為服務大眾的說辭的虛偽。台灣整個島嶼、整個美麗的寶島都是一個性愛賓館，寶島裡的女性除了以「慰安婦」的角色服務太平洋戰爭時期日本士兵外，還需要服務越戰期間的美國大兵、日本「性旅遊」（sex tourism）全盛時期到台的日本遊客，以至所有性質和階級的本地顧客。而殖民主義者、民族主義者、資本主義者的三位一體擴張，乃透過把男性過剩的性欲（libido）分配到當地女性受剝削的身體上來達成。

這三件藝術品均深具說服力地表述了女性歷史是一段如何陰暗的歷史，以及女性歷史是如何受到壓抑、省略、剝削和噤聲，因此女性歷史在在需要挽回，以挑戰歷史的虛偽和霸權，並在同一時間為這些女性賦予治癒和超越的方法。可以說，這三件藝術品明顯是女性主義者對台灣國族領域上的歷史，所做出的性別介入（gendered intervention）的再現，而這三件藝術品的目標觀眾就是當地的台灣人。

在對台灣國族歷史的明顯表態中，這些裝置藝術品可以假定為國族寓言，然而它們的目的不是在國族寓言得以暢銷的全球多元文化市場裡得以消費。這裡涉及到兩個問題。其中，台灣國族寓言商品化的一個明顯障礙，是缺乏銷售這些國族寓言時，我們不清楚它們究竟銷售得會有多好——不同於像中國般具有遼闊的版圖和相應的國際力量的國家，亦不同於那些腐敗而需要被揭露，和帶有所謂頑固傳統而需要被推翻（例如女性割禮習俗和面紗）的第三世界國家。由於台灣和美國的政治結盟關係，以及台灣經濟繁榮的原因，別人以為台灣沒有什麼特別悲慘的歷史（即便這樣的歷史確實存在）。台灣既不能在任何特定的領域吸引到世界的關注，它在國際政治中亦缺乏影響力。[29]換句話說，對於像台灣這般微小和弱裔化（minoritized）的國家而言，國族寓言商品化甚至也是一種奢望。畢竟，逼近一九九七年的香港才能得到世界的相當關注，那段時間裡也產生了大量的國族寓言。追根究柢，這是因為國族寓言和國際社會關注之間存在著互利的共生關係。

而第二個問題則與再現的倫理有關。這個再現的倫理並沒有處心積慮做出跨越國家的可譯性。關於倫理的不可譯性（untranslatability of ethics），我認為社會批判應該維持它在特定、具體背景下的相關性，以防止它被商品化。一旦社會批判以國族寓言的形式除去了背景而變得去脈絡化

28「天下為公」的本義是為了促進集體服務的意識，以反對狹隘地把焦點放於個人或私人利益之上。

29 這裡唯一的例外可能是台灣電影，一些具有獨創性的電影導演，如侯孝賢、楊德昌、蔡明亮等都在國際電影圈內有一批追隨者。

（decontextualized），那麼政治意義就會很容易被商品化。當從前的潛在倫理——在原本脈絡下的社會批判——的歷史背景除去之後，倫理便會隨之而消失，去脈絡化是文化商品化的主要條件。

我們可以藉著對比劉虹和吳瑪悧的作品試圖說明。首先，劉虹並非在中國的時候做出對「文化大革命」的批判，她做出批判的地方是美國；因此她對文革的批判不會在原本的脈絡中受到可能的審查，也不會對那些最直接連接到該事件的人產生政治影響。一旦一個去脈絡化的文化大革命批判，將流亡主體（exiled subject）過去在中國所受到的痛苦與目前在美國所獲得的機會條件和自我表達建構為一種自我意識（self-conscious）的對照時，那麼這種批判便存在問題。這種目的論敘事（teleological narrative）是一個渴求移民者的同化主義（assimilationism）形式。同樣地，當中國移民作家哈金以英語講述美國的生活和經驗，而不是在中國發生的創傷時，那一刻的哈金便會成為一個真正當地的作家，而不是一個流亡作家。在地就會成為一個舉足輕重的地方（a place of consequence）和參與政治的地方。換句話說，倫理性不能在國家和跨國語境中隨意轉移。

另外一個重要的對比是關於文化素材的擁有和使用。在二十一世紀之交的美國大部分獲得讚譽的、來自中國的藝術品都帶有豐富的文化標誌和符號，它們很容易被辨識為中國藝術品。徐冰的「天書」系列和谷文達以中國書法進行創作的作品，均是以解構（deconstruction）和批判中國傳統（儒家思想或毛澤東主義）形式為他們的概念作品的核心的兩個突出的例子。可以這麼說，「中國」是文化素材和元素的貯藏處和豐富的資源庫，它們可以供已移民的中國藝術家使用，因為這些藝術家對該資源庫的使用權利是不容置疑的。劉虹對纏足的批判亦屬同一類，如同她在《最後王朝》（*Last*

Dynasty）油畫系列上所使用的圖像，就是來自滿清王朝的宮廷。

沒有「中國」這個貯藏處作為文化資本，台灣藝術家如何進入跨國的領域呢？他們「擁有」什麼可以辨認的當地文化元素，以特別地表明他們的國籍和種族，又或獨特性？正如我在之前的章節所言，即使華語語系文化在離散（diaspora）的概念下，可以充當一種轉化了的中華文化資源，但是它的使用者卻往往因為對中國、華語語系和台灣屬性的混淆，而產生了焦慮和曖昧。因此，就像台灣在文化流通的跨國領域裡尋找立足點一樣，台灣藝術家發現自己並沒有預先已具有的資源來掌握文化符碼，好讓國際觀眾更容易地識別和理解特定的批判。如果我們注意到吳瑪悧是台灣女性藝術家當中最常在國外辦展覽的一位，我們便會發現一個普遍性趨勢，或著說是一個牽連著西方文化、台灣文化以及華語語系文化的世界性主題（cosmopolitan themes）。

世界主義合乎倫理嗎？

在上述的討論裡，我們注意到大都會的非西方藝術家對國族寓言的迎合，因此我們可以推斷這種對國族寓言的迎合已構成了一個倫理問題，而在這個意義上，他們的批判對象是遠離大都會的，大都會的中心性（centrality）和優越性（superiority）亦因此沒有受到質疑或威脅。這種疏遠的技術與自我異國情調化（self-exoticization）或自我東方化（self-Orientalization）的機制相類似；它是一個面對他人（other-directed）的被害者學，它沒有向大都會做出挑戰。相反，大都會因為創傷的場域和自身之間的安全距離而獲得安逸舒適感。如果是這樣的話，那麼擺在我們面前的問題就是，國族寓言的反面是否某種世界主義？同時引人深思地，這種弱勢的世界主義如何作為一種倫理立場，展現在一位台灣藝術家拒絕進入跨國再現裡的自我／他者的邏輯上。

吳瑪悧非常尖銳和準確地指出了不同時刻的跨國脈絡裡的自我再現政治（politics of self-presentation）。她從來沒有想到，她應該選擇穿著最適合和最漂亮的衣服走向跨國藝術市場，又或者她應該用華麗的服飾裝飾自己，令自己像一個等待皇帝寵幸的後宮嬪妃，她亦沒有無休止地擔心一個藝術家應該（如何）為國捐軀。[30]就著這些直截了當的意見，她駁斥了利用國族寓言作為跨國消費的策略，拒絕了不具名氣的藝術家等待被「認可」的被動角色，亦拒絕了國家控制她的創作。從本質上而言，她拒絕接受全球多元文化主義的跨國認可政治和代表她的國家的角色。透過這些拒絕，吳瑪悧放棄了被全球與地方快速認可的模式。她亦因此得以擺脫全球和地方這種陳腔濫調的關係邏輯，儘管吳瑪悧需要為拒絕付出代價，但她還是拒絕了這種認可的保證。這種拒絕遵循認可的規則（rules of recognition）的行為方式，恰恰是吳瑪悧的作品的倫理性所在。

以下我會簡短分析吳瑪悧的兩件裝置藝術品，顯示出這兩件作品如何恰到好處地透過創新的方式引用世界文化。這兩件裝置藝術品經常在世界上的各個城市展示，我們有必要深思這些作品中的國族寓言缺席背後的動力。這兩件裝置藝術品分別是《圖書館》（*The library*）系列和《小甜心》（*The Sweeties*）系列。《圖書館》在一九九五年的威尼斯雙年展上首次展出。兩組各三個書架的金屬書架排列在大窗戶旁的兩堵牆邊。一排排的書籍放在這些金屬書架上，中間的桌子則放置了一個玻璃瓶，瓶內裝滿撕成碎片的紙張。近看之後發現，這些印有經典書籍標題的書竟然是塞滿了碎紙的壓克力盒。這些書包括聖經、佛經、儒家經典、希臘神話、諾貝爾文學獎得主的文學作品等等，它們都被撕成碎片，填塞在書架上整齊排列的書狀的壓克力盒之中，以及中間桌子的玻璃瓶裝置裡。當那些被撕成碎片的書籍對世界權威文化和文學做出了明確的批判評註時，它們同時也獨立地作為解構經典作品的獨立藝術品。通過拆解來自世界各地的經典，這些經典所代表的僵化了的文化主義，從字面上被拆解成碎紙，這些碎紙代表了對經典進行重製（remade from the classics）、再物質化（rematerialized），或者用吳瑪悧的話來說，它們有著像味精那樣的物質性。[31]這樣的一種意義清除的行為（act of clearing）亦是一種能動力的行為（act of agency），它可以依照吳瑪悧的心意來部署全球文化資源。

另一件藝術品是吳瑪悧於一九九九年創作的《世紀小甜心》（*Sweeties of the Century*）。吳瑪悧在世界各地（德國、台灣、美國等）為這件藝術品舉辦了幾次展覽。這件裝置藝術品的主要概念就是「提醒」（reminder）。它提醒我們來自歐洲、亞洲和其他地方的歷史重要人物，無論是惡棍還是英雄，都曾經是兒童。透過這種令人回味的童年時刻的分享，吳瑪悧使人聯想到一個烏托邦、一個普遍人文

---

30 這些言論分別摘自：〈耳語飛舞：威尼斯雙年展名單出爐〉，《中國時報》，一九九五年三月十一日；陳順築，〈國際市場有多遠？漂洋過海去扮戲？〉，《藝術家》三一四期（二〇〇一年七月），頁一〇；吳瑪悧致作者的信，二〇〇〇年十一月十四日。

31 http://web.ukonline.co.uk/n.paradoxa/maliwu2.htm

吳瑪悧，《世紀小甜心》（2000）。吳瑪悧授權，史書美提供。

主義（universal humanism）的出現的可能性。可以說，她「讓大人物再次變小」（make big people small again），[32]進而回到童年，而這個童年時刻恰恰是一種未知的許諾，可以產生不同的結果。希特勒、羅莎・盧森堡（Rosa Luxemburg）、張愛玲、林懷民、德國綠黨的佩特拉・凱利（Petra Kelly）的照片都囊括於作品之中，沒有按照任何規律並置。根據展覽地點的不同，吳瑪悧也把這個藝術系列稱為《維多利亞小甜心》（*Victorian Sweeties*）（因為展覽是在一個維多利亞式建築裡展出）。而最後的合成圖像就題為《世紀小甜心》，它展示了王爾德（Oscar Wilde）、傅柯、張愛玲、林懷民、吳大猷、海明威（Ernest Hemingway）和台灣的副總統呂秀蓮的兒時肖像。[33]

吳瑪悧展示了她對世界文化資源某種程度上的能動力，她以高度專注以及付出處理了這些資源，一如早期作品中她針對台灣的政治評論。這些特定場域的作品面對多元的觀眾勇於思考普遍性的主題。冒著不被認可的風險。這些作品透過多方指涉勇於拒絕國族寓言以及後現代姿態下的自我東方化的特殊主義。也許有人會把這樣的立場與其他非反應式的通俗世界主義（nonreactive vernacular cosmopolitanism）結合在一起，它超越了憤恨之情、超越了曼斯亞・迪瓦拉（Manthia Diawara）所指的「身分認同的牢房」（the identity prison-house）。[34]然而通俗世界主義所構想和超越的，還是局限於一個民族國家之內，因此它不容易轉移到跨國脈絡之上。吳瑪悧在跨國脈絡的位置裡，拒絕和挑戰了文化特殊主義，而這個位置恰恰是台灣歷史上特殊的帝國邊緣位置，在這個位置之上甚至沒有貯藏起來的憤恨表述的奢侈。她以一個世界性的藝術家身分進入跨國脈絡之中，是因為民族自決也是一種奢侈品。吳瑪悧展示了一位毫不顯赫的跨國藝術家所表述出來的，誇張的普遍主義形式，或許這種誇張的普遍主義形式誇大了它和世界文化的關係，但它最終表明了當政治和其他領域被競爭與共謀的帝國意志徹底殖民化時，文化創作就是一個變革性社會實踐（transformative social practice）的場域。

---

32 資料最初在以下連結摘取：http://www.apt3.net/apt3/artists/artist_bio/mali_wu_a.htm.

33 張愛玲、林懷民、吳大猷都是台灣知識分子熟悉的名字。張愛玲是流亡到台灣和美國的上海作家，她的作品持續地吸引了一代又一代的學者和讀者，從而衍生了稱為「張愛玲研究」的學術課題。林懷民是「雲門舞集」的創辦人，他對台灣的藝術貢獻以及他在國際間的聲譽，使他被視作台灣的國寶。吳大猷是台灣最高的研究機構，即中央研究院的科學家。

34 參見Manthia Diawara, *In Search of Africa* (Cambridge, MA.: Harvard University Press, 1998), p. 31。

結論

華語語系的時間與地方

讓我們對目前發生中的事情，即那些總是超出、先驗於我們理解能力的事情，保持開放。

——尼可拉斯・柏瑞歐（Nicolas Bourriaud），《關係的美學》（*Relational Aesthetics*, 1998）

要一擊打破理論的過去（theoretical past）是不可能的：在任何情況下，要打破詞語（words）和概念（concepts）總是需要用上詞語和概念。

——路易・阿圖塞（Louis Althusser），《保衛馬克思》（*For Marx*, 1965）

在創造「華語語系」一詞上，我最關心的一直是挑戰具體的「本真性體制」（regimes of authenticity），[1]雖然本真性體制本也是虛構的，卻運用了各種象徵性或實體的暴力形式來對付那些在體制以內或以外的問題分子。在任何一種本真性體制之中，包容和排斥往往可以勾勒出暴力的邊界，然而包容和排斥之間的差異也可以是一個程度上的問題（a matter of degree）。包容性政治範圍內的各種斷層線，對範圍內的人們來說也可以是褫奪權力以及壓迫。包括（inclusion）可以和排除（exclusion）一樣有問題。「中國」、「中國人」和「中國性」等類別一方面來自歷史的沉澱，透過失憶、暴力、以及帝國意念而建構；另一方面也源自主觀地渴求歸屬感與共同體。畢竟，對歸屬感的渴求也可以是意識形態和文化縫合的產物；是民族主義招呼（hailing of nationalism）下做出的反應，如民族自豪感或與其相反的對民族主義的抵抗。此外，歸屬感的渴求亦可以建立在以象徵性或其他暴力形式排斥他者上。今天我們所知道的是各個民族的人民都被國族意識（national consciousness）建構成「中國人」，而這種國族意識本身可能是一個殖民主義的表現形式。

現今我們認為中國最大的民族是漢族，而漢族本身原就是各民族的混合體。來自中國權威字典的定義，明確地保障了漢族的核心地位和不自覺的潛在影響，其從現實上陳述了漢族是「中國的主體民族。由古代華夏族和其他民族長期混合而成。在其發展過程中，又不斷吸收少數民族的成分，使自己更加壯大」。[2]當中，「更加壯大」的措詞和動詞「吸收」很可能是編寫字典上該條目的人非故意地寫進去的，但是它們卻意味著漢族是一個政治權力和團體，依此方向我們再回頭看那個似乎是無害的措詞「混合」，便會發現一個主體（做出混合）和客體（被混合）的不平等關係知識領域。

如果我們進一步探討「華夏」的字典定義，我們便會發現它會回接到中國（China）這個詞語之上。華夏是中國的古老名稱，而構成這個單詞的兩個字符，即「華」和「夏」，前者乃是帶有「花」或「美麗」意思的名詞兼形容詞，而後者則帶有「大」或「廣」的意思。冕服采裝稱為華，而大國則稱為夏，因此華夏對於中國來說，就指涉到一個美麗而大的國家。[3]近年中國的學術界已開始探索更多有關於「中國」輪廓的知識，儘管這些研究為數不多，但卻有解構的意向，它們注意到「中國」直至十三世紀才出現，而且我們所知道的中國地理文化邊界是隨著帝國擴張和漢文化的殖民主義推動下所產生的結果。[4]此外，「中國」（從字面上來看，其帶有「中原」[Middle Kingdom]的意思）這個詞語的出現，亦勾勒了地理擴張的具體進程：最初，它只包括黃河的周邊地區，那裡正是華夏族的聚居地，而它成為一個國家的名稱是始於十九世紀中葉。[5]在春秋以及戰國時期，「中國」是一個通稱，不是一個專有名詞，它指的是那些占領了中央地理區域的封建王國。[6]

---

1 該說法引述自Prasenjit Duara, *Sovereignty and Authenticity: Manchukuo and the East Asian Modern* (Lanham, MD: Rowman & Littlefield, 2003)。

2 《辭海》（上海：上海辭書，一九八九），頁九九六。

3 同前註，頁一三九。亦見《辭源》（北京：商務，一九八八），合訂本，頁一四四七。

4 該討論可見於Arif Dirlik, "Timespace, Social Space, and the Question of Chinese Culture"（未發表的手稿）。

5 《辭海》，頁一五八四。

6 《辭源》，頁四八。

「離散中國人」（Chinese diaspora）作為一個包含了所有從祖輩時已連接上中國各個民族人民的專門名詞，常常發揮著訂定中國性的託辭功能，並指出中國性是無法迴避的、本體論的、先驗的狀況。這個狀況又很容易受到定居國家的種族化（racialization）、中國民族主義者的擁立，以及不同動機的文化本質主義（cultural essentialisms）所影響（即使自離散以來，早已過了幾個世代以及很長的時間）。最重要的是，「中國性」成為一個可以量化和測量的範疇，它堅持一種起源的意識形態（an ideology of origin），拒絕接受離散的結束。移民成為一個永久的狀況，而在地化和定居安頓則遭貶抑。如果我說永久的遷移狀態對於那些移出中國已達數個世紀的人所經歷過的遭遇而言，並不是一個真實的再現，那麼我只是指出了有目共睹的狀況。儘管如此，描繪眾所周知的狀況依然有其必要，這是因為帶有多重利害關係的仲介——國族主義、文化主義、種族主義等等——不斷堅持身為中國人死為中國魂的永恆有效性（eternal validity）、堅持中國性那可衡量的質量和數量，以及堅持中國的中心性，並把中國視為祖國。

我提出華語語系這個語言範疇，希望強調以下兩點：

一、離散會有結束的一天。一旦移民（包括移進和移出的人）定居並在地化，第二或第三代都會選擇結束離散的狀態。所謂的原鄉鄉愁往往是一個指標，跟無法順利（自願或被迫）在地化有關。種族主義和其他充滿敵意的狀況會迫使移民在過去中尋求逃避和慰藉，同時文化或其他優越性的情意結又會使移民疏遠當地人。因此，強調離散會有終結的一天便是堅持認為文化和政治實踐始終是以在地為主（place-based）。每個人都應該有成為在地人的機會。

二、語言群體是一個不斷變化的群體，也是一個開放的群體。當移民的後裔不再說他們祖先的語言，即各種漢語時，他們便不再是華語語系群體的一員。因此，華語語系社群是一個不斷變化的社群，它占據著一個過渡性的時刻（不管這個時刻持續的時間有多長）。因為華語語系社群將無可避免地與在地社群進一步融合，並成為當地構成的一員。此外，華語語系社群也是一個開放的群體，因為它不是由說話者的種族或國籍所定義，而是由說話者所講的語言所定義。正如英語語系的說話者不一定是英國人或美國人，華語語系的說話者也無須國籍上是中國人。將國籍、種族和語言等同起來，就等於否認多元語言主義（multilingualism）的存在。語言群體是多語的，因此由語言所決定的群體，必然刻畫出各語言邊界的滲透性和暫時性。

透過這兩點，我們現在可以回溯思考本書所探討的主要人物所帶出的時間性和地方性的關聯（conjunctions）。首先，由一個台灣人（Taiwanese）過渡成為一個台裔美國人（Taiwanese American）（李安），或由一個中國人（Chinese）過渡成為一個華裔美國人（Chinese American）（劉虹）都是需要時間的；弱裔化（minoritization）是一個過程，身分認同是一個時間的範疇（temporal category），而不單單是一個存在的、文化的、政治的或地理的範疇。我們不只要問什麼是台裔美國人，還需要問台裔美國人是在什麼時候出現。這個身分轉變需要時間，隨著時間身分便跨越了太平洋的空間與地點。身分因此變得跟橫跨太平洋的文化政治領域密不可分。當藝術家打算在滿布種族、性別和階級決定論的商業領域裡獲得成功時，身分轉變就更為明顯。我們對女性主義亦可以提出類似的問題：與其詢問什麼樣的女性主義者，我們更應該問的是女性主義者是在什麼時候和什麼地方出現。劉虹是一個很好的例子。她的作品是來自第三世界的移民在自由的西方找尋從父權（傳統或毛澤東主義）「解放」的敘事，這個敘事帶有目的論，暴露了女性和女性主義者之間的跨國相遇，以及其嚴重斷層。[7]劉虹的作品藉著建構不同卻又相關的權力仲介的對立，讓敘事更加複雜。然而這些對立本身卻可能矛盾地是一種深思熟慮的商品化策略。

在與中國的緊張關係逐步升級的脈絡下，觀察台灣的視覺文化顯示出，對抗性的身分認同是需要時間來建構和發揮作用的，因為對抗性的身分認同的功用是在改變人們的意識。過去在國民黨政權所強加的正統性之下，台灣民眾成為某種復古的、幻想的和廣義的「中國人」，但台灣民眾現在已成為了「原住民」（不再是貶義的「山地同胞」）、客家人、台灣人和新移民（來自東南亞和其他地區）所共同形成的「新台灣人」（New Taiwanese）。儘管台灣與中國的地理親密性以及與中國緊密的經濟聯繫可能不會改變，但台灣民眾的空間意識已逐漸遠離中國。新台灣人的身分認同是一個有時序的身分認同：當代歷史是其衍生和形成的布景。華語語系的身分認同，是透過在地的特殊性來對抗中國，來表述和中國性的差異；而這種追尋和建構的過程具有時間性。時間（Time）對於驗證對抗性身分認同的變革功能來說是必不可缺的。新身分認同的論述和實踐所帶來的效果，只有在效果實際出現之後才能得見。當下（present）因此充滿了各種可能性，其中想像力以及富有想像力的行動在這個時空裡產生，可以帶來改變。

當十七世紀很多漢族人剛剛從中國遷移到台灣時，台灣也許算是一個離散的社會；但是我們可以說，這個離散在很久以前已經結束了。當代台灣類似於班納迪克・安德森（Benedict Anderson）所稱的「克里奧國家」（creole states），例如西屬美洲（Spanish America）的各個國家以及美國。這些國家的成員與其抗爭的對象，說著一種共同的語言。[8]正如美國和英國之間的緊張關係導致了獨立戰爭的發生，台灣和中國之間的關係亦充滿著戰爭的潛在可能。在台灣北部海岸附近發射導彈是中國將兩岸關係軍事化（militarizing）的一個手段，涉及到雙方研發武器和軍備競賽的現象。日本帝國的格言——「同文同種」——提供日本入侵中國的一個藉口，而在中國和台灣之間的軍備競賽中，這個格言似乎是中國向台灣提出要求的論述基礎。安德森告訴我們，語言在美洲的克里奧國家爭取民族解放的鬥爭中，從未成為問題；[9]語言和國族的分離（decoupling）也是許多歐洲國家司空見慣的現實；所以華語語系國家如台灣擁有解除語言和國家聯繫的特權。

對於上個世紀中葉遷徙到台灣的第一代中國移民（他們在人口上算少數）而言，他們的離散也將有終結的一天。當他們在某一刻意識到他們將不會返回中國時，他們就會以台灣是永遠的家的意識（而不是出於「光復大陸」的暫時的、策略的心態），來興建新的污水處理系統和建設新的道路。快速現代化的常見負面影響，如環境污染和拙劣的公共建設，都是因為國民黨政權無法把台灣視為家的

---

7 參見Shu-mei Shih, "Towards an Ethics of Transnational Encounters, or 'When' Does a 'Chinese' Woman Become a 'Feminist'?", pp. 90-126。

8 Benedict Anderson, *Imagined Communities: Reflections on the Origin and Spread of Nationalism* (London: Verso, 1983), p. 47.

9 同前註。

緣故。如果他們逗留在台灣的時間長度就只有實現「光復大陸」所需要的時間那樣長，那麼他們為什麼要做長遠的城市規畫或環境保護？因此，當台灣各個地方官員在改善公共工程的平台上（例如是淡水河畔步道、台北的地鐵、北投的溫泉、新竹的歷史城鎮保育等等）得到民眾選票青睞的時候，移民的離散狀態已然終止。當然，對台灣原住民來說，台灣一直都不是離散的地方。因此，身分認同是在歷史中被建構，而且亦是在地性的（place-based），它會根據跨地方（translocal）和在地性的互動而改變。正是因為身分認同有改變的可能，所以身分認同才會具有改造社會的能力。

同樣地，在香港的視覺文化方面，我們已經在一九九七年見證了中國恢復對香港行使主權的歷史行動。前九七那種塑造香港獨特身分認同，以對抗中國即將到來的統治的熱忱，逐漸讓位給泛中國人的身分認同一直到「國民教育」論爭的爆發。香港的這個過程恰恰對應了台灣的逆向軌跡。在陳果——第五章主要探討的人物——的香港三部曲之後，香港開始出現了探索香港與中國的反殖民主義（anticolonial）關係以外的許多可能性。[10]畢竟，「中國」是一個複雜的實體，在它的內部存在很多各種協商的可能性；對於香港藝術家而言，其區別在於這些協商不是偶然的事件，而是在他們「成為中國人」的過程中的必然事件。隨著香港人成為中國人，來自中國的中國人亦成為了「內地人」，而不是第三章所討論的電影系列中，那些問題重重的女性化和性別化的「表哥／表妹」又或「大陸人」。「內」與「外」的重組正在發生，隨著中國積極加強對香港的控制（例如，反顛覆法的威脅），短暫的民主制度逐漸分崩離析，而且媒體受到的審查亦漸漸增加。或有人會說，儘管一些本地知識分子和政治家為了自治而鬥爭，但是香港現在的情況卻是逐步內化（interiorization）到中國之中，而把香港內化到龐大內部的正是中國本身。這種在中央政府控制下所出現的身分認同轉變，是壓迫還是有利還需依據不同香港人對言論自由的立場、香港在全球經濟中的地位、香港人與官方中國性的（非）連接和當下其他種種關鍵問題的看法才能斷定。

華語語系文化的實例不斷變遷，顯示出華語語系只能是一個過渡性的範疇，而且也只能局部性地描述出特定地方的文化複雜性。華語語系的台灣與西語語系（Hispanophone）的墨西哥或英語語系的美國具有一定的相似度，但是這些地方的多元語言主義和多元文化主義提醒我們，這些專有名詞描述只能有限和局部地描述出這些社群的實際處境。大多數台灣人可能都會說國語，雖然這些國語和中國標準的普通話非常相似，但在語調、重音、措辭，甚至是語法方面都存在差異，更遑論是發音上的不同。大多數台灣人喜歡說閩南語多於國語。當語言因為歷史的變遷和不同的社會形態——語言畢竟是活生生的，在特定背景的運用下不斷改變——而出現分歧時，它們還是相同的語言嗎？美國英語又等同於英國英語嗎？例如，梅維恆（Victor Mair）就曾指出，一些我們認為是方言（dialects）的語言，

10 例如可參見電影《榴槤飄飄》，當中一個來自北方的中國女性在香港從事性工作，然後又返回中國。在這部影片中，香港對於中國女性來說已不再是一個陌生的地方，而是變成了中國內地人那未完全開拓的資本主義的前哨基地（capitalist outpost）。可參見謝永平（Pheng Cheah）對香港作為資本主義前哨基地所提供的解釋，收入在 "Another Diaspora: 'Chinese-ness' and the Traffic in Women from Mainland China to Hong Kong in Fruit Chan's *Durian Durian*," 文章發表於二〇〇五年八月十日至十五日於蘇黎世大學舉辦的「華人離散」會議（"The Chinese Diaspora" conference）上。

實際上都是獨立的語言。[11]閩南語、客家話和台灣各種原住民語言顯然都是不同於普通話的獨立的語言，相比之下，國語所具有的華語語系特性就更為明顯。「方言」的狀態歸因於它處於邊緣之上，它源於中心的帝國意向的現實化（actualization），這個帝國意向透過建構一種人工製造的階序來定義什麼是標準語，什麼不是標準語。

那麼，華語語系研究意欲何為？或者更確切地說，華語語系研究能夠做些什麼？就著這些問題，我以建議的方式做如下試探性的回答：

一、我們所知道的「離散中國人」研究關注的是幾百年前到現在來自中國的移民。透過拆解這個系統性概念，我們得以提出不同於「中國性」和「中國人」這些本質概念的想法。我們應該更縝密地重新表述那些多元化、在地化、克里奧化（creolization）、文化混融（métissage）和其他適用於歷史和文化的複合理解的概念。華語語系研究可以借鑑於族裔研究、其他的語系研究（如法語語系及英語語系的研究）、後殖民研究、跨國研究，以及其他相關形式的研究領域。

二、華語語系研究讓我們重新思考「源」（roots）與「流」（routes）的關係，「根源」的觀念在此看作是在地的，而非祖傳的，「流」則理解為對於「家園」和「根源」更為靈活的理解，而非流浪或無家可歸。將「流」視為一個更具流動性的家（homeness）的概念，更符合倫理和更具在地性。[12]我們不將定居地和籍貫地等同起來，也就是說我們注意到一個帶有強烈在地意識的政治主體的生活，必須在特定時間之內、特定的地緣政治空間之中理解。我們將居住地和家的概念聯繫起來，便是適切地強調在地的政治參與。例如，有些由鄉愁所驅使、中產階層、第一代的移民宣稱的無根感

（rootlessness），往往都是帶有自戀成分的。他們自戀的程度甚至使他們不會意識到自己帶有強烈的保守主義（conservatism），甚至種族主義（racism）。[13]居住地點可以改變——有些人不止遷移過一次——但是把居住地視為家園或許是歸屬感的最高形式。「流」，在此意義上可以成為「源」。這個理論指的並不是那些不認同在地民族國家，以及不參與當地政治的流動公民（mobile citizens），而是流動性的政治化（politicization of that mobility）。

三、當「流」可以成為「源」的時候，多維批評不僅成為可能，而且成為必要。在超越國界的層面上，華語語系社群面對原出國和定居國之時，都可以持一個批判立場，不再是祖籍原鄉和在地地方之間一個非此即彼的選擇，這樣非此即彼的選擇會損害移民和他們的後裔的福祉。一個華裔美國人可以同時對中國和美國持批判的態度。在台灣，這種多維批判促成了一個具備批判性以及表述性的位置

---

11 參見Victor Mair, "What Is a Chinese 'Dialect/Topolet'? Reflections on Some Key Sino-English Linguistic Terms," pp. 1-31。亦見Victor Mair, "Introduction," pp. 1-7。

12 「徬徨的中國人」（wandering Chinese）一詞在使用上較為流行。例如可參見到現時為止仍然是經典的一些文章，這些文章收入"The Living Tree: The Changing Meaning of Being Chinese Today," *Daedalus* 120.2 (Spring 1991)。

13 黃秀玲分析了美國第一代移民學生所寫的海外中國文學或華裔美國人華語語系文學裡，對非裔美國人所普遍表達的種族主義。雖然這些第一代移民學生都深陷於無根感的自憐上，然而當中一些人卻對種族、性別和階級問題懷有保守的傾向。參見黃秀玲，〈黃與黑——美國華文作家筆下的華人與黑人〉，《中外文學》三四卷四期（二〇〇五年九月），頁一五一—五四。

的出現，使台灣不再和美國右派聯繫起來。因此台灣可以批評中國和美國的遏制政策，以及他們的勾結和共謀，而不會出現被迫選擇批評一方而不是另一方的問題。華語語系作為一個概念允許了多維批判位置的出現，不屈服於國家主義和帝國主義的壓力。

我用條列的方式來陳述這些提議，藉此排列出華語語系概念所開放出的許多可能性。一方面，我需要強調這個列表的開放性，等待附加和修改；另一方面，這個列表亦是有所限制，它並不指定華語語系可以或可能成為什麼。隨著華語語系這個專有名詞的流通，新的意義將會被分派、被歸類、被創建。隨著學界愈來愈常運用這個專有名詞，華語語系概念的發展也更加朝氣蓬勃。[14]

為了總結和回到視覺性的問題，我們必須強調視覺語言和口語之間的差異和相似性。視覺語言與口語都同樣是一種具有滲透性的表現形式。由於全球各地的視覺文化均對歐美視覺文化的霸權傳播做出了回應，又由於圖像通過電子和虛擬的方式傳播變得即時，因此跨國或全球的文化政治愈來愈容易進入非西方領域中，那些面向本地與西方市場的電影和藝術製作之中。指控亞洲電影製片人樂於自我東方化（現在用的是更後現代和聰明的流行方式），現已司空見慣。然而就如口語受到借來的單詞和語法的不斷影響一樣，華語語系視覺文化通過電影和藝術向世界敞開自身，並且受到文化交流以及文化政治的影響。華語語系視覺文化是一個無邊際的實體，這反映出華語語系社群所位處的地緣政治所在地的無限多樣化。由於視覺媒介在表述身分認同的過程中成為了愈來愈主要的工具，再加上視覺媒介能夠同時勾勒出可以滲透流動的語言邊界，因此華語語系社群得以藉由視覺文化生產向世界開放。

來自台灣、來自一九九七年前的香港、來自美國華語語系，以及這本書沒有探討的華語語系社群（橫跨拉丁美洲、東南亞、非洲和歐洲等，亦即是世界上其餘的華語語系所在）的電影和藝術，為我們提供了一個豐富的跨國文本，激發我們去探索這些華語語系社群的本地和跨地方的意義和迫切性。

華語語系影響全球的潛力將不斷受到中國作為一個超級大國的崛起與衍生出來的中國中心主義（China-centrism）威脅。但是，正如跨國和全球研究在過去十年所示，我們確實有不同的方法成為全球化或跨國化。什麼樣的跨國文化是抵抗或是共謀於帝國主義、新殖民主義以及全球資本主義，細緻地加以爬梳，是我們迫切需要做的工作。我們都生活在同一個跨國時刻，我們都生活在全球化的背景下，而且我們可以說，所有文化都變得愈來愈具有跨國性。這便是承認當代所有文化所具備的同時代性（coevality）。然而，同時代性存在於不公平的政治和經濟領域裡，因此當代的權力政治（power politics）必須如現代性的政治（politics of modernity）一樣，接受嚴厲的批判。華語語系視覺文化是較小的跨國形態，透過強勢語言（無論是口述的或視覺上的）的混雜化而形成，卻也自成一格。其最終的結果可能是批判的，又或是共謀的，然而中國崛起所帶來的中國中心主義風險，有望協助華語語

---

14 魯曉鵬（Sheldon H. Lu）和葉月瑜（Emilie Y. Yeh）在他們共同編寫的著作的導論中（*Chinese Language Film: Historiography, Poetics, Politics* [Honolulu: University of Hawaii Press, 2005], pp. 1-24），使用了華語語系電影（Sinophone film）一詞以和華語電影（Chinese-language film）一詞交替運用。亦可參見註13中，黃秀玲在「華裔美國人華語語系文學」（Sinophone Chinese American Literature）中對「華語語系」一詞的應用。

系正確地保持對問題的批判性。一旦華語語系的表達方式成為中國中心主義的共謀時，它們便會失去自身作為抗爭的支點以及具有變革性身分認同的表述功能。

聯經文庫

視覺與認同：跨太平洋華語語系表述・呈現

2013年4月初版 定價：新臺幣400元
2024年12月二版

有著作權・翻印必究
Printed in Taiwan.

著者 Shu-mei Shih
譯者 楊華慶
校訂 蔡建鑫
叢書主編 胡金倫
封面設計 沈佳德

出版者 聯經出版事業股份有限公司
地址 新北市汐止區大同路一段369號1樓
叢書主編電話 (02)86925588轉3932
台北聯經書房 台北市新生南路三段94號
電話 (02)23620308
郵政劃撥帳戶第0100559-3號
郵撥電話 (02)23620308
印刷者 世和印製企業有限公司
總經銷 聯合發行股份有限公司
發行所 新北市新店區寶橋路235巷6弄6號2F
電話 (02)29178022

編務總監 陳逸華
總編輯 涂豐恩
總經理 陳芝宇
社長 羅國俊
發行人 林載爵

行政院新聞局出版事業登記證局版臺業字第0130號

本書如有缺頁，破損，倒裝請寄回台北聯經書房更換。 ISBN 978-957-08-7545-4 (平裝)
聯經網址 http://www.linkingbooks.com.tw
電子信箱 e-mail:linking@udngroup.com

VISUALITY AND IDENTITY: SINOPHONE ARTICULATIONS ACROSS THE PACIFIC
by SHU-MEI SHIH

國家圖書館出版品預行編目資料

視覺與認同：跨太平洋華語語系表述·呈現
/ Shu-mei Shih著．楊華慶．蔡建鑫．二版．臺北市．聯經．
2024年12月．288面．14.8×21公分（聯經文庫）
譯自：Visuality and identity : Sinophone articulations
across the Pacific
ISBN 978-957-08-7545-4（平裝）

1.CST：中華民國 2.CST：族群認同

536.2 113017310